한국 경제
4대 마약을
끊어라

권태호 묻고 유종일 답하다

한국 경제 4대 마약을 끊어라

적폐청산을 넘어
국가대개조로

페이퍼로드
paperroad

적폐청산은 촛불항쟁이 열어젖힌 새 시대의 입구, 우리는 무엇으로 새로운 한국을 채울 것인가?

권불십년

말 그대로다. 이명박 씨, 그러니까 MB가 드디어 검찰청사 포토라인 앞에 섰다.

MB가 제17대 대통령으로 취임한 것이 2008년 2월 25일. 오늘은 2018년 3월 14일. 아침에 서문을 쓰려고 막 컴퓨터를 켰는데, 포털이 MB의 검찰 출두 소식으로 뒤덮여 있었다. 잠시 그가 포토라인 앞에 서서 소감을 밝히는 모습을 생중계로 보았다.

나는 MB정권 시절 방송, 기고, 강연 등을 통해 그의 정책을 신랄하게 비판했고, 그 탓인지 국정원으로부터 해고의 압박이 들어왔고 황당무계한 징계를 당하기도 했다. MB정권이 끝난 후에도 『MB의 비용』이라는 책을 통하여 그의 잘못을 고발한 바 있다. MB의 추락을 지켜보는 감회가 새롭다.

정치보복

검찰의 수사가 MB를 정조준하면서부터 MB는 자신에 대한 수사가 정치보복이라고 주장해왔다. 오늘 포토라인 앞에 서서도 완곡한 표현이었지만 정치보복에 맞서겠다는 의지를 피력했다. 정치적 환경이 변했기 때문에 그가 수사와 처벌의 대상이 된 것은 사실이다.

하지만 그 변화는 단순히 정적에게 권력이 넘어갔다는 것이 아니다. 새 정권이 사적인 감정과 이해에 따라 옛 정권을 공격한다면 국민이 용납하지 않을 것이다. 박근혜뿐만 아니라 이명박에 대한 처벌도 결코 그런 차원이 아니다. 우리 국민이 주권자로서 권력을 사유화한 위정자에 맞서 싸운 촛불항쟁의 요구이고 명령이다. 나의 MB 비판도 오직 학자의 양심에서 비롯된 것일 뿐, 개인적 감정이 조금도 개입한 적은 없다.

후안무치

MB는 대통령 재직 시절 모든 국가 시스템을 망가뜨리고 끊임없이 사익을 추구한 사람이다. 박근혜의 국정문란에 비해 MB가 나라에 끼친 해악은 아마 백배도 넘을 것이다. 박근혜는 본인의 무지와 철없음 때문에 직무유기를 하고 최순실의 꾐에 빠져 국정농단을 저질렀지만, MB는 주도면밀하고 교묘한 수법으로 권력을 사유화하고 자신의 사적 이익을 추구했다. 오죽했으면 한때 그의 측근이었던 정두언 전 의원이 "정권을 잡은 것이 아니라 이권을 잡은 것"이라고 했겠는가.

박근혜는 탄핵을 당하고 수감이 되고 나서도 현실인식이나 재판 대응조차 제대로 하지 못하고 있다. 그러나 MB는 너무도 타산이 밝고 치밀한 기획에 입각해서 모든 일을 처리하는 사람이다. 뇌물수수건 횡령이건 측근들을 활용하면서 자신에게는 법적 책임이 돌아오지 않도록 미리부터 신경을 썼고, 이제는 모든 문제를 이들 측근들에게 떠넘기고 있다.

MB의 기획 중에서도 최고봉은 국정원과 사이버사령부 등을 동원한 댓글 공작으로 대선에 개입하여 박근혜의 코를 꿰어 놓은 것이다. MB는 자신을 보호하기 위해서는 아무리 황당한 거짓말이라도 일말의 거리낌 없이 내뱉는다. BBK와 다스 관련 의혹에 "새빨간 거짓말입니다"를 외쳤고, 4대강에 녹조가 창궐한 것이 수질 개선의 증거라고 억지를 부리더니, 이제 보호막을 삼았던 박근혜는 감옥에 들어가 있고, 측근들은 떠났다. 그가 쏟아낸 거짓말들은 수갑이 되고 포승줄이 되어 부메랑처럼 그에게 되돌아오고 있다.

사전오기

국민이 주인 노릇하고 모두가 더불어 사는, 나라다운 나라를 향한 우리 국민의 열망은 현대사에서 네 번의 커다란 좌절을 겪었다.

해방의 환희는 분단과 친일세력의 부활, 전쟁과 이승만 독재라는 슬픈 결말에 이르고 말았다. 꽃다운 젊음들의 희생으로 이룩한 4.19 민주혁명은 박정희 일당의 5.16쿠데타로 좌초해버렸고, 1980년 '서울의 봄'에 피어난 민주화의 꿈은 전두환 일당의 군홧발에 짓밟히고 말았다. 1987년 6월항쟁의 혁명적 열기는 정치인들의 타협을 통해 반쪽짜리 민주주의에 갇히고 말았다. 급기야 이명박, 박근혜 정권은 반쪽짜리 민주주의마저 팽개쳤고, 군사독재 시절의 음험한 공작과 탄압, 뻔뻔한 부패와 정경유착이 부활하는 지경에 이르렀다.

네 번을 넘어지고도 다시 일어나 상대를 KO시키고 챔피언에 등극했던 우리 시대의 영웅 홍수환처럼, 우리 국민은 네 번의 좌절 끝에 다시 촛불항쟁으로 떨쳐 일어섰고 탄핵과 정권교체를 이루어냈다.

적폐청산

이제 더 이상 좌절은 없어야 한다. 켜켜이 쌓인 과거의 잘못들을 들춰내고 뜯어고치는 일이 그래서 필요하다. 다시는 역사가 퇴행하지 않도록, 앞으로는 감히 누구도 권력으로 법을 우롱할 엄두를 낼 수 없도록, '시켜서 한 일'이라거나 '나는 몰랐다'는 어설픈 핑계는 아무런 효력도 발휘할 수 없도록, 권력의 사유화와 국정농단에 간여한 모든 이들을 철저하게 조사하고 준엄한 심판을 내려야 한다. 일벌백계를 넘어 만벌억계를 해야 한다.

하지만 이는 적폐청산의 기초공사일 뿐이다. 선거법과 정당법, 그리고 무엇보다 헌법을 고쳐서 반쪽짜리 민주주의를 온전한 민주주의로 만드는 일을 하지 않는다면, 우리가 선출한 권력이 우리를 배신하는 일이 언제가 또 다시 일어날 것이다.

국민의 정치적 자유와 직접 민주주의를 강화하고, 승자독식의 대의 민주주의를 개혁하여 합의제 민주주의로 발전시켜야 한다. 온전한 민주주의를 실현하기 위한 제도 개혁을 이루어내야만 정치적인 면에서 적폐청산을 완성하는 것이다.

촛불혁명

촛불집회가 전국으로 번져나가던 재작년 12월 초, 진주의 집회에서 어느 19세 청년이 한 자유발언은 많은 이들의 관심을 끌었다.

"여러분, 박근혜 대통령이 하야하면 제가 직면한 가정과 학교와 노동의 문제가 해결됩니까? 저는 행복한 가정에서 살 수 있고 치열한 경쟁이 아닌 배움의 즐거움을 느끼며 공부하고 기계가 아닌 사람답게 노동을 할 수 있습니까? …… 내 안의 박근혜를 발견하고 내 옆의 최순실에 분노했으면 좋겠습니다. 사람을 돈이나 자신의 소유물로 보지 않고, 사람을 돈과 이익으로 환산하지 않고, 독립적인 존재로 보는 세상이 되면 좋겠습니다. 어쩔 수 없는 경쟁 속에서 남을 밟고 올라서야만 내가 살아남을 수 있는 것이 아니라고, 우리는 함께 살아가는 존재라고, 사람답게 살 세상을 함께 만들어 가자고 이야기하는 사람들이 많아졌으면 좋겠습니다."

박근혜가 물러나고, 이명박까지 처벌해도, 과연 우리의 삶은 구체적으로 얼마나 바뀔 수 있을까? 얼마나 더 행복해지고, 더 즐거움을 누리고, 이웃과 어울려 더 사람답게 살아갈 수 있을까?

진주 청년의 질문은 촛불혁명의 본질에 관한 정곡을 찌르는 질문이었다. 정권교체를 넘어 정치제도의 개혁까지 이룬다고 해도, 우리의 삶이 바뀌지 않는다면 무슨 소용이란 말인가? 그래서는 혁명이라고 할 수 없다. 촛불혁명은 우리 삶 속 깊은 데까지 들어와야 한다. 미투(#Me Too) 운동이 좋은 예다. 모든 '갑'들의 횡포에 대한 '을'들의 반란도 마찬가지다. 모든 이들의 인격적 평등과 자유를 존중하는 세상을 만들기 위한 노력들이 곧 촛불혁명이다. 온전한 민주주의를 향한 정치적 변화는 이러한 삶 속의 혁명을 지속하기 위한 토대가 되기에 중요한 것이다.

경제혁신

삶 속의 혁명은 가정에서, 학교에서, 직장에서, 마을에서, 온갖 삶의 현장에서 일어나야 한다. 그런데 우리 삶을 규정하는 가장 큰 힘은 뭐니 뭐니 해도 경제다. 경제를 바꾸지 않고 우리 삶이 바뀔 수는 없다. 그래서 경제혁신이야말로 촛불혁명을 완성하기 위한 필수요건이

다. 경제혁신의 토대는 사람 중심의 경제고 공정한 경제다. 즉, 경제민주화다. 경제민주화 없이는 정치민주화도 온전히 되기 어렵고, 더 행복하고 더 사람답게 어울려 사는 삶은 언감생심이다.

경제혁신은 나아가 새로운 경제성장의 동력을 창출하는 일이다. 소득주도 성장, 혁신성장을 이루는 것이다. 한국경제의 기본 패러다임과 정책체제는 박정희 시대의 국가주도 산업화 과정에서 형성된 것인데, 인구과잉의 상황에서 자본을 우대하며 자본축적 위주의 성장정책을 펼쳤다. 또한 후발 개도국으로서 선진국의 기술을 모방하고 습득하는 '따라잡기' 성장을 추구했다.

당시에는 이렇게 해서 고도성장을 이루었지만, 30년 전 '3저호황' 시기부터 여건이 변화하기 시작했다. 인구과잉 시대에서 자본과잉 시대로, '따라잡기' 시대에서 내생적 혁신이 필요한 시대로 변화했다. 이 변화에 대한 대응이 늦어져서 성장률이 속절없이 하락했고, 반복되는 경제위기와 누적되는 양극화를 겪게 되었다. 총체적인 경제혁신을 통해서만 경제의 활력과 안정, 그리고 공정한 분배를 이룰 수 있다.

4대 마약

경제혁신은 박정희 시대에 형성된 경제 패러다임과 정책체제의 근본적 변화를 요구한다. 자본 중심에서 사람 중심으로, 수출 우선주의에서 수출과 내수의 균형 있는 확대로, 압박에 의한 단기 성과주의에서 여유와 안정을 통한 진정한 혁신의 추구로, '선택과 집중'에서 백가쟁명과 백화제방의 시대로 변화해야 한다.

이러한 변화를 통해서 궁극적으로는 요소투입 위주의 양적 성장에서 혁신 주도의 질적 성장으로, 양극화 성장에서 포용적 성장으로 전환해야 한다. 이 전환을 가로막아 온 것은 과거 고도성장 시대에 형성된 사고방식과 기득권이다. '투자'를 독려하고 '수출'에 매달려서 경제를 활성화하겠다는 생각, 경제 전반에 만연한 '단기 성과주의'와 '선택과 집중' 원칙은 한국경제의 4대 마약이다. 과거에 효과적이었고, 지금도 일시적으로는 효과를 낼 수 있겠지만, 진정 필요한 변화를 가로막아 결국 한국경제를 더욱 더 수렁에 빠뜨리는 마약이다.

이 4대 마약을 끊어야 경제혁신을 이룰 수 있다. 박정희의 아바타와 딸이 차례로 대통령이 되어 나라를 어지럽힌 결과, 드디어 박정희의 망령에서 완전히 벗어날 기회가 왔다. 4대 마약을 끊는 것이 바로 그 길이다.

파사현정

과거의 사악함이 완전히 파괴되는 순간 정의가 드러난다. 박근혜 정권이 무너지자 세월호가 떠올랐다. MB 적폐청산은 정의를 드러내는 것이며, 우리에게 정의실현의 책무가 주어지는 순간이기도 하다.

지난 연말 출판사로부터 '이명박 구속의 경제적 효과'에 관한 짤막한 책을 써달라는 요청을 받고 그냥 떨쳐버리지 못한 까닭이다. 당시만 해도 과연 MB에 대한 수사가 철저하게 이루어지고 숨겨진 진실이 밝혀질지 확신하기 어려운 상황이었다. 여론을 움직여보자는 의도를 외면할 수 없었다. 하지만 주제를 'MB 구속'으로 한정하는 것은 품위가 없어 보였고, 기왕에 책을 출판한다면 좀 더 폭넓게 시대적 과제를 논하고 싶었다. 적폐청산의 역사적 의미와 경제적 효과로 주제를 확대하기로 했고, 짧은 시간 내에 원고를 준비하기 위하여 대담집을 내기로 했다.

　대담을 해놓고 보니 주장이 체계적이지 못한 부분도 있고, 정돈되지 못한 부분도 있고, 누락된 부분도 많이 발견되었다. 사후에 약간의 보완을 하기는 했으나 여전히 부족하기 짝이 없다. 하지만 단점만 있는 것은 아니었다. 대담을 진행한 권태호 논설위원이 독자의 눈높이에서 적절하고 흥미로운 질문들을 던져준 덕분에 나만의 논리에 빠져들지 않고 일반인들과 교감할 수 있는 내용이 많이 들어가게 되었다. 즉흥적 대화이다 보니 책상머리에서 쥐어짠 글에 비해 좀 더 생동감 있고 흥미진진한 점도 있는 것 같다.

　함께 작업해준 권태호 논설위원과 초고를 보고 훌륭한 조언을 해주신 KAIST의 조애리 교수님, 그리고 부족한 원고를 매력적인 책으로 만들기 위해 수고하신 편집자에게 깊은 감사를 드린다. 급하게 책을 준비한다고 이런저런 투정을 부려도 따뜻하게 감싸준 아내에게도 고마운 마음을 전한다.

2018. 3. 14

북한산 자락에서

유종일

차례

들어가며 · 4

1장 : 적폐청산의 경제적 가치

정치보복은 없다! 진정한 적폐청산에 이르는 길 · 17

– 적폐청산의 핵심은 '이명박'이다

– MB의 개인비리는 곁가지, 대형 국책사업 비리를 정조준하라

대통령의 리더십은 어떻게 경제에 영향을 미치나 · 30

– '대통령'이 경제에 미치는 영향은 얼마나 될까?

– 대통령은 경제를 살리는 자가 아니라 공정한 심판자

– 실력 있는 정부의 시장 컨트롤

지속적 성장의 핵심은 포용적 경제제도 · 43

– 정책 레짐이 경제의 성패를 좌우한다

– 만인에겐 권리와 기회를, 노력하는 자에겐 합당한 보상을

– 박정희의 성공과 포용적 경제제도

– 어린이들의 꿈이 '건물주'인 나라

적폐청산은 어떤 경제적 효과를 불러오는가 · 65

– 적폐청산의 경제적 가치 계산

– 신뢰사회와 불신사회의 경제적 차이

– 문재인 정부가 짊어진 적폐청산과 플러스 알파 과제

2장 : 적폐청산의 제도적 완성, 어떻게 이룰 것인가

제도와 관행으로 굳어진 적폐까지 청산해야 · 93
– 적폐는 이명박, 박근혜에 한정된 것이 아니다

– 관료사회의 상명하복 : 적폐 중의 적폐

– '너희들도 마찬가지'라는 말이 나오지 않아야

승자독식에서 합의제 민주주의로 · 107
– 87년 체제의 두 가지 근본 한계

– 헌법의 문제는 결국 국민 행복의 문제이다

– 합의제 민주주의와 '민심 그대로 선거제도'

개헌이 우리의 삶을 바꾼다 · 126
– 사회민주주의적 개헌이 뭐가 문제인가?

– 슈팅스타 충격과 청년을 위한 개헌

– 이러자고 촛불을 들었던 것이 아니다

3장 : 한국 경제, 4대 마약을 끊어라

첫 번째 : 투자라는 이름의 마약 – 자본과잉 시대의 투자 방향 전환 · 149
– 투자 확대가 묘약 아닌 마약인 이유

– 성장체제 전환의 핵심은 '사람'에 대한 투자

– 한국 경제에 4대 마약이 있다

두 번째 : 환율 마약 – 수출주도 아닌 소득주도 성장으로 · 165
– 수출주도 성장의 한계

– 인구 1억과 내수시장, 그리고 소득주도 성장

– 뉴딜정책은 소득주도 성장 정책이었다?

세 번째 : '빨리빨리 마약'과 혁신성장 – 여유가 있어야 '유레카'가 나온다 · 176
– '빨리빨리 마약'은 '따라잡기' 성장의 유산

– 교육과 연구도 '빨리빨리'가 문제다

– 문재인 정부의 관료들도 정책의 제목만 바꿔서 낼 것인가

네 번째 : '찍기'라는 마약 – '선택과 집중'을 넘어 '백화제방, 백가쟁명'으로 · 186
– 누구나 외치는 혁신, 대체 왜 안 될까?

- '찍기 마약'이란 '선택과 집중'의 폐해

- 진정한 경제민주화는 어떻게 이루어지는가

4장 : 문재인 정부의 성공조건

소득주도 성장 – 노동이 존중받는 사람 중심의 경제를 위하여 · 215

- 이마트 노동자들이 불만을 터뜨린 이유, 그러나……

- 너무 서둘렀던 최저임금 1만 원 정책

- 누가 을 대 을의 갈등을 부추기는가?

- 정규직 전환 : 엉킨 실타래를 풀기 위해서는 섬세한 손길이 필요하다

- 보편증세에 대한 저항, 그래도 해야 한다

공정경제 – 소득 재분배와 공정경쟁, 어떻게 이룰 것인가 · 246

- 사회적 규범의 변화도 공정한 분배의 조건

- 사교육비, 주거비 문제 해결 없는 소득주도 성장은 신기루

- 세습자본주의를 막는 두 지렛대 : 자본과세와 공교육 강화

- 재벌개혁의 핵심은 이해관계자 자본주의의 도입이다

일자리, 무엇이 진짜 문제인가? · 275

- 노동시간의 단축과 일자리 나누기

- 일자리의 질이 청년실업 문제의 핵심이다

- 고용불안은 혁신의 적

- 기본소득은 4차 산업혁명 시대의 대안이 될 수 있을까

- 문재인 정부에 바란다 : 올바른 방향 설정, 그러나 조급함을 경계하라

에필로그 · 307

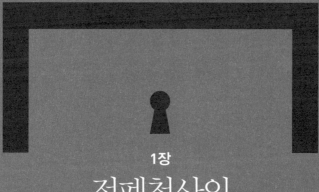

1장

적폐청산의
경제적 가치

정치보복은 없다!
진정한 적폐청산에 이르는 길

적폐청산의 핵심은 '이명박'이다

권태호(이하 '권')　지난 2017년 탄핵 이후부터 지금까지 박근혜 전 대통령을 포함해 박근혜 정부와 당시 인사들에 대한 사법적 처리가 계속 진행되고 있습니다. 이어 지난해 하반기부터는 이명박 정부에 대한 수사가 광범위하게 진행됐습니다. 위법 사실에 대한 당연한 사법처리라는 시각이 지배적입니다만, 자유한국당 등 일부 보수 정치권과 보수언론들은 이를 '정치보복'이라고 규정하기도 했습니다. 박근혜, 이명박 정부에 대한 검찰 수사 등 사법적 '적폐청산' 과정을 어떻게 봐야 할까요?

유종일(이하 '유')　저는 사실 '박근혜-최순실 국정농단' 사건에 대한 사법처리가 과연 충분한지 의문이 있습니다. 최순실 씨가 20년 형을 받기는 했지만, 전반적으로 형량도 적고 또 처벌을 피해가는 사람도 많다는 느낌을 지울 수 없어요.

지금까지 총 104명이 재판에 넘겨졌고, 이 중 1·2심에서 징역형을 선고받은 게 모두 33명인데, 이들의 형량을 모두 합해봤자 87년 8개월이라고 합니다. 이건 최근에 미국의 미투 운동 과정에서 장기간에 걸쳐 어린 체조선수들을 성추행한 것으로 밝혀진 래리 나사르(Larry Nassar) 전 체조국가대표팀 주치의 한 사람이 선고받은 형량에도 못 미치는 거예요. 그는 연방법원에서 60년 형, 주법원에서 최소 40년에서 최장175년의 형을 선고받았어요.

월가 금융위기 당시 꼬리가 잡힌 버나드 매도프(Bernard Madoff)라는 금융 사기꾼의 경우에도 150년 형을 언도받았습니다. 정치인의 사례를 보아도, 몇 해 전에 퀘이미 킬패트릭(Kwame Kilpatrick) 전 디트로이트 시장이 뇌물과 갈취 등의 혐의로 28년 형을 받았습니다. 국정농단 사범들이 저지른 범죄의 엄중함에 비해 우리나라 사법 시스템은 너무 관대한 것 같습니다.

이명박 전 대통령을 비롯한 '전전(前前) 정권' 인사들에 대한 검찰 수사가 정치보복이라는 것도 어불성설입니다. 정치보복이 되려면, 수사가 정치적으로 기획되고 수사의 잣대가 불공정해야 합니다. 이명박 전 대통령에 대해 다스, 특수활동비, 뇌물 등의 수사가 동시다발적으로 이뤄지고 있습니다만, 애초 이 문제는 이명박 정부 시절 원세훈 국정원장의 일탈 행위(특수활동비 전용) 등에서 문제가 시작된 것이잖아요. 즉, 애초 이명박 전 대통령에 대한 수사는 문재인 정권의 의지나 개입과 상관없이 사법적 수사가 진행되는 과정에서 불거진, 정당한 절차에 따른 처리인 것이지요.

그동안 검찰과 사법권력이 정치적 영향력 아래 있으면서, 이

전 정권에 대한 수사가 정권 차원에서 진행된 적이 많았고, 그중에는 '정치보복'으로 볼 만한 여지가 있는 경우도 상당했지요. 하지만 이번 이명박 전 대통령에 대한 수사는 정치적 반대자를 공격하기 위한 행위라고 보기 이전에, 촛불항쟁을 통해 나타난 국민들의 요구에 대한 당연한 응답입니다. 국민들이 국정문란 사태에 대해 분노하고, 우리가 나라의 주인이고, 권력은 국민을 위해 봉사해야 된다고 하는, 가장 기본적인 사실을 확인하기 위해, 엄동설한에 그렇게 촛불을 들고 나섰던 것이지요. 따라서 그 이후 진행된 적폐청산 과정은 어떤 정파나 정권과 관계없이 국민적 요구로 진행될 수밖에 없는 것이기 때문에, 이를 정치보복이라고 말하는 건 어불성설이라고 봅니다.

다만, 적폐청산과 관련된 사법처리 과정이 정치보복으로 비칠 수 있는 위험요인들은 여러 가지 있습니다. 따라서 그런 요인들을 잘 관리해서 누가 보더라도 합법적 절차에 의해 적폐청산 사법처리 과정이 공명정대하게 이뤄지고 있다는 걸 보여줘야 합니다. 그렇게 되면, 현재 진행 중인 적폐청산 사법처리 과정을 두고 정치보복이라고 주장하면 할수록, 국민들 눈에는 오히려 그런 주장이 엉뚱하게 들리고, 그런 주장을 하는 사람들의 정치적 입지가 줄어들지 않을까 생각됩니다.

권 박근혜 정부 인사들이 저지른 위법 사실, 국정농단에 대한 사법적 처리를 '정치보복'이라고 주장하는 이들은 처음부터 그렇게 많지 않았습니다. 그러나 이명박 전 대통령에 대한 수사에 대해서는, '전전 정권', 그리고 이전에 매우 소극적이었던 검찰 태도와는 상반되게, 매우 적극적으로 수사에 임하고 있는 듯한 모습이 일부 보수층 시각에서는 '정치보복'으로 비춰지기도 했던가 봅니다. 특히 이명박 정권에서 검찰의 표적, 강압 수사가 결과적으로 노무현 전 대통령을 돌아가시게 했고, 이 때문에 노무현 정권에서 비서실장을 했던 문재인 대통령이 일종의 보복을 하는 것 아니냐는 주장을 하곤 했습니다.

유 권력을 사유화하고 남용했다면 어떤 정권도 그에 따른 조사나 수사가 필요합니다. 만일 지금 진행되는 이명박 전 대통령과 관련된 수사가 정권 차원에서 정치적 의도를 갖고 기획하는 수사라면, 그런 비난을 받을 수 있다고 봅니다. 그런데 현재 이 전 대통령에 대한 수사는 개인적 피해를 입은 사람들과 시민단체가 고발하면서 시작되지 않았습니까.

권 2017년 10월 13일 'BBK 주가조작 사건'의 피해자인 옵셔널캐피탈 대표 장아무개 씨가 이명박 전 대통령과 김재수 전 로스앤젤레스(LA) 총영사 등을 직권남용 혐의로 검찰에 고발했고, 서울중앙지검은 이 사건을 첨단범죄수사1부에 배당하고 수사에 착수했었죠. 또 2017년 12월 7일 참여연대와 민주사회를 위한 변호사모임(민변) 등 시민단체들이 이명박 전 대통령의 다스 횡령 의혹에 대해 고발을 했고, 이에 검찰이 전담팀을 꾸려 본격적인 수사에 나선 것으로 알고 있습니다.

유 그런 사실들을 보면 정권 차원에서 정적을 공격하는 그런 형태의 수사는 아닌 것 같습니다. 오히려 현 정권이 전전 정권에 대한 수사에 대해 부담을 느끼고 있는 듯한 모습도 보입니다. 하지만 정치적 득실을 따지지 말고, 불법적 사실에 대해선 공명정대하게 수사하는 게 좋다고 생각합니다.

검찰 태도가 과거와 달리 적극적이라고 하셨는데, 그건 과거의 검찰 태도가 잘못이었던 것이죠. 검찰이 살아있는 권력 앞에서 눈치 보기로 일관했다는 사실은 삼척동자도 압니다. 박근혜 정권 하에서도 이명박 정권의 잘못을 덮어주기에 급급했습니다. 이제 드러난 것을 보면 대선 개입을 통해 한 몸이 되었던 것 아닙니까?

과거 BBK특검이 다스의 비자금을 알고도 덮었고, 박근혜 정권 초기에 이루어진 국정원 댓글 수사는 국정원 파견 검사들이 적극 방해했고……. 이런 게 정상은 아니죠. 불법 사실을 인지하면 정치적 고려를 하지 말고 엄정하게 수사하는 것이 검찰의 본분이지요. 사실은 지금도 검찰이 과거에 저지른 잘못이 부담이 되어 100% 철저하게 못 하는 부분도 있긴 않나 싶어요.

수년 전에 저는 〈지식협동조합 좋은나라〉, 인터넷 언론매체 《프레시안》과 함께 『MB의 비용』이라는 책을 기획해서 낸 일이 있었지요. 그런 사람으로서, MB정권이야말로 '권력의 사유화'와 국가에 끼친 손해라는 면에서 박근혜 정권과는 비교도 안 되게 훨씬 큰 잘못을 저질렀다고 봅니다. 그래서 철저하게 조사하고, 실정법을 어긴 부분에 대해선 분명하게 처벌하고, 제도가 잘못돼 있는 문제가 발견된다면 제도개혁을 해내는 것이 반드시 필요합니다. 이런 일들을 고치지 않고서는 진정한 적폐청산은 될 수 없습니다.

권 현재 이명박 대통령에 대한 수사는 다스, BBK, 그리고 뇌물수수 등 개인 차원의 범죄에 대해 집중적으로 이뤄지고 있고, 이에 대해선 사법처리가 불가피할 것 같습니다.

그런데 사실 국민들에게 더 큰 피해를 준 것은 4대강 사업이나 자원외교 등입니다. 박근혜 대통령이 유용한 국가정보원 특수활동비 정도와는 비교도 안 될 정도로 어마어마한 돈이 들어갔습니다. 하지만 IMF 수사 당시에도 정책판단 부분에 대해서는 무죄 판결이 난 적이 있습니다. 비록 결과적으로 잘못된 결정이라 하더라도, 정책판단 또는 통치행위에 대해 사법적 잣대를 들이댈 순 없다는 것이었습니다.

지금 본격적인 수사가 진행 중인 개인 차원의 범죄 외에 4대강, 자원외교 등에 대해서까지도 이 전 대통령에 대한 사법적 처리가 가능할 수 있을까요?

유 김경준 씨가 쓴 책(『비비케이의 배신』(BBK북스 펴냄))에 보면 "내가 와튼스쿨에서 경영학을 배웠지만, MB의 고도한 경영학 앞에서 명함도 내밀 수 없었다"는 말이 나오지요. MB를 잘 아는 어떤 분이 저에게 그러더군요. "MB는 워낙 교묘하게 일을 처리하기 때문에 본인이 직접 법적인 책임을 져야 할 말이나 행동은 직접적으로는 하지 않았을 것"이라고 말입니다. 예를 들어, 원세훈 국정원장이 자행한 댓글부대와 관련해서도, 이 전 대통령이 직접적으로 "댓글부대 운영하라"는 식의 말을 하지 않고, 상대방이 이 전 대통령의 뜻을 헤아려 행동하게끔 했을 것이라는 이야기입니다. 아무튼 MB의 위법이나 부정축재 등이 있었는지는 앞으로 수사를 통해 따져봐야겠지요.

그런데 말씀하신 것처럼 법과 제도를 어기지 않았는데도 이런 일들이 벌어졌다면, 잘못된 법제도를 고쳐야 되는 것이죠. 무슨 말이냐면, (다스, BBK 등 개인 차원 비리 외에도) 국가운영 과정에서 사익을 추구하고 국가에 엄청난 손해를 끼친 게 명백한 사실로 드러나고 있지 않습니까. 광물자원공사, 수자원공사 등이 엄청난 빚을 떠안으며 부실화됐습니다. 4대강 사업으로 인한 환경피해도 심각합니다. 자원외교가 낳은 천문학적 손실은 말할 것도 없고요.

나라에 천문학적 손실을 끼쳤다는 엄연한 사실이 있는데, 사법부가 판결을 통해 면죄부를 줄 순 없습니다. MB정부에서 자원외교 사업을 주도한 주강수 전 한국가스공사 사장, 김신종 전 한국광물자원공사 사장, 강영원 전 한국석유공사 사장 모두 특정경제범죄가중처벌법상 배임 혐의에 대해 무죄를 선고받았고요, 또 포스코 정준양 전 회장 사건도 법원에서 무죄판결을 받았습니다. 이 판결들을 보면, '증거 부족으로 배임 혐의가 증명되지 않았다'는 것이고 '경영적 판단'을 벌할 수 없다는 것이었습니다.

저는 사법부 판단에 심각한 문제가 있는 건 아닌지 의심해 봐야 한다고 생각합니다. 회사에 명백하게 엄청난 손실을 끼쳤고, 투자나 합병을 할 때 거쳐야 되는 회사의 절차를 다 어겼단 말입니다. 절차를 어긴 부분까지 '경영적 판단'이라고 봐야 하는지, 저로선 사법부의 판단이 황당합니다. 또 실정법이 그런 판단을 허용한다면 법을 더욱 엄격하게 바꿔야 되는 것이겠죠. 법 적용을 제대로 안 한 거라면, 국민이 나서서 판사를 탄핵하는 시스템을 만들든지, 뭔가 바꿔야 하는 것 아니겠습니까?

권력 사유화와 이로 인한 막대한 국가적 손해가 제대로 조사되지 않고, 처벌받지 않고 넘어갈 수 있다면, 후대에 도대체 어떤 교훈을 주겠습니까. 『MB의 비용』 책 서문에 알베르 까뮈(Albert Camus)의 "어제의 범죄를 벌하지 않는 것, 그것은 내일의 범죄에 용기를 주는 것과 똑같이 어리석은 짓이다"[1]는 말을 인용한 것도 이 때문입니다.

MB정권은 박근혜 정권과는 차원이 달랐습니다. 박근혜 전 대통령은 워낙 자질이 부족한 정치인이었고, 친박 정치세력도 부도덕한 탐욕적 집단이었습니다. 최순실이라는 자가 가업(아버지 최태민 씨)을 이어받아 권력에 기생하면서 온갖 황당한 기획으로 사익을 취하고 국정문란을 초래했고, 또 그 과정에서 재벌과 정권 사이의 정경유착이 형성됐습니다.

하지만 처음부터 박근혜 대통령이 이런 식으로 돈 때문에 정치를 했다고는 생각하지 않습니다. 물론 박 전 대통령의 지식수준이나 정신연령에 관해서도 여러 말이 많습니다만, 제가 볼 때 정치인 박근혜의 꿈은 아버지의 명예회복이었습니다. 국정교과서를 밀어붙일 때 이게 가장 잘 드러났습니다. 당시 얼마나 무리해서 말도 안 되는 일들을 했습니까? 저는 그걸 보면서 '이 정권이 온전히 끝나기 어려울 것'이라고 판단하고, 당시 트윗에도 그런 생각을 썼어요. '박근혜는 아버지의 명예회복을 위해 정치를 했지만, 결과는 부관참시가 될 것이다'라고.

권 예언하신 대로, 박근혜 정권은 온전히 끝나지 못했고, 박정희 대통령은 부관참시가 됐죠.

유 그래서 결과적으로 한 시대가 마무리됐죠. 박근혜 대통령은 애초 정권을 잡을 때는 경제민주화, 복지국가를 내세우는 등 뭔가 잘 해보겠다는 생각이 있었다고 봅니다. 자신이 주장한 걸 제대로 이해했는지는 모르겠지만. 아무튼 본인의 자질 부족으로 최순실이라는 요망한 자의 꾐에 빠졌고, 대통령 한 사람에게 집중된 권력구조와 여당의 시녀화, 상명하복과 출세주의가 만연한 관료사회의 잘못된 풍토, 그리고 부패하고 타락한 '친박' 정치인 등 때문에 국정운영 시스템에 자정 능력이 결여되었죠. 이 모든 것이 합쳐져서 참담한 비극을 낳고 말았습니다.

　그러나 이명박 정권은 달랐습니다. 한때 이명박 대통령의 측근이었던 정두언 전 의원의 표현을 빌자면 MB정권은 "정권을 잡은 것이 아니라 이권을 잡았다"는 것이잖아요. 즉, 이권추구가 처음부터 기획되었다는 거죠. 물론 이명박 정권도 국정을 잘해보겠다는 생각이야 있었겠죠. 그러나 '권력을 통해 사익을 취해야겠다'는 의도가 권력 핵심부와 주변에 상당히 만연했습니다. 이런 면에서 정말 준비된 정권이었죠. 그래서 이권추구가 정권 인수위원회 시절부터 작동을 시작합니다. 메릴린치를 통한 하베스트 인수 계획[2], 산업은행 민영화[3], 인천공항 민영화[4] 등이 신속하게 진행됩니다. 한반도 대운하는 여론에 의해 좌절되자, 4대강 사업이라고 이름을 바꿔 다른 방식으로 진행하고요. 애초에 다 기획이 돼 있던 이권사업이 어마어마하고, 자원외교도 사전에 준비된 시나리오에 의해 진행되는 등 대규모적인 권력형 이권추구, 권력형 부패, 이런 게 이명박 정권 내내 진행됐습니다. 이것이 야말로 적폐청산의 대상입니다.

MB의 개인비리는 곁가지, 대형 국책사업 비리를 정조준하라

권 적폐청산이라고 할 때, 우린 박근혜에 초점을 맞추지만, 실제론 MB가 훨씬 더 심한 적폐청산 대상이라는 것이죠?

유 MB가 훨씬 심하죠. 국가에 손해를 끼친 측면에서.

권 MB정권에서 일어난 많은 일들이 적폐청산 대상이라는 것에는 동의합니다만, '누가 수익을 얻었지'라고 하면, 퍼뜩 떠오르지 않습니다. 4대강은 건설회사와 관련된 일부 부정이 드러나기도 했습니다만, 자원외교 등은 진행 과정에서 뭔가 차질을 빚으면서, 손해만 봤을 뿐 누구도 이득을 얻지 못한 그런 측면이 있지 않습니까?

물론 이명박 정권 주변에 있던 이들 가운데 권력을 이용해 금전적 이득을 취한 이들도 있습니다. 그런데 좋게 보자면, MB는 그런 생각을 하지 않았을까요. MB는 70년대 사람이기에, '4대강 건설을 하면, 고용이 단기간에 급속도로 늘어나고, 그러면 소득과 소비가 늘어나고. 자원외교의 경우도 자원개발에 투자하면 언젠가 결실이 나고, 그러면 엄청난 수익을 얻을 수 있고, 그러면 기업도, 국민도, 나라도 다 잘되는 것 아니겠느냐'는 생각 말입니다.

윤 대통령 되려는 사람이 '나라를 망가뜨려 내가 돈을 벌자', 이렇게 생각하진 않을 겁니다. 지금 우리 경제의 발목을 잡고 있는 가장 큰 문제 가운데 하나가 '성공의 함정'입니다. MB 표현을 빌자면, '내가 해봐서 아는데'입니다. 옛날 고도성장 시절의 이야기죠. 지금은 여건과 환경이 다른데, 그때 통했던 방식이 지금도 통할 것이라 생각하는 데서 근본적인 문제가 발생합니다. 그런 구시대적 정책 추진 과정에서 '꿩 먹고 알 먹기' 식으로 금전적 이익도 챙길 수 있다면 금상첨화라고 생각하지 않았을까 합니다. 지금 드러나지 않은 막대한 이익이 누군가의 수중에 들어가 있을 수 있지 않을까요? 아마도 차명으로 숨겨 놓았겠죠? 주진우 기자가 쓴 『주진우의 이명박 추적기』라는 책을 보면 천문학적 해외 비자금 얘기도 나옵니다만.

백번 양보해서, 순수하게 국익을 위한 정책이었다고 치더라도, 결과적으로는 시대착오적 정책으로 국고를 낭비한 것이구요. 무리한 보여주기식 전시행정과 업적 만들기를 위해서 제도와 절차를 무시하고 밀어붙인 것도 큰 잘못이었죠. 예비타당성 조사도 건너뛴 4대강 사업은 물론이고, 자원외교에서도 '자주개발률'이라는 허구적 목표에 매달려 이사회 등 정상적인 의사결정 절차를 무시하면서 졸속으로 추진했고요. 최근 드러난 바에 의하면 UAE 원전 수주 당시에 도저히 해서는 안 되는 이면합의[5]를 했다는 거 아닙니까?

종합적으로 볼 때 '비록 결과는 나빴지만, 선의에 의해 기획됐다'는 측면보다 오히려 '그럴듯한 명분으로 사업을 추진하면서 이익도 챙기자'는 측면이 크지 않았을까 하는 의심이 갑니다. 그

MB 정부의 대표 사업으로 불리는 '사자방'은 4대강, 자원외교, 방산비리 등을 뜻한다. 이 가운데 자원외교에는 29조 원의 공공자금이 투입돼 4대강 사업(22조 원)보다 더 많은 혈세가 들어갔다. 가스공사, 광물공사, 석유공사가 이명박 정부 기간에 투자한 해외자원개발 비용은 29조 7,000억 원, 회수한 돈은 2014년 6월 기준 1조 1,200억 원이다.

자원외교 사업을 주도한 당시 주강수 한국가스공사 사장, 김신종 한국광물자원공사 사장, 강영원 한국석유공사 사장은 모두 특정경제범죄가중처벌법상 배임 혐의에 대해 무죄를 선고받았다. 재판부는 '증거 부족으로 배임 혐의가 입증되지 않았다'고 판결을 내렸다.

캐나다 하베스트(HAVEST) 에너지 인수 프로젝트는, 2010년 10월 시장가보다 5,500억여 원 비싼 4조 5,500여억 원에 인수해 3조 7,000여억 원의 손실이 발생했지만 재판부는 "인수 당시 예상할 수 없었던 요인"이라고 판단했다.

하지만 하베스트에 대한 경제성 평가는 5일 만에 졸속으로 이뤄졌고, 인수 조건과 인수 가격 등에 대해 이사회 의결을 거치지 않았다. 또 석유공사는 회사 규정상, 순현재가치가 0보다 작고 내부수익률이 8%가 안 되면 투자를 못 하도록 돼 있다. 그런데 하베스트 사업은 인수 당시 순현재가치가 마이너스였고 내부수익률도 7.46%로 기준치인 8%에 미달했지만, 투자가 결정됐다.

한편 MB 정부는 당시 에너지 자립을 표방하며 '자주개발률'을 도입했다. 자주개발률은 국내로 수입되는 해외자원 물량 중 우리나라 기업이 직접 개발해 도입한 물량이 얼마나 되는지를 나타내는 지표다. 이 전 대통령은 2008년 5% 수준이던 에너지 자주개발률을 임기 내 18%까지 끌어올리겠다며, 에너지 공기업 기업평가 항목에 이를 추가했다. 그러나 석유/가스의 자주개발률은 2007년 0.3%에서 2012년 0.6%로 거의 변화가 없다. 광물자원의 경우 2007년 6.1%에서 2012년 10.6%로 조금 늘어나는 정도에 그쳤다.

박근혜 정부는 자주개발률 지표가 무리한 해외자원개발의 원인이 됐다고 보고, 집계조차 않는 것으로 제도를 바꾸었다.

(이상 『MB의 비용』(알마) 및 《프레시안》의 'MB의 비용을 다시 생각한다' 시리즈 (2017.11.13.~14) 기사 참조)

렇지 않고서는 설명하기 어려운 나쁜 투자가 계속됐기 때문에, 이건 합리적 의심인 거죠. 이런 부분에 대해선 진실을 밝히기 위한 철저한 조사가 필요하다고 생각합니다.

권 그 조사라는 건 이명박 전 대통령과 관련해 진행 중인 다스, BBK 등 개인비리 관련 검찰 수사 외에 정책결정 과정에 대한 별도의 조사가 필요하다는 말씀이시죠?

유 현재 진행 중인 검찰 수사는 고발이 들어와서 수사가 진행되는 것이잖아요. 물론 권력을 이용한 축재가 드러나고 있으니, 단순 개인비리라고 치부할 수는 없지만요. 이런 문제와는 비교도 안 되는 막대한 국고 손실을 초래한, 이른바 '4자방'이라고 부르는 4대강, 자원외교, 방산비리에 대한 조사가 제대로 되어야 한다는 것이지요. 다스 비자금 150억 운운하는 것들과는 차원이 다른, 수십 조 단위의 대형 국가적 손실이라는 문제를 덮고 넘어가서야 무슨 적폐청산이 되겠어요?

이런 손실이 어떻게 초래되었고, 그 책임은 누구에게 있으며, 누가 검은 이득을 챙겼는지 밝혀야 합니다. 그리고 다시는 이런 일이 일어나지 않도록 일벌백계하고, 아울러 관련 제도와 법을 수선하는 데까지 나가야 합니다. 그래야 진정한 적폐청산이죠.

물론 정권 차원에선 정치적 부담이 있을 수 있습니다. 그러나 그런 부담도 뚫고 갈 수 있도록 촛불시민과의 연대, 협치 등을 기초로 거침없이 나가야 합니다. 그것이 현재 진행 중인 MB 수사가 정치적 계산을 통해 진행되는 것이 아니라는 것을 오히려 더 잘 드러낼 수 있다고 생각합니다.

대통령의 리더십은
어떻게 경제에 영향을 미치나

'대통령'이 경제에 미치는 영향은 얼마나 될까?

권 자, 이제 본격적으로 이 대담의 주제 중 하나인 적폐청산의 경제
   적 효과 부분으로 넘어가도록 하겠습니다. 우선 촛불항쟁의 가장
   직접적인 결과가 대통령을 새로 뽑은 건데요. 교수님은 대통령이
   경제에 미치는 효과에 대해서는 어떻게 보십니까?

유 대통령으로 누구를 뽑느냐에 따라 많은 게 달라지죠. 하지만 대
   통령 때문에 경제가 어려워지거나, 좋아진다고 하는 건 얼마나
   될까요? 별로 없습니다. 대통령은 잠깐 있는 거잖아요. 그 짧은
   기간에 정책을 어떻게 한다고 해서 경제 시스템이 크게 바뀌지
   않습니다. 혁명적 상황이 아닌 한.

권 사람들은 박정희를 생각하니까요. 박정희 대통령이 경제에 절대
   적인 영향을 미치는 것을 경험했기 때문에 대선 때마다 그런 기
   대를 갖는 것 아닐까요.

유 좋은 얘기예요. 박정희는 18년 장기집권을 했으니까 당연히 큰
   영향을 미쳤죠. 그러나 단기적으로 대통령이 경제에 미치는 영향

1988년 우리나라의 일인당 국민소득은 4,548달러였다. 1995년 1만 1,735달러로, 1만 달러를 넘어섰고, 10년 만인 2006년 GNI(Gross National Income, 국민총소득) 기준으로 2만 달러에 진입한 뒤 10년이 넘도록 3만 달러를 넘지 못하고 있다. 2017년 일인당 GNI는 2만 7,561달러였다. 일인당 GNI가 2만 달러에서 3만 달러로 가는 데 한국처럼 오래 걸린 나라는 많지 않다. 스위스는 2년, 독일, 일본은 5년이 걸렸다.

성숙한 경제일수록 경제성장률이 둔화하게 마련이지만, 한국은 아직 선진국 반열에 들지도 못했는데도 성장률이 심하게 둔화되고 있다. 1966~1991년 26년 동안 연평균 실질 성장률은 무려 10.1%였으나, 1992~2017년 26년 동안에는 4.8%에 그쳤다. 지난 10년간은 3.1%에 불과했다.

은 제한적입니다. 예를 들어, 미국 경제가 2017년에 기대보다 상당히 잘나갔어요. 실업률도 떨어지고. 그게 트럼프가 대통령이 돼서 그렇게 됐을까요? 힐러리가 대통령이 됐으면 그렇게 안 됐을까요?

2017년 한국경제를 보면 반도체, 철강 경기가 회복돼 수출은 괜찮았습니다. 그런데 서민경제는 아주 나빴죠. 그러면 서민경제 어려운 게 문재인 정부 잘못인가요? 반도체, 철강이 잘된 건 문재인 정부가 잘한 덕분인가요?

단기적으로는 경기변동 사이클과 국제경제 환경이 경제에 가장 큰 영향을 미칩니다. '그러면 대통령으로 누구를 뽑든 경제와는 아무런 상관이 없는 거냐?', 그건 또 그렇지 않다는 거죠. 장기간에 걸쳐 부패하고 허접한 정권이 계속 들어서는 것과 효과적인 경제정책을 추진하는 정권이 지속적으로 이어진다는 걸 비교하면, 엄청난 차이가 벌어지는 거예요. 예를 들어, 1년에 평균 수준의 정권에 비해 1.15%를 더 하는 정권과 1.15%를 못하는 정권이 있다고 칩시다. 두 정권은 매년 2.3%씩 차이가 나죠. 단기적으론 큰 차이를 느끼지 못합니다. 그런데 2.3%씩 30년이면, 그 차이는 얼마나 될까요? 69%가 아닙니다.

권 복리 효과가 나겠죠.

윤 그렇죠. 딱 두 배 차이가 납니다. 그런 차이가 나려면, 대통령이 지금 어떻게 하느냐에 따라 만들어지는 건 아니고, 지금도 잘하고, 또 다음 정권도 잘하고, 이렇게 장기적으로 지속되어야 합니다. 그러기 위해선 물론 지금 방향을 잘 잡는 것이 매우 중요하기는 하죠.

88올림픽을 전후해 3저호황이 있었는데, 한국경제는 이후 방향을 잘못 잡고 30년 동안 헤매왔습니다. 만약 그 차이가 1년에 2.3%였다면, 복리로 30년이면 2배 차이가 나는 것이거든요. 그렇다면 지금 우리나라의 일인당 국민소득이 대략 6만 달러가 될 수도 있었다는 거죠. 특정 대통령이 단기간에 경제에 큰 차이를 가져오는 건 아니지만, 방향을 잘 잡아서 지속되고 누적되면 큰 차이가 난다는 거죠.

또 하나는 심한 경기침체나 경제위기가 왔을 때, 그때는 대통령이 어떻게 대처하느냐에 따라 단기간에도 상당히 중요한 영향을 미칠 수 있어요. IMF위기 때도 그랬습니다. 처음 위기가 오려 할 때, 정부가 어떻게 했습니까. 거의 마지막 순간까지도 '우리는 편

더멘털이 튼튼해서 문제가 없다'고 했잖습니까. 그러면서 우왕좌왕하고, 신뢰를 다 잃고. 그때 유능한 정부가 있었다면 대응이 상당히 달랐을 수도 있죠.

권 대통령들이 후보로 나올 때, '제가 경제를 살리겠습니다' 이런 말을 워낙 많이 하고, 유권자들도 '누가 경제를 살릴 것인가'를 염두에 두고 투표를 하기도 합니다. 이명박 후보가 대통령이 된 것도 이 때문이구요.

유 정치인들은 항상 달콤한 약속을 합니다. 대부분 유권자들 입장에서는 누가 경제 전체를 활성화시킬 것인가 하는 건 사실 부차적인 것이고, 누구의 정책이 나한테 유리한지가 더 중요한 판단기준이 됩니다. 그런데 실제 약속대로 될지 알 수가 없잖아요. 그래서 누가 믿을 만한 사람인가, 이걸 또 생각해보게 되죠.

　그런 면에서 가장 황당했던 게 이명박 후보가 내세운 747 공약입니다. 연평균 7% 성장, 10년 뒤 일인당 소득 4만 달러, 세계 7대 강국 진입하겠다는 거였잖아요. 한국경제 상황이나 발전단계, 인구성장 등을 봤을 때 허황되기 이를 데 없는 공약이었습니다. 그런데 말입니다, 이명박 후보가 대통령 당선된 뒤 경제연구소장들이 모인 신년하례회 자리에서 삼성경제연구소장 등이 '7% 성장, 잘 하면 가능합니다', 이러는 거예요. 제가 이를 보고 '단군 이래 최대의 곡학아세 사건'이라고 했습니다. 있을 수 없는 일이거든요. 거대한 경제 시스템이 단기간에 마음대로 변할 수 있는 건 아니거든요.

권 2007년 대선 당시 한나라당을 출입했습니다. 그때 '7% 성장이 가능하냐를 떠나, 7% 성장이 과연 바람직한가. 과열이고 물가도 엄청나게 오르지 않겠느냐'는 지적이 있었습니다. 그때 이명박 후보자의 답변은 '내가 해봐서 안다. 70년대와 지금이 크게 다른 게 아니다. 미국을 보라. 미국 경제규모가 엄청난데도 3%대의 높은 성장을 하고 있지 않느냐. 우리 경제규모에서 7% 성장은 결코 높은 목표가 아니다'라고 했거든요.

유 경제규모와 성장률을 연관 짓는 것도, 기업인다운 발상입니다. 기업이야 초창기에는 몇 배씩 성장을 할 수도 있습니다. 그러나 경제 시스템은 절대 그렇게 되는 게 아닙니다. 성장률을 결정하는 데 가장 근본적인 건 인구성장률입니다. 70년대는 생산가능인구가 3% 넘게 증가하던 때인데, 어떻게 그 당시와 지금을 비교할 수 있습니까. 그런 무리한 목표를 세우면 경제에 악영향을 미치게 됩니다.

권 결국 대통령은 평상시에 경제 활성화 주역으로 활동하기보다는, 위기 시에 제대로 잘 대응하고 관리하는 역할이 더 중요하다는 말씀이시죠?

유 그렇습니다. 리더의 가장 중요한 역할은 방향을 설정하는 것과 위기 대응하는 거예요. 큰 조직이나 작은 조직이나 가릴 것 없이, 그게 리더의 역할입니다. 그런데 리더들이 흔히 잘못하는 게, 자꾸 부하직원들에게 간섭하는 거예요. 오만가지 챙기고, 잔소리하고. 중요한 것 아니면 간섭하지 말아야 됩니다. 간섭을 최소화하고, 믿고 맡겨주고, 평가해서 잘하면 보상하고, 못하면 능력을 보완해 주는 쪽으로 해야 합니다. 정 안 되면 책임을 물어야죠. 배치를 바꾸든가, 자르든가.

대신 리더는 일상 업무에 빠진 조직원들이 미처 생각하지 못하는 문제에 집중해야 합니다. 세상이 어떻게 변할 것인가를 내다보고, 미래에 대한 비전을 세우고 큰 그림을 그려야죠. 방향을 설정하는 겁니다. 그리고 리스크 관리를 해야 합니다. 보이지 않는 리스크에 대해 미리 생각하고 대비하는 겁니다. 그리고 실제로 어려움이 닥쳤을 때는 자기희생을 해야 되는 겁니다. 그게 리더인 거예요. 그런데 리더들이 이걸 다 거꾸로 하는 경우가 많아요.

대통령은 경제를 살리는 자가 아니라 공정한 심판자

권 중간관리자만 돼도, 내가 열심히 해야 조직이 돌아가는 것 같고, 그렇지 않습니까?

유 다들 그렇게 생각하죠. 하지만 믿고 맡기면 다들 열심히 하게 돼 있어요. 그렇지 않으면 인사조치하면 되는 거죠. 그런 관점에서 보더라도, 중요한 건 기본을 잘하는 것입니다. 그게 장기적으로 큰 효과를 내는 것이기도 합니다. '당장 내 임기 동안 경기 띄우고 보자', 이런 식으로 하면 문제인 거죠.

권 이명박, 박근혜가 다 그걸 시도하지 않았나요?

유 모든 정권이 다 어느 정도는 했다고 봐야겠죠. 지금 땅값 집값 뛰고 하는 것은 박정희 때부터 심각한 문제였습니다. 수출해서 밑져도 부동산값 올라 부자 된 기업도 많았습니다. 1990년대에 집값이 좀 안정됐다가 IMF위기 때 폭락하고 나서, 김대중 정부가 부동산 규제를 확 풀어버렸습니다. 위기로 고생했으니 빨리 경기를 활성화시키겠다는 욕심이 앞섰던 거죠. 그때 길거리에서 신용카드도 마구 뿌렸잖아요. 결국 카드채 사태로 이어지고 말았죠. 그 이후로도 계속 집값이 엄청나게 뛰어오르고, 가계부채 커지고 한 것들이 다 단기적 시야에서 비롯된 것입니다.

　기본을 잘한다는 것은, 평가보상체계를 잘 갖추는 것입니다. 사회에 많은 기여를 하는 사람, 노력하는 사람에게 보상이 가도록 해야 한다는 거죠. 문제가 된 채용비리를 예로 들어봅시다. 누구는 90점 맞고 누구는 80점 맞았는데, 80점 맞은 사람이 커넥션이 있어서 합격했어요. 이건 공정함, 사회정의에 반하는 나쁜 일이잖아요. 하지만 이게 그 회사에, 더욱이 우리 경제에 얼마나 영향이 있겠어요. 90점 맞은 사람이 들어오면 회사가 훨씬 더 좋아지고, 80점 맞은 사람이 들어오면 회사가 엄청 어려워지나요?

권 80점이 더 유능할 수도 있겠죠.

유 그럴 수도 있구요. 90점 맞은 사람이 10점만큼 더 유능하다고 가정하더라도, 그게 기업에, 또 전체 경제에 얼마나 좋은 영향을 미칠까요? 0.0000000000 몇 %이겠죠. 단기적으로는 거의 영향이 없다는 거죠. 그러나 어떤 문제가 생기느냐 하면, 사람들이 '공부를 더해서 점수를 올리는 것보다 줄 잘 서고 커넥션 만드는 게 중요하구나', 이런 시그널을 받잖아요. 그러면 어떻게 되겠어요. 사람들이 온통 실력 키우기보단 다른 쪽으로 공을 기울이면 어떻게 되겠느냐는 말이에요.

권 그건 직장에 들어오는 단계보다, 기존 직장에서 일하는 사람들이 인사 과정에서 더 자주 경험하는 문제이기도 하지요. 커넥션과 네트워킹, 인간관계가 좋은 사람이 조직에서 성공하는 경우가 많죠.

유 윗사람한테 잘 보이는 사람들이 출세하는데 어떡하겠어요. 아니면 탈락해버리니까. 더 큰 문제는 젊은이들 사이에 만연한 수저 계급론입니다. 태생이 성공 여부를 결정한다는 얘기잖아요. 유산이 있든지, 좋은 학벌이 있든지, 커넥션이 있든지, 그렇지 않으면 아무리 노력해도 성공하기 힘들다는 생각이 만연해 있잖아요. 그러니 도전할 의욕이 사라지는 것 아닙니까.

이런 문제가 당장 올해 경제성장률에 반영되는 건 아니지만, 이게 누적되면 큰 문제가 됩니다. '열심히 도전하다 보면, 성공할 수 있겠다' 하면, 다들 열심히 노력하게 되는 것이고, '안정되게 사는 게 장땡이네'라고 하면, 다들 공무원 시험 보게 되잖아요.

한국이 왜 첨단기술 분야에서 뒤처집니까? 전 세계에서 제일 공부를 많이 하는 게 한국 사람인데 말이죠. 거의 다 의사, 변호사, 공무원, 은행, 대기업, 이런 곳에 가서 기득권체제에 편입해 안정된 자리를 확보해야 되겠다고만 하고 있으니까 걱정입니다.

권 서울대에 법대가 없어지면서, 경영학과 입학점수가 많이 올라갔다고 합니다. 그런데 서울대 경영학과 입학생의 80% 이상이 로스쿨 지망을 목표로 한다는 이야기가 있습니다.

유 이런 게 단기적으로는 별것 아닌 것 같지만, 장시간 누적되면 엄청난 차이가 벌어집니다. 국가 경쟁력 기반이 굉장히 약화되는 거예요. 비즈니스도 마찬가지입니다. 지킬 것 지키고, 세금 제대로 내고, 그러면서 더 좋은 상품, 혁신 기술 개발하고, 비용은 낮추고, 소비자를 위한 가치는 높이고, 그러면서 경쟁해야 되는 거잖아요. 그러면서 경제가 발전하는 것이고.

그런데 부패가 끼어들면 경쟁에 의한 발전이라는 메커니즘이 망가져요. '나는 죽어라 노력해서 10억 벌었는데, 저쪽은 담합하고, 로비를 해서 정부 발주 혹은 대기업 납품 따내고, 부담되는 규제는 슬쩍 무시하고, 이런 식으로 너무나 손쉽게 100억을 벌더라', 그러면 어떻게 하겠어요? 어려움이 가득하고 위험도 따르는 신기술 개발이나 신시장 개척보단 정치인, 관료 만나 열심히 관계 만들고 접대하자, 그렇게 되지 않을까요? 이런 것들이 누적되면 큰 차이가 난다는 거죠.

부패가 만연하면 나라가 잘살 수가 없어요. 한국은 이런 면에서 과거에 비해 많이 나아졌어요. 특히 하층 관료의 부패는 거의 없어졌죠. 시스템의 합리성과 투명성도 많이 좋아졌어요. 그러나 정치와 경제의 권력 상층부는 아직도 심각한 상태입니다. 이명박 정권 때도 그랬고, 박근혜 정권에서는 그게 드라마틱하게 드러난 것이고.

권 말씀 듣다 보니, 대통령이 경제를 살리겠다고 하는 것보다는, 공정한 심판자 역할을 제대로 하는 것이 더 중요하네요.

유 네, 공정한 보상체계를 갖추는 것이 기본이고요. 그리고 미래 비전을 잘 그리고 방향설정을 잘하는 것이 중요한 거죠. 단기적으로 경제를 확 살리겠다고 하는 건, 다 사기꾼이에요. 대표적인 게 이명박이고. 저는 이명박 정권이 막 출범할 때 언론 인터뷰에서 '747 하다가는 사고 난다, 과속하지 말라'고 경고도 했어요.

실력 있는 정부의 시장 컨트롤

권 노무현 대통령도 7% 성장 공약을 내놓기도 했습니다. 물론 나중에 "잘못이었다"고 시인했지만요.

유 그랬죠. 워낙 '성장에는 관심 없고 분배에만 경도돼 있다'고 공격을 받으니까, 일부러 과도한 성장률 공약을 한 것 아닌가 생각합니다. 노무현 때 7% 성장 공약도 사실 터무니없이 높은 목표였지만, 이명박 때는 잠재성장률이 더 떨어졌는데 7%를 말했으니. 노무현 정부가 국민소득 2만 달러를 목표로 제시한 것도 사실이죠.

사실 대선에 나온 대부분 정치인이 양적인 성장 목표를 제시하고 그랬습니다. 제가 기억하기로 2002년 이회창 후보(한나라당)는 6%, 2007년 이명박 후보(한나라당)는 7%, 정동영 후보(대통합민주신당)는 6%, 문국현 후보(창조한국당)는 8% 성장률을 공약으로 내걸었던 걸로 압니다. 그런 면에서는 박근혜의 공약이 남달랐습니다. 성장률 수치가 없었고, 대신 경제민주화, 국민행복, 국민통합,

이런 것을 얘기했습니다. 공약은 좋았죠.

권 박근혜 대통령이 당선되는 데에는 공약 덕도 많이 본 것 같아요.

유 그렇습니다. 국민들이 이명박이라는 신기루에 속은 걸 깨달았잖아요. '747, 경제 잘나갈 수 있어'라고 해서 믿었는데, 아니거든. 21세기에 70년대가 되돌아올 수는 없는 거니까. 언제 어느 때고 경제를 잠재성장률 이상으로 급격하게 성장시키겠다고 하는 건 대단히 위험한 겁니다.

어쨌든 이명박을 대통령으로 뽑으면서 우리가 고도성장을 한다면 비록 시스템이 불공정해도 떡고물이 많아서 괜찮을 거라는 기대도 했지만, 이명박 정권 덕분에 그런 고도성장은 결코 다시 오지 않을 거라는 걸 확실하게 깨달은 겁니다. 또 골목상권, 비정규직, 청년실업 문제 등을 보면서, 이렇게 경제 시스템이 불공정하고 갈수록 불평등이 심화된다면 성장을 해도 내겐 별 소용이 없겠구나 하는 생각을 하게 됩니다.

그래서 더 이상 비현실적인 성장 목표에 현혹되지 않는 분위기가 형성된 거죠. 2012년 대선에서 여야 후보 모두 경제민주화를 강조한 배경이 바로 이겁니다. 이런 분위기를 간파하고 박근혜가 먼저 치고 나간 거예요.

권 의도는 다르지만, 겉으로는 보수층과 재계 쪽도 이제는 똑같은 얘기를 합니다. '대통령이 경제를 부흥시키는 시대는 지났다. 이젠 경제규모가 워낙 크기 때문에. 그러니 대통령은 공정한 심판자 역할을 하고, 모두 시장에 맡겨라. 규제완화 하라', 그런 주장을 하거든요. 부동산 문제도 '계속 손을 대니 강남 집값이 더 오르지 않느냐, 개입 말고 내버려두라'는 것이죠.

유 같은 얘기가 아닙니다. 제 얘기는 갑자기 성장률 끌어올리려 하지 말라는 것이지, 정부의 역할을 방기하라는 건 아니니까요. 거듭 말하지만, 대통령이 철학과 미래비전에 입각해서 방향설정을 하고 리스크에 대비하는 건 중요하고요, 또 기본을 잘 지키는 것도 두말할 필요도 없이 중요한 겁니다.

경제에 개입하지 말고 내버려두라는 건 19세기 얘긴데요, 사실 19세기에도 완전한 자유방임주의는 존재하지 않았습니다. 경제 역사를 알면 그런 얘기를 할 수 없어요. 정부가 규제를 하거나 시장에 개입하는 여러 가지 이유가 있는데요. 크게 보아 세 가지로 구분해볼 수 있습니다.

먼저 정부는 시장이 공정하고 원활하게 작동할 수 있는 제도적 기반을 만들어주어야 합니다. 시장에 맡기라고 하지만, 실제로 시장에만 맡겨놓으면 시장이 제대로 발달하기 어려워요. 정부가 시장의 발달을 위해 처음 한 게 도량형 통일이에요. 그리고 저울과 잣대를 검사해서 인증을 해주는 거죠. 왜 정부가 간섭하느냐, 우리 마음대로 속여먹게 놔두지, 이러지는 않잖아요. 시장경제의 발달에는 민간에서 신뢰자본이 쌓여서 믿고 거래하는 게 굉장히 중요해요. 하지만 기본적으로는 정부가 받쳐주지 않으면 시장은 제대로 발달하지 않습니다. 최근 암호화폐 시장의 경우를 보더라도 정부가 방치한 상황에서 큰 혼란을 겪고 있잖아요. 간섭하지 말고 놔둬라, 이런 소리를 투자자들이 하지만, 그랬다가는 투기와 사기가 판을 치면서 결국 곡소리 날 일밖에 없죠.

시장이 효율적으로 돌아가려면 공정해야 되는 거예요. 예를 들어, 축구 시합을 하는데 심판이 편파적으로 판정한다면 축구 기술이 늘겠어요? 그보다 심판을 매수하는 게 중요하지. 시장을 공정하게 만들어야 경제가 발전하는 거예요. 강자의 횡포를 막고, 약자에 대한 착취, 불공정 행위를 못하게 하고, 그렇게 해서 공정한 경쟁을 통해 시장경제가 발달하도록 규제를 해야 합니다.

둘째로는, 시장이 만들어내는 여러 부작용을 방지하거나 축소하기 위한 규제와 개입이 있습니다. 경제학 이론에서는 '시장의 실패'라고 부르는데요, 시장에서는 사적인 이익을 추구하기 때문에 사회적 가치가 희생되는 경우가 많습니다. 그래서 공공재의 공급이라든가, 환경과 인권의 보호를 위한 규제를 정부가 해야 하는 겁니다. 그리고 시장은 불가피하게 불평등과 불안정을 초래합니다. 그래서 가급적 불평등을 축소하고 삶의 안정을 보장하기 위해서 재분배와 복지 시스템, 이런 것들을 정부가 하게 됩니다. 또한 케인즈 경제학[6]에서 강조하는 건데, 유효수요 부족으로 경기침체가 오면 정부가 통화정책과 재정정책을 통해 경기부양을 할 필요도 있고요.

셋째, 마지막으로 시장을 선도하는 정부의 역할도 있습니다. 과거 박정희 시대처럼 정부가 자원배분에 직접 개입하는 경우도 있겠지만, 그런 역할은 후진국이 선진국 따라잡기 성장을 할 때나 유효한 것이고, 어느 정도 경제가 발전하여 내생적 혁신에 기초한 성장을 해야 할 때는 자원배분에 있어서 시장기능을 더욱 확대하고, 정부의 직접개입은 최소화하는 게 좋지요. 하지만 선진국에서도 연구개발 분야에서는 정부의 선도적인 역할이 여전히 중요합니다. 예를 들어, 요즘 인터넷이나 GPS 없는 세상이 상상이나 갑니까? 이런 기술들은 모두 미국 정부가 개발해서 민간에 공짜로 제공한 것이지요.

정부는 뒷짐지고 있으면서 시장에 맡기면, 자기들끼리 그냥 잘 돌아간다는 건 택도 없는 소리죠. 재계 말대로 정치와 경제를 분리한다는 건 넌센스죠. 시장경제가 잘 돌아가기 위해선 정부가 합리적이고 효율적인 규제를 하는 게 절대적으로 필요합니다. 필요한 규제를 강력하게 하면서도 기업과 개인들을 가급적 성가시지 않게 하는 게 정부의 실력이죠.

지속적 성장의 핵심은
포용적 경제제도

정책 레짐이 경제의 성패를 좌우한다

권 지금까지 대통령의 리더십이 경제에 미치는 영향에 관해 얘기했는데, 좀 더 크게 봐서 정치체제가 경제에 미치는 효과는 어떤가요?

유 중요한 지점입니다. 정치체제라기보다 정책 레짐(policy regime)이라고 하는 것이 정확할 것 같습니다. 경제제도와 경제정책의 패러다임이 지속되는 것을 정책체제라고 할 수 있을 텐데, 길게 보면 이게 경제의 성패를 결정짓는 가장 근본적인 요소이지요. 예를 들면, 2차 세계대전이 끝났을 때 당시 경제학자들은 중국은 아주 비전이 없는 나라이고, 반면 인도는 굉장히 앞길이 창창한 나라로 평가했어요. 그런데 아니었잖아요.

권 인도가 괜찮을 것이라고 본 건, 영국이 시스템을 갖춰놨기 때문이라고 생각한 거죠?

유 그렇습니다. 반면 중국은 우습게 봤죠. 게다가 내전이 심각하게 벌어지고 있었으니까요. 그런데 어떻게 됐습니까. 1980년대 말까지만 해도, 경제학자들이 '인도다운 성장률'이라는 말을 만들어냈을 정도로, 인도 경제는 정체되었고 빈곤이 만연했습니다. 반면, 중국은 일취월장했잖아요. 이처럼 정책 레짐 차이에서 오는 장기적 효과는 엄청난 거죠. 『국가는 왜 실패하는가』라고 MIT 대학 대런 아세모글루(Daron Acemoglu) 교수와 하버드 대학 제임스 A. 로빈슨(James A. Robinson) 교수가 쓴 베스트셀러가 있는데, 그 책의 주장이 '정치가 경제를 결정한다'는 거예요. 정치가 어떤 정책 레짐을 만드느냐 하는 것이 결국 경제의 장기적 성과를 결정한다는 것이죠.

그 책에서 제시하는 가장 드라마틱한 사례는 남한과 북한입니다. 언어, 문화, 역사, 모든 면에서 같은 사람들이잖아요. 분단됐을 때는 경제적으로 북한이 더 우위에 있었고.

권 70년대 초반까지도 그러지 않았습니까?

유 적어도 그때까지는 그랬죠. 그런데 지금은 남북 간 경제 격차가 비교할 수 없을 만큼 벌어졌잖아요. 그 이유가 정책 레짐인 거죠.

권 중앙집권적인 체제는 똑같지 않았습니까?

유 그랬죠. 하지만 통제의 수준에는 근본적인 차이가 있었습니다. 북은 계획경제이고, 남은 정부가 상당히 주도적 역할을 하긴 했지만 기본은 시장경제였죠. 기업의 자유와 시장의 경쟁이 있었고, 사람들이 경제적 유인에 따라 자발적으로 선택할 수 있는 여지가 많이 있었던 것이죠. 북은 통제경제 아래에서 경제적 유인이 사라지고 말았습니다. 천리마 운동 등으로 계속 열심히 일하도록 독려했지만, 그런 식으로 국가 독려에 의해 열심히 하는 데에는 한계가 있는 거예요. 혁명적 낭만주의[7]라고, 처음에 '노동자의 국가'를 건설한다는 이상에 매료되어 열심히 일하는 건, 길게 가봤자 10년이에요. 지속될 수가 없어요.

경제학에서 공공재 게임이라는 실험을 해보면 재밌는 결과가 나옵니다. 실험에 참가한 사람들한테 돈을 나눠주고, 공동투자기금에 자발적으로 돈을 내라고 해요. 그리고 공동투자기금에 모인 돈의 두 배를 다시 참가자들에게 나눠주는 거예요. 공동투자기금에 돈이 많이 모일수록 개인도 돈을 많이 벌 수 있는 거죠. 그렇게 보면 기금에 돈을 많이 내야 돼요.

그런데 무임승차(free riding)를 하면 어떤가요? 나는 안 내고 다른 사람들이 내면 개인으로선 제일 이득인 거잖아요. 이런 상황에서 사람들이 실제 어떻게 행동하는지 게임을 해보는 겁니다.

기본적으로, 시민정신이 발달한 나라에선 대부분 사람들이 처음에 상당한 돈을 냅니다. 공동의 이익을 위해 다 같이 내는 거죠. 그렇게 하면 투자수익률이 100%이니, 참으로 좋은 거예요. 그런데 게임이 진행될수록 상황이 달라집니다. 한 명, 두 명, 얌체처럼 무임승차하는 사람이 나타나게 되고요, 그 다음엔 급격히 공공윤리가 무너져요. 누군가 자기는 돈을 안 내고 이익만 받아가는 사람이 있다는 것을 알게 되면 화가 나죠. 그리고 나만 선의의 행동을 하는 건 손해라고 생각하게 되고, 무임승차가 급속히 확산됩니다.

그래서 결국 모두가 손해를 보는 것이죠. 감시를 해서 '무임승차자가 적발되면 배당을 안 준다' 하는 식으로 경제적 유인을 도입하면 다시 기금에 돈을 내죠. 경제적 유인이 없는 상태에서 선의에만 의존하는 것은 결코 오래가지 못합니다.

권 현실사회주의 국가에서 '사회주의 인간형'을 기대했던 것 아닙니까? 물질적 인센티브 없이 도덕적 자극만으로, 즉 사상교육과 교양을 통해 공산주의적 인간으로의 인간개조가 가능할 것이라는 낙관적인 믿음을 가졌었죠. 소련의 스탈린 정권, 중국 마오쩌둥 시대의 대약진운동 등의 바탕에도 이런 생각이 깔려 있었지만 결과는 실패였구요. 북한도 비슷한 경로를 겪은 것으로 압니다.

윤 그건 비현실적인 얘기고. 인간이 어떻게 바뀝니까. 수십만 년 진화의 과정을 통해 형성된 인간성이 쉽게 바뀌겠어요? 더구나 실제로는 공산당 간부들이 자기들끼리 좋은 것 나눠 갖고, 그러면서 '혁명을 위해 열심히 하자'고 하면 누가 따르겠어요.

권　거기 비하면, 박정희 체제는 독재정권이긴 했습니다만, 그래도 중
　　산층이 늘어나고 신분상승이 허용된 체제 아니었나요?

유　상대적으로 훨씬 공평한 사회였죠. 제가 진보 진영의 사람들에게
　　시장의 중요성을 항상 강조합니다. 진보가 시장에 적대적인 경향
　　이 좀 있고, 국가권력에 의해 뭔가를 이루겠다고 생각하는 경향
　　도 강합니다만, 그건 잘못된 생각이에요. 시장은 완전하진 않지만
　　나름대로 정의로운 면도 있고요, 시장을 무시하고 억압하면 경제
　　발전은 어렵습니다.

　　　남북공동선언 이후 교류가 많았던 시절이 있었죠. 제가 2005년
　　에 북한에 다녀온 적이 있습니다. 묘향산 관광을 가면서 시골 모
　　습을 봤죠. 평양과는 비교할 수 없이 눈물 나게 비참하더군요. 시
　　골의 집들이나 어쩌다 눈에 띄는 사람들이 남루하기 그지없었어
　　요. 소들도 갈비뼈가 앙상하게 드러나 있었죠. 사람도 먹을 게 없
　　는데, 소들이 제대로 먹겠어요.

　　　그런데 가장 인상 깊었던 건 철도공사 하는 일꾼들이었어요. 상
　　당한 숫자의 일꾼들을 목격하게 되었죠. 대략 70~80명 정도. 이
　　들이 철로 부근에 흩어져서 일을 하고 있는데, 무슨 작업을 하는
　　건가 유심히 봤어요. 그런데 도대체 무슨 일을 하는지 알 수 없
　　었어요. 대략 3분의 1은 담배를 피우고, 3분의 1은 서성거리거나
　　잡담을 하고, 그나마 3분의 1이 뭔가 일을 하는 것 같아 보이는데,
　　실제로 무엇을 하는 건지 모르겠더라구요. 그냥 뭔가 하는 척 하

는 것 같더라구요. 작업을 감시하는 사람까지 어영부영한 것 같아요. 시스템이 그렇게 만든 거죠.

권 열심히 해도 개인한테 직접적인 보상이 주어지지 않으니까 그렇겠죠.

유 그런 집단체제에서 열심히 일해본들 나만 바보가 되는데, 누가 열심히 하겠어요. 빈둥빈둥해도 나중에 똑같이 받는 걸 자꾸 겪게 되면, 더 이상 처음과 같은 열정이 지속될 수가 없는 거예요. 그래서 일도 열심히 안 하고, 혁명을 더 이상 믿지도 않고, 이렇게 됩니다. 그래서 저는 시민단체도 아무리 이상을 추구하더라도 열정페이를 강요하면 안 된다고 주장합니다.

만인에겐 권리와 기회를, 노력하는 자에겐 합당한 보상을

권 사회주의와 자본주의를 비교할 때, 저는 고르바초프 얘기가 생각납니다. 고향의 농업 담당 서기로 있을 때 얘긴데요, 앞에 가는 트럭에서 감자가 마구 떨어지는 거예요. 고르바초프는 트럭을 뒤따라가 운전사에게 "감자가 떨어지는데, 왜 차를 안 멈추고 그냥 갔느냐"라고 물었더니, "내 임무는 시간에 맞춰 감자를 실어 나르는 것이지, 떨어지는 건 내 알 바 아니오. 그러다 늦으면 벌점을 받는단 말이오"라고 답을 하더랍니다. 이때 고르바초프는 사회주의 소비에트 경제체제의 근본 문제를 느끼고 개혁을 결심했다고 하는 얘기입니다.

유 고르바초프 얘기 잘 했어요. 서양에선 고르바초프에 대한 평가가 좋지요. 세련됐고, 철의 장막을 걷어내고 개혁개방 하고, 냉전을 끝낸 위대한 인물로 평가하기도 하고. 그런데 러시아 사람들한테 물어보세요. 고르바초프 좋아하는 사람 거의 없어요. 여러 원인이 있겠지만, 고르바초프 개혁정책 가운데 일터에서 술을 못 마시게 한 것도 중요한 원인이라고 해요. 그래서 '고르바초프 개혁은 나쁜 것'이라는 인식이 있는 거예요.

직장 출근해서, 술 마신다는 게 상상이 됩니까. 고르바초프로서는 노동규율을 확립하고 노동생산성을 올리기 위해 꺼내든 정책이었지만, 노동자들 입장에선 황당했던 겁니다. 일상이 우울하고, 다 줄 서야 되고, 자유도 없고, 오직 술 마시는 게 낙이었는데, 이걸 뺏어가네, 이렇게 된 거죠. 그래서 일반인들에게 고르바초프의 인기가 추락했다고 해요. 과거에 스탈린 시절에는 소련 경제가 아주 잘나갔습니다. 고도성장을 했죠.

권 굉장히 폭력적이지 않았나요?

유 폭력적이었죠. 저는 박정희와 스탈린의 정책이 비슷하다고 봅니다. 그렇게 정부가 경제성장을 주도적으로 할 수 있는 단계가 있는 거예요. 양적 성장 단계에서는 농민들을 쥐어짜서 농업생산물을 뺏어와 산업노동자들을 먹이고, 살기 힘들다고 이탈하는 농민들을 산업노동자로 투입하고. 이렇게 해서 급속한 산업화를 하는 거죠. 박정희가 스탈린만큼의 권력을 지닌 것도 아니고, 스탈린만큼 폭압적으로 한 것도 아니지만 정책 내용은 매우 비슷했죠.

권 북한도 초기에는 스탈린식 정책을 편 것 아닌가요?

유 근대적 경제성장 초기의 보편적 법칙이에요. 초창기에는 그런 식으로 빨리 성장할 수 있어요. 그러나 양적 성장에서 질적 성장으로 넘어가는 단계가 오면, 국가주도의 성장은 한계에 부딪치게 되지요. 1960년에 스탈린 사후 소련 공산당 서기장을 하던 흐루시초프가 유엔총회에서 소련이 미국을 묻어버릴 거라고 장담을 했지만, 그전까지 고속성장을 하던 소련 경제가 바로 한계에 부딪치면서 공염불이 되고 말았죠. 이게 다 일반적인 법칙의 결과인 거예요.

지속적인 성장을 하려면 어떤 정책 레짐이 필요하냐? 아까 말한 『국가는 왜 실패하는가』라는 책이 주장하는 건 한마디로 포용적 경제제도가 필요하다는 겁니다. 저는 경제제도와 함께 여건에 부합하는 정책 패러다임을 포괄해서 정책 레짐이 중요하다고 했습니다만, 아무래도 그중에 더 기본적인 것은 경제제도이죠. 포용적인 제도란 보다 많은 사람에게 권리를 보장해주고, 열심히 노력하면 보상을 받을 수 있도록 해주는 제도를 말하는 거구요.

흥미로운 사례를 하나 들어볼까요? 19세기 초반까지만 해도 북미와 중남미의 경제가 비슷했어요. 경제발전 수준도 비슷했고, 유럽 식민지에서 독립한 지 얼마 안 되는 때라 경제형태도 비슷했어요. 농산물을 수출하고, 공산품은 유럽에서 수입하고. 그런데 어떻게 북미는 세계에서 제일 잘사는 지역이 되고, 중남미는 경제적으로 낙후되고 말았느냐. 여기에 대해 과거의 정설은 제도경제학으로 노벨경제학상을 받은 더글러스 노스(Douglass North)[8]의 주장이었는데요. '제도가 중요하다. 북미는 시장친화적인 영국식 법제도가 들어온 덕분에 시장경제가 발전했고, 중남미는 집단주의적 성향이 강한 스페인식 법제도가 들어가서 시장경제 발달을 억압했다'는 것이었어요. 종교도 개인주의 성향의 프로테스탄트보다 집단주의 성향의 가톨릭이 지배한 점도 지적하면서요.

권 유럽에도 가톨릭 국가인 남부 유럽 쪽보다는 프로테스탄트 국가인 북부, 서부 유럽 쪽이 더 잘살지 않습니까?

유 그렇죠. 막스 베버(Max Weber)가 『프로테스탄티즘의 윤리와 자본주의 정신』에서 전개한 이론이 바로 그런 거죠. 그러니까 노스의 이론도 상당히 설득력 있었던 거예요. 그런데 스탠리 엥거만(Stanley Engerman)과 케네스 소콜로프(Knneth Sokoloff)라는 UCLA의 경제학자들이 의문을 품게 돼요. 그러면 자메이카[9]는 어떻게 되느냐고. 자메이카는 플랜테이션 농업[10]과 빈부격차 등 경제형태는 전형적인 중남미의 모습인데, 제도는 완전히 영국식이거든요. 미국이나 캐나다보다 더. 미국에선 야구를 하지만, 자메이카에선 (영국이 하는) 크리켓을 하는 정도인데.

　　그다음에 결정적인 한 방이 나옵니다. 남북전쟁 이전의 미국 남부도 플랜테이션 경제였다는 거죠. 남미 경제와 차이가 없었다는 거죠. 이들의 결론은 지리적 요인 등으로 플랜테이션 경제가 발달하면 경제발전이 지체된다는 겁니다. 미국 남부가 됐건, 중남미가 됐건. 플랜테이션 경제에서 대농장주는 소수일 수밖에 없고, 부를 장악한 이들 소수가 정치권력도 컨트롤하게 됩니다. 결국 '소수 특권층이 권력과 부를 장악하면 경제가 낙후된다'는 거예요.

경제발전에서 교육, 인프라 등 공공투자가 엄청 중요한 역할을 합니다. 그러려면 정부가 돈이 있어야 돼요. 그런데 부자들은 세금 내기 싫어하죠. 가난한 사람들에게는 걷을 게 없고. 북부에서는 철도 놓고, 공교육도 실시하고, 그래서 우수한 노동자가 생겨나고, 제조업과 시장이 발달하면서 성장합니다. 그런데 남부는 소수 부유층이 온갖 사치나 즐기고, 경제발전이 안 되는 거예요. 농장에서 일하는 노예들 교육해봤자 권리의식이 높아져 골치만 아플 테니까, 굳이 거기에 돈을 들일 이유도 없고. 이런 식으로 해서 미국 북부와 남부 사이에, 그리고 북미와 중남미 사이에 경제격차가 벌어지게 됐습니다.

정부가 공공투자를 하는 것이 중요하다고 했지만, 이보다 더 중요한 건 개인이 열심히 일하면, 나한테 돌아오는 게 있다는 인식을 할 수 있어야 됩니다. 열심히 일해서 벌면 힘센 자가 다 뺏어가는 게 가장 나쁜 거죠. 정부가 됐건 또는 깡패나 고리대금업자가 됐건. 그런 사회에서 누가 열심히 일하겠어요? 사람들이 다 게을러져요.

한국이 지금 OECD국가들 중에서 멕시코만 제외하고 최장 노동시간을 기록하고 있죠. 우리나라 사람들 정말 열심히 일하고 부지런한 사람들이라고 다들 말합니다. 근면으로 한강의 기적을 만들었다고 하죠. 그렇지만, 구한말 선교사들이 한국 사람에 대해 쓴 기록들을 보세요. '더럽고, 게으르다'는 얘기가 많아요. 왜 게을렀겠어요? 열심히 일해봤자 돌아오는 게 별로 없는데, 누가 열심히 일하겠어요. 소출이 많으면 빼앗아 가는데.

그래서 근대적 경제발전이라는 게 인권과 자유, 재산권 등을 기초로 일어나는 겁니다. 정부가 마음대로 잡아갈 수 없고, 마음대로 세금 물릴 수 없고, 마음대로 재산 강탈할 수 없고, 그렇게 해야 되는 거예요. 그렇지 않으면 경제가 발전할 수 없습니다.

권 필리핀과 우리나라도 좋은 예인 것 같습니다. 역시 중산층이 확대되어야 경제가 발전하는 것이고. 그러려면 노력한 것이 자기한테 돌아오도록 되어야 한다는 것이지요?

유 네, 제가 '포용적인 제도를 가져야 된다'고 했는데요. 모든 사람한테 기회가 주어지고, 노력한 만큼 대가가 돌아가는 경제냐, 그렇지 않으냐. 이게 가장 기본적인 것이거든요.

그러면 박정희 때 과연 포용적 경제제도였나, 얼마나 공평했는가 따져본다면 물론 한계가 있었습니다. 그러나 양적 성장 단계의 경제발전을 추동할 정도의 포용성은 있었던 거지요. 양적 성장 단계에서는 국가의 역할이 주도적이었기 때문에 고도의 포용성이 필요했던 것은 아니거든요.

제가 어렸을 때, 마르코스[11]가 지배하던 필리핀은 한국보다 훨씬 선진국으로 여겨졌어요. 국민소득도 우리보다 더 높았고, 농구도 우리보다 잘했고. 지금은 전혀 아니잖아요. 이를 보면, 박정희는 마르코스에 비해선 백배, 천배 좋은 지도자였다. 저는 그걸 인정해요. 마르코스 부인 이멜다의 구두가 3천 짝이었다죠? 그는 매우 부패한 독재자였고, 경제정책도 워낙 왜곡되었습니다. 거기에 비하면 박정희는 상대적으로 덜 부패한 독재자였던 거죠.

박정희의 성공과 포용적 경제제도

권 본인이 계속 이 나라의 정권을 유지한다고 생각하면, 굳이 부패할 이유가 없겠죠.

유 그런 면도 있겠죠. 저는 박정희가 조국 근대화라는 스스로 설정한 목표와 기준에 따라 정부를 운영하려는 생각이 있었다고 봅니다.

권 쿠데타의 명분이 경제발전 아니었습니까? 1961년 박정희가 군사 쿠데타 직후 내놓은 '혁명공약' 4항은 "절망과 기아선상에서 허덕이는 민생고를 시급히 해결하고, 국가 자주경제 재건에 총력을 경주할 것입니다"라는 유명한 문장으로 시작하지요.

유 그 나름의 진정성은 있었다고 생각해요. 소모사, 뒤발리에, 이디 아민[12] 등은 결국 나라를 거덜냈잖아요. 박정희는 그런 부류와는 달랐어요. 리콴유[13]만큼은 아니었지만, 같은 독재자라도 마르코스보다는 리콴유에 더 가까운 거예요. 만일 박정희가 독재권력으로 사익추구에 전념했으면 나라가 거덜났을 텐데.

　그럼 왜 그렇게까지 나쁜 독재자로 전락하지 않았느냐. 절대 권력은 절대 부패한다고 하는데. 여기에는 남북 분단, 국내 저항세력, 미국, 이런 게 다 작용한 것 같아요. 북한과 체제경쟁을 하는데 마구잡이 부패를 했다가 어떻게 되겠어요. 또 탄압을 무릅쓰고 독재에 저항한 민주화 세력의 힘도 무시해서는 안 됩니다. 오천 년 역사를 유지해 온 우리 전통, 누적된 역사의 힘을 무시할 수 없습니다.

그리고 노동집약적인 수출산업을 키워 세계시장에 적극 진출하는 경제정책을 채택한 것이 당시 경제환경에서 상당히 주효했던 거죠. 이는 사실 박정희의 아이디어는 아니었고, 미국이 강요해서 그렇게 된 겁니다. 세계전략 차원에서 미국이 한·미·일 분업관계, 요즘은 한·미·일 동맹관계지요, 이걸 원했던 겁니다.

이승만 때 미국이 한국에 원조를 많이 했습니다. 한국전쟁 직후에는 정부 재정의 80%를 미국 원조[14]에 의존했습니다. 이승만은 어떻게든 미국한테 많이 뜯어내는 게 애국하는 것이라 생각했고, 시장원리에 따라 농업에 주력하라는 미국의 충고를 거부하고 공업화에 주력했어요. 원조 자금의 분배를 둘러싸고 부패도 심했고. 그러자 해외원조에 관한 미 의회 청문회에서 한국 원조는 '밑 빠진 독에 물 붓기'라는 비판도 나오고, 행정부의 대외원조정책도 바뀌면서 1957년부터 미국의 원조가 줄어들어요.

경제가 어려워지자 당시 부흥부 관리들이 인도에 가서 견학도 하고 나름 경제개발계획을 세우게 됩니다. 4.19로 들어선 장면 정부가 이 계획을 보완하고 확대해서 입안했는데, 곧바로 박정희의 쿠데타가 일어났고 혁명평의회에서 자기네 계획으로 발표했던 겁니다. 그런데 미국 입맛에 전혀 안 맞아요. 미국이 보니까 국내 산업발전을 도모하는 무리한 계획이었던 거죠. 그래서 압력을 넣어가지고 방향을 바꿉니다. 한·미·일 분업체제, 이른바 수출지향적 공업화, 이런 길로 나가게 한 거죠.

박정희는 미국의 압력이 몹시 못마땅했지만 미국 원조에 의존하고 있는 상황에서 어쩔 도리가 없었고, 그래서 우리 손으로 외화를 벌어야겠다는 생각을 강하게 품게 되었습니다. 결과적으로

토지개혁

1945년 해방 당시, 전체 경작면적의 63%가 소작지였고, 전체 농가 가운데 자립농가는 14%에 불과했다. 대부분 농민들이 소작농이었던 것이다. 미군정은 일본인 소유 토지를 접수한 뒤, 이를 소작인에게 우선권을 줘 매각했다. 이승만 정권 수립 이전에 접수한 일본인 토지의 85%를 이런 방식으로 처리해 단시일에 자작농이 크게 늘었다.

이승만 정부는 자신의 지지 기반이 토지를 소유한 지주 등 기득권 계층이었기 때문에 처음에는 토지개혁에 소극적인 자세를 보였다. 그러나 국회가 1949년 6월 농지개혁법안을 통과시켰다. 소작지와 3정보 이상 자작지 등을 정부가 매수해 소작인, 농업노동자, 영농 능력이 있는 선열 유가족, 해외로부터 귀환한 동포 순으로 유상분배했다. 이렇게 해서 한국전쟁 전에 토지개혁이 거의 마무리됐다. 해방 당시 소작지 면적은 144만 7천여 정보였는데, 이 가운데 38%인 55만 정보가 농지개혁으로 자작농들에게 분배됐다.

이 시기 북한 정권도 토지개혁을 단행했다. 북한은 일본인 소유 토지뿐 아니라, 지주의 토지까지 강제로 빼앗아 농민들에게 나눠줬다. 남한의 토지개혁이 유상몰수 유상분배 방식인데 반해, 북한은 무상몰수 무상분배였다. 그러나 북한은 1954년 개인의 토지 소유권을 인정하지 않고, 모든 농지들을 집단농장화했다.

미국이 제시한 수출지향적 공업화와 맞아떨어진 거죠. 매달 청와대에서 수출진흥확대회의를 할 정도로 열심이었죠.

그런데 박정희가 산업화와 고도성장에 성공할 수 있었던 데는 사실 이승만 정부의 공도 상당합니다. 이승만 정부 때 훗날의 경제발전을 위해 중요한 일이 일어났습니다.

권 토지개혁 말씀하시나요?

유 그겁니다. 토지개혁이 일어납니다. 뼈 빠지게 일했더니, 소작료로 다 가져가고, 마름이 와서 다 뜯어가면 일할 맛이 나겠습니까. 계층상승 가능성도 안 보이고, 그러면 게을러지고 타성에 빠지게 되는 거예요. 비록 토지개혁이 철저히 되진 않았다고 하지만, 사회주의 혹은 공산혁명이 일어나지 않은 나라에서 남한만큼 토지개혁을 한 나라는 없습니다. 맥아더의 미군정이 토지개혁을 단행한 일본의 경우와 또 다른 특별 케이스였던 대만 외에는.

권 대만은 장개석이 본토에서 쫓겨나 대만으로 들어오면서 약탈한 것 아닌가요?

유 장개석의 토지개혁은 비교적 쉬웠어요. 일본인이 토지를 많이 소유하고 있었는데 다 버리고 도망갔으니까. 그리고 대만 원주민 지주들에게서도 일본인이 버리고 간 재산으로 보상을 해주고 토지를 몰수했어요. 그래서 큰 어려움 없이 농민들에게 토지를 분배합니다. 가난한 농민들의 지지를 바탕으로 힘을 키운 마오쩌둥 군대에게 패퇴하면서 얻은 교훈도 작용했어요. 어쨌든 토지개혁은 대만 경제발전에 큰 도움이 되었습니다. 우리 경우는 이승만이 처음에는 토지개혁에 소극적이었지만, 소작농들의 요구가 워낙 거셌고 북한의 토지개혁도 큰 자극이 되었죠. 그래서 국회에서 법이 통과되니까, 조봉암[15] 농림부 장관에게 맡겨서 토지개혁을 단행하게 됩니다.

권 불완전하지만, 상당한 규모의 토지개혁을 실시했다는 거죠?

유 굉장한 효과가 있었죠. 유상몰수라고 했지만, 큰 의미가 없었던 게 한국전쟁 때문에 다 휴지조각이 됐으니까. 물론 한계는 있었지만 과거에 비해 엄청나게 포용적인 경제가 된 거예요. 내 땅에서 농사지으니 농업생산성이 올라가고, 또 자식이 공부 잘하면 소 팔고 논 팔아서라도 교육에 투자하고. 소작 부쳐 먹을 때는 상상도 할 수 없던 일이죠. 제일 중요한 건, 뭔가 해볼 수 있겠다고 생각하게 된 거죠. 그리고 토지개혁으로 지주계급이 몰락했다는 게 중요합니다. 지주계급의 정치적 파워가 강하면 산업화에 도움이 되는 정책을 펼치기가 어려워지거든요.

토지개혁 말고도 이승만의 중요한 공이 또 하나 있어요. 교육을 강조하면서 의무교육[16]을 실시한 겁니다. 당시에는 가난한 나라에서 의무교육은 보기 드문 일이었어요. 우리나라는 세계 최빈국가였는데도, 의무교육을 한 거예요. 그래서 산업화의 기반이 잘 조성되었고, 휴먼캐피탈이 굉장히 공평해졌어요. 거기다 한국전쟁 때 인플레로 화폐자산은 다 휴지조각이 되고, 실물자산은 폭격으로 다 날아갔어요. 결과적으로 굉장히 평등한 사회가 된 거예요. 개도국에서 유례를 찾아보기 힘든.

그리고 한 가지 더 추가하자면 고시제도 도입입니다. 연줄로 공무원을 뽑지 않고 시험으로 뽑는 거죠. 그래서 '열심히 공부하면 된다'는 생각이 퍼질 수 있었습니다. 누구에게나 기회가 있다는 생각이 발전의 원동력이 되는 겁니다.

권 주변에서 잘되는 사람들을 많이 보면서 또 자극이 됐겠죠?

유 그렇죠. 정체된 사회가 한번 발전하기 시작하면, 서로 자극하면서 급속한 발전이 가능해집니다. 이걸 도약, take-off, 이렇게 부르는 겁니다. 박정희 시대에 이런 도약이 일어난 거죠. 그리고 긴 역사적 시각에서 보면, 박정희 시대의 고도성장은 동아시아의 고도성장이라는 역사적 현상의 일부였을 따름입니다. 한국만 고도성장한 것이 아니고, 우리보다 앞서 일본이, 그리고 우리와 함께 싱가포르, 홍콩, 대만이, 우리 다음에는 말레이시아, 태국, 인도네시아, 그 다음에는 중국, 베트남까지 성장이 퍼져나갔죠.

이건 역사적 현상이죠. 동아시아 문명이 원래 선진 문명이잖아요. 500년 전에 유럽에 유린당해 뒤처졌지만, 2차 세계대전 이후 식민시대가 끝나고 난 뒤 자기 자리를 되찾아가는 역사적 과정이 시작된 것이지요.

어린이들의 꿈이 '건물주'인 나라

권 말씀을 듣다가, 아까부터 의문점이 하나 생겼습니다. 소수가 정치, 경제권력을 독점한 나라는 발전할 수 없다는 거잖아요. 그런데 지금은 거기서 한걸음 더 나아가 함께 잘살자는 북유럽처럼 가자는 주장을 하는 이들이 많잖아요. '내가 열심히 일했으니, 내 것을 뺏어가면 안 된다'는 게 보수층 주장이고, 진보층은 '복지를 위해 세금을 더 내자'고 합니다. 그러면 국가의 경제발전 단계에서 어느 나라나 우리가 거쳤던 이런 과정을 다 거쳐야 하는 건가요?

유 우선 보수층의 논리는 과장된 겁니다. 정부가 세금을 멋대로 매긴다면 뺏아간다고 할 수도 있겠지만, 민주적으로 선출한 대표에 의해 공동체의 살림에 필요한 만큼 걷는다는 건 그렇게 말할 수 없죠. 유럽에서 전제군주들에 맞서 민주화를 한 게 결국 그들 멋대로 세금 걷어가지 말라는 거죠. 미국 독립혁명의 구호가 '대표 없이 세금 없다' 아니었습니까. 민주적으로 세금이 결정되면 지나치게 높은 세금을 내게 되지는 않아요. 물론 보수적인 관점, 부자의 관점에서 보면 세금이 너무 많다고 느낄 수 있겠지만, 열심히 노력해봤자 다 빼앗아간다, 이 정도는 절대 아니죠. 그렇게 하면 경제 망하겠죠.

그리고 또 하나 반드시 잊지 말아야 할 게 있는데, 자기 혼자 힘만으로 돈을 버는 건 아니라는 겁니다. 성장 과정에서부터 학교 다니고 여러 가지 사회의 혜택을 받고, 기술을 개발했어도 그게 상당 부분 과거에 축적된 지식과 기술의 도움으로 가능했던 거죠. 비즈니스 하는 데도 인프라 시설과 인적자원 공급 등 사회의 빚을 지는 거고, 운도 작용하고. 뉴턴이 했다는 유명한 말이 있잖아요. "내가 더 멀리 보았다면 이는 거인들의 어깨 위에 올라서 있었기 때문이다." 모든 성공한 이들은 역사와 사회라는 거인의 어깨 위에 올라간 겁니다. 많이 번 사람들은 자기가 번 돈이 상당 부분 사회에서 받은 혜택이라는 걸 인식하고 기꺼이 세금을 내려는 자세를 가져야 됩니다. 미국이나 독일 등에 그런 운동을 하는 부자들도 많이 있더라구요. 예를 들어, '책임적 부(Responsible Wealth)'라는 조직처럼.

앞서 이승만, 박정희 시대 얘기를 하면서 한국의 고도성장이 가능했던 배경으로 포용적 경제제도를 말했는데, 얼마나 포용적인가라는 정도의 문제를 보면 얘기는 달라질 수 있습니다. 국가 주도로 급속한 산업화와 양적 성장이 가능한 경제개발 초기 단계에 경제적 유인을 충분히 제공할 정도만큼은 포용적이었지만, 과연 경제가 초기 도약단계를 넘어 성숙해지고 성공적으로 지속성장을 이룰 만큼 포용적이었는지, 이런 면에서 본다면 몹시 부족했다는 거죠.

　성숙단계에서 성장을 잘하려면, 나중에 자세히 설명하겠습니다만, 사회가 보다 공평해지고 복지가 잘 갖춰질 필요가 있습니다. 우리의 경우 이런 점에서 많이 부족하죠. 지금이 (절대적으로) 과거보다 더 불공평한 사회는 아닙니다. 그런데 재분배나 복지의 확대는 더딘데, 과거와 달리 기회가 급격하게 줄어든 거예요. 게다가 남아있는 얼마 안 되는 기회를 기득권층이 거의 다 가져가버리니까 사태가 심각해진 거죠.

권　옛날에는 기득권층이 가져가도, 남아있는 기회가 많았는데 말입니다.

유　그렇습니다. 고도성장을 하던 시기에는 여기저기 기회가 많이 생겨났으니까요. 성장률이 급격하게 떨어지면서 성공의 기회도 확 줄어들었죠. 그러다 보니 갈수록 기득권층이 고착화되고, 사람들이 주관적으로 느끼는 불공평이 심해진 거예요. 과거보다 더 공평하고, 복지도 제대로 갖추고, 그래서 더 포용적인 경제가 되어야 하는데, 거꾸로 갈까 봐 걱정인거죠.

　이와 관련해서 또 하나 중요한 측면이 있는데요, 바로 프랑스의 경제학자 토마 피케티(Thomas Piketty)의 얘기입니다. 그의 저서 『21세기 자본』은 하버드 대학교 출판부의 100년 역사상 한 해 동안 가장 많이 팔린 책이라고 할 정도로 세계적인 반향을 불러일으켰는데요, 핵심 요지는 이런 겁니다. 경제성장률이 자본수익률보다 높을 때는 기존에 이미 갖고 있는 부에서 만들어내는 소득, 즉 이자, 배당, 임대료 등의 자본소득보다 일해서 벌어들인 소득, 즉 노동소득이 더 빠르게 늘어나게 됩니다. 과거에 축적된 부에 비해 현재 노력을 통해 성공할 여지가 그만큼 많다는 거죠.

그런데 성장률이 떨어지니까 상황이 역전되는 겁니다. 경제활동에 참가해 버는 것보다 기존 재산에서 수익을 거두는 것, 즉 돈이 돈을 버는 게 더 빨라지고, 비중이 커지는 거예요. 지금 한국이 그렇게 된 것처럼요. 그래서 젊은이들이 금수저 물고 태어나지 않으면 아무리 '노오력'해도 성공하기 어렵다는 말을 하고, 어린 아이들의 장래희망이 건물주라고 하는 퇴행적인 현상이 생기고 있는 겁니다.

권 자산소득이 근로소득을 앞지르는 건 우리나라뿐 아니라, 자본주의가 발달한 미국이나 선진국에서 보편적으로 나타나는 현상 아닌가요?

윤 자본주의가 발달하면 다 그렇게 되는 건 아니고요, 이게 잘못된 트렌드입니다. 결코 불가피하게 그렇게 되는 건 아닙니다. 20세기 자본주의 황금기 시대에는 그렇지 않았습니다. 2차 세계대전 이후 1960년대 말, 70년대 초까지의 4반세기를 보면, 그때는 전 세계적으로 성장률이 높았어요. 그래서 이 시기를 자본주의 황금기라고 부릅니다. 인구가 빠르게 증가하고, 생산성 증가도 빨랐죠. 또 산업화와 선진기술이 후진국 쪽으로 퍼져나가면서, 개도국이 이른바 '따라잡기 성장'을 하는 부분도 컸습니다. 반면에 자본에 대해서는 대공황과 세계대전의 혼란을 거치면서 자본주의를 개혁하는 과정에서 많은 세금과 규제를 부과하였고, 그래서 자본수익률은 낮아졌어요.

흔히 규제와 세금인상이 경제성장을 해칠 거라고 하지만, 황금기의 경험을 보면 사실 정반대였어요. 가장 강력한 규제와 높은 세금하에서 역사상 전무후무한 높은 성장률을 달성했거든요. 어쨌든 당시 선진 자본주의 국가들은 이렇게 높은 경제성장률과 낮은 자본수익률 덕분에 불평등이 굉장히 축소되었고 중산층이 두터운 안정된 사회를 이루게 되었죠. 그런데 1980년대부터 신자유주의 정책을 펼치면서 이게 뒤집어진 겁니다. 성장률은 떨어지고, 규제완화와 감세정책으로 자본수익률은 높아졌고, 그 결과 불평등이 점점 확대되고 있다는 거죠. 이게 피케티가 말하는 요지입니다.

물론 과거 자본주의 황금기로 되돌아갈 수는 없습니다. 그 당시와 같은 높은 경제성장은 이루기 어려워요. 무엇보다 인구성장률이 낮아졌기 때문이죠. 사실 환경문제, 지구가 수용할 수 있는 한계를 생각하면, 이는 바람직한 일입니다만. 그러면 그다음에는 기술혁신에 의해 생산성이 늘어나야 하는데, 크게 늘어나지 못했습니다. 그렇기 때문에 정책을 통해 돈이 돈을 버는 부분을 통제해줘야 할 필요성, 자본에 대한 규제와 과세의 필요성이 더욱 커진 겁니다. 그리고 세계화 시대에 자본이 국경을 넘나들며 수익률이 높은 곳을 찾아다니니까 이 자본과세를 국제공조를 통해 국제적으로 함께 해야겠다, 이런 게 바로 피케티의 주장입니다.

권 요즘 4차 산업혁명 얘기를 많이 하잖아요. 이런 기술 발전으로 생산성이 크게 올라갈 수도 있는 것 아닌가요?

윤 그게 그렇지 않아요. 한편으로 놀라운 기술 발전이 일어나고 있는 건 분명한 사실인데, 실제로 생산성을 측정해보면 효과가 별로 안 보이거든요. 인공지능(AI)을 비롯해 혁신적인 기술 분야에서 가장 앞서가고 있는 게 미국인데, 아이러니하게도 미국 경제에서 생산성 하락[17]이 두드러지게 나타나고 있어요. 생산성이 절대적 수준에서 떨어진다는 게 아니라, 생산성 증가율이 떨어졌다는 말입니다.

어쨌든 인공지능과 로봇이 사람 일을 대신한다면, 노동생산성은 엄청나게 증가해야 되는데, 그런 일은 전혀 일어나지 않고 있어요. 도대체 왜 그런 건지 경제학자들이 연구를 많이 하고 있습니다만, 한 가지 확실한 건 흔히 말하는 것과는 달리 적어도 아직은 인공지능이 사람 노동을 대신하는 부분이 새로운 일자리 만들어지는 것에 비해 별로 크지 않다는 겁니다.

아마 극심한 불평등이 생산성 향상을 제약하는 요인으로 작용하는 부분도 있을 겁니다. 한편으로는 많은 사람들이 혁신활동에 참여할 만한 동기도 약화되고 그럴 만한 여건도 갖추지 못하는 측면이 있고요, 다른 한편으로는 저임금 노동이 풍부하게 존재한다면 그만큼 노동을 대체하려는 유인이 작아지기 때문입니다.

적폐청산은 어떤 경제적 효과를
불러오는가

적폐청산의 경제적 가치 계산

권 지금까지 정치와 경제의 관계를 다양하게 짚어봤는데요, 그렇다
면 적폐청산을 통한 경제적 효과까지 구체적으로 산출해 볼 수
있을까요?

유 가장 기본적인 것은 일벌백계 효과라고 할까요. 사실 저는 일벌백
계보다도 만벌억계를 해야 한다고 봅니다. '걸린 놈이 바보다', '걸
린 놈만 손해다', 이런 사고방식의 뿌리를 뽑기 위해서는 불법과
악행을 저지른 자들을 샅샅이 찾아서 엄벌해야 한다는 겁니다.

　아무튼 지금 눈에 띄게 진행되는 적폐청산 작업은 권력을 사유
화하고 남용한 부분을 조사하는 거잖아요. 자신의 정치적, 경제적
이득을 위해 공권력을 사용하거나, 타락한 권력에 봉사하면서 이
득을 누린 그런 부분인데요. 한마디로 권력형 부패죠. 이것은 암
적인 존재여서 처벌되고 청산되지 않은 상태로 가면, 더 확대되
는 속성을 지니고 있습니다. 그러면 확산된 부패가 경제를 망가
뜨립니다.

　그런 일이 벌어지지 않도록 이 사회에 분명한 시그널을 줘야만
합니다. 권력을 잡고 나쁜 짓을 하면 반드시 혹독한 대가를 치르
게 된다는 시그널도 필요하고, 또 권력을 가진 사람의 부당한 지
시에 따르는 것도 결코 용납되지 않는다는 시그널도 분명히 줘야
합니다. 이게 바로 아이히만 재판[18]의 교훈 아닙니까. 자신은 상

부의 지시에 따랐을 뿐이라는 아이히만의 항변을 인정하지 않았던 거죠.

적폐청산을 잘하는 게 당장 올해, 내년 성장률에 영향을 미치느냐? 거의 영향이 없습니다. 그러나 장기적으로는 문제가 달라집니다. 제가 아까부터 기본을 잘하는 게 중요하다고 했잖아요. 그 기본이라는 게 포용적인 제도를 갖추고, 공정하고 합리적인 시스템을 만들어내는 것이거든요. 소수의 권력자들이 분탕질을 치면 이게 다 망가지는 거죠. 기본을 잘하는 게 단기적으로 큰 차이를 만드는 건 아니지만, 시간이 지나면서 엄청나게 큰 차이를 만들어낸다는 걸 다시 한 번 강조하고 싶습니다. 그래서 적폐청산이 중요한 겁니다.

권 장기적 효과 말고 적폐청산이 바로 경제적 효과를 가져오는 부분은 전혀 없는 건가요?

유 당장 직접적인 효과는 거의 없다고 해야겠죠. 예를 들어볼까요. 이명박, 박근혜 정권이 유용한 국정원 특활비를 회수한다고 칩시다. 그 돈이 국가운영에 얼마나 큰 도움이 될까요? 하지만 앞으로 국가재정을 더욱 투명하고 민주적으로 관리하게 된다든지, 정부의 기강을 바로 세운다든지 하는 효과를 거둘 수 있고요, 이건 장기적으로 굉장히 큰 효과를 낳는다는 거죠. 숫자로 계산이 되는 건 아니지만.

설사 국고로 환수하는 돈이 엄청난 규모가 된다고 해도, 그걸로 국부가 늘어나는 건 아니죠. 재산 주인만 바뀌는 거니까. 일시적

〈자원외교〉(2015.4.3. 발표)

석유·가스·광물자원공사 등 3개 자원공사가 2003년 이후 해외 자원개발에 투자한 31조 4천억 원 가운데 27조 원은 이명박 정권 때 투자됐으며, 앞으로도 34조 3천억 원을 추가로 투자해야 해 자원 3사의 파산까지 우려된다.

2015년 4월 현재까지 석유공사는 해외 자원개발에 16조 9천억 원, 가스공사는 10조 6천억 원, 광물자원공사는 3조 9천억 원 등 모두 31조 4천억 원을 투입했다. 무차별적인 MB 자원외교의 결과, 계약 내용에 따라 향후 34조 3천억 원을 추가투자해야 한다. 2010년 이후 5년간 석유공사의 '독자신용등급'은 5단계(Ba2, 무디스), 가스공사는 3단계(BB+, S&P), 광물자원공사는 11단계(B3, 무디스) 급락해 이미 투자부적격으로 추락했다.

〈4대강〉(2013.1.17. 발표)

감사원은 "설계부실로 총 16개 보 중 11개 보의 내구성이 부족하고, 불합리한 수질관리로 수질악화가 우려되며, 비효율적인 준설계획으로 향후 과다한 유지관리비용 소요가 예상된다"고 밝혔다.

감사원의 4대강 감사는 이명박 정부 때 두 번, 박근혜 정부 때 세 번 이뤄진 데 이어, 문재인 정부에서 다시 진행됐다.

으로 재정이 좋아지는 효과는 있을 테지만, 매년 늘어나는 세수가 아니기 때문에 일회성으로 끝나고 말죠.

적폐청산의 진정한 경제적 효과는 경제를 밑에서부터 좀먹어 무너뜨릴 수 있는 권력형 부패의 싹을 현 단계에서 잘라내는 것, 권력에 대한 민주적 통제를 확립하는 것이고, 이거야말로 미래의 경제적 번영을 위한 기초공사를 튼튼히 하는 일입니다.

권 『MB의 비용』이라는 책을 펴내셨잖아요. 이명박 정부의 적폐가 우리가 치른 비용이라는 것이죠. 책에 보면 MB가 나라에 끼친 손해가 얼마인지 구체적인 금액도 나오는데…….

유 그 책을 내야겠다고 생각했던 결정적 계기는 이래요. 언론에서 4대강에 녹조가 심각하다고 했을 때, 이명박 씨가 '녹조가 창궐하는 것은 수질이 개선됐다는 증거'라고 말했어요. 2013년 10월 25일 대치동 사무실에서 재임시절 청와대 행정관들을 초청한 모임에서였죠.

적반하장이 바로 이런 거구나 했어요. 권력이 진실을 결정하도록 놔둬서는 안 되겠다는 생각을 했죠. 국민들에게 알려야겠다, 그런데 어떻게 국민들이 관심을 가지고 보도록 할 것인가, 이런 생각을 한 거죠. 그래서 돈 문제로 초점을 맞춰보자, 우리 국민이 이명박 때문에 얼마나 손해를 봤는지 낱낱이 따져서 알려드리자, 이런 문제의식으로 그 책을 기획하게 된 겁니다.

사실 처음에는 박근혜 정부가 이명박 정부의 잘못을 조사하고 바로잡으려 할 것이라고 생각했지만, 그 기대가 여지없이 무너졌죠. 그러니 우리가 직접 나설 수밖에 없었지요.

권 초기에는 4대강, 자원외교 등에 대해 감사원 감사도 하고 그랬죠.

유 무엇보다 박근혜, 이명박 두 사람 사이의 감정이 안 좋았기에 좀 조사가 되지 않을까 기대했던 거죠.

권 인신공격하고, 뒷조사하고 그랬죠.

유 지독하게 했잖아요. 2007년 한나라당 경선에서 박근혜가 근소하게 졌는데, 그 당시 두 사람 사이에 갈등이 정말 심했죠. 또 2008년 총선 공천할 때 MB 쪽이 친박계를 완전히 박살내버렸잖아요. 이제 박근혜가 대통령이 됐으니, 쌓인 원한도 있고, 또 이명박의 잘못을 들추는 게 정치적으로도 이득이잖아요. 그래서 기대를 좀 했던 건데요. 그런데 시간이 갈수록 4대강 조사위원회도 흐지부지되고, 자원외교 문제도 그렇게 되는 거예요. 더욱 놀라웠던 건 2016년 총선 공천을 보니, 오히려 친이계가 약진을 한 거예요.

그런 걸 보면서 '박근혜가 약점을 단단히 잡혔구나, MB 쪽이 제대로 협박을 했구나', 이런 생각을 하기도 했어요. '이명박 정부의 거대한 권력 남용 문제가 밝혀지기 어렵겠다, 이명박이 오죽 자신만만하고 기고만장하면, 녹조가 수질개선의 증거라고 저런 말까지 할까, 그러니 우리라도 나서야겠다'는 생각에 그 책을 쓰게 된 겁니다.

그런데 MB정권을 공격하는 책을 쓰면 '저들은 야당 편인가 보다'거나 '다 지나간 일인데'라고 할 수도 있잖아요. 지금 적폐청산에 대해서도 그럴 위험이 있지요. 이렇게 치부할 수 있기 때문에, '지나간 과거 잘못을 들추자는 게 아니라 여전히 내 삶과 직결되는 얘기다'는 걸 호소력 있게 알리기 위해서 '우리 주머니에서 얼마를 뺏어갔다, 이거 돌려받아야 된다'는 식으로 접근해서 사람들의 관심을 끌어보려 한 거지요. 그래서 객관적으로 돈으로 추산이 가능한 부분들을 최대한 따져보려고 한 거예요. 하지만 사실 객관적으로 추산되지 않는 부분에서 손실이 더 큰 거지요.

권 정부의 기강이나 경제의 기본이 망가진 부분 말씀이지요?

유 그렇죠. 이명박 정권하에서 일어난 일들을 살펴보면, 시켜서는 안되는 일을 시켜도 이를 거부하는 사람이 대단히 드물고, 오히려 거기 빌붙어 자리보전하고 출세하려는 사람들이 대다수고, 이런 행태들이 나라의 기강을 다 무너뜨린 것이죠. 이명박의 잘못은 이미 벌어진 것이지만, 사후적으로라도 잘못이 드러나고, 그 과정에서 바르게 처신하려 했던 사람들은 보상을 받고, 탐닉했던 사람들은 처벌을 받고, 그런 정도는 되어야 하지 않을까 기대했습니다.

그런데 박근혜 정부가 이명박의 잘못을 제대로 조사하지 않는 것을 보고, '우리 세금이 이렇게 탕진됐다'는 것이라도 알려드리고자 비용 계산을 했던 것입니다. 하지만 계산되지 않는 비용이 훨씬 더 크죠. 가장 핵심적인 것은 공직윤리, 공공윤리의 파괴, 그리고 사회적 신뢰의 파괴, 이것이 가장 큰 피해라고 봅니다. 좁게 보면 정부 부채 늘어나고, 광물자원공사 다 망해가고, 수자원공사 부채 늘어나는 등의 손해를 끼쳤는데, 실제론 이와는 비교도 안 되는 더 큰 손해를 끼친 것이죠.

그리고 남북관계를 정치적으로 이용한 것은 민족에 대한 크나큰 죄악이고, 경제적 비용도 어마어마한 것입니다. 남북한 무역도 굉장히 위축됐죠. '퍼주기'라는 말을 많이 하지만, 우리가 사실 남북경협을 통해 상당한 이익을 얻고 있었던 거예요. 개성공단, 남북무역 등이 더 확대됐어야 했는데, 정권의 이익을 위해서 경제가 희생된 거죠. 다른 한편으론 군사적 긴장이 고조되면서 미국에서 비싼 무기 들여오고, 또 한국이 뭔가 불안해 보여서 외국의 인재와 자본이 안 들어오는 것도 있었고요. 최종적으로는 북핵 위기로 치닫게 되었고, 이 모두가 엄청난 경제적 손실이죠.

신뢰사회와 불신사회의 경제적 차이

권 말씀 중에 사회적 신뢰의 파괴를 언급하셨는데, 좀 더 구체적으로 말씀해 주신다면요.

유 서로 잘 모르는 사람에 대해서 믿을 수 있는 게 사회적 신뢰죠. 시장경제가 잘 돌아가기 위해서는 이게 아주 중요해요. 시장경제라는 건 거대한 협동 시스템이고, 서로 믿어야 협동이 잘될 수 있으니까요. 제가 오늘 먹은 밥, 입고 있는 옷, 잠을 잔 집, 여기까지 온 교통수단 등, 생각해보면 제가 직접 만들고 직접 한 게 거의 없죠. 수많은 사람들이 나의 삶을 위해 도움을 준 거예요.

권 대신 대가나 비용을 치르지 않습니까?

유 물론이죠. 가치의 상호교환입니다. 바로 이게 전 세계적인 어마어마한 협력 시스템인 거예요. 그 시스템이 잘 돌아가도록 하려면 법도, 규제도 필요하지만, 가장 기본적인 건 '내가 내 할 바를 하고, 지킬 바를 지키면 상대방도 그럴 것이다'는 믿음이 전제되어야 합니다. 그러지 않으면, 항상 따지고 경계하고 감시하고 해야 하거든요. 비용이 많이 들고 협력이 어려워지죠.

그래서 신뢰도가 높은 나라와 신뢰도가 낮은 나라는 경제효율

면에서 엄청난 차이가 나는 겁니다. 그런 의미에서 '신뢰자본' 혹은 '사회적 자본'이라는 말도 써요. 손에 잡히는 것은 아니지만 이게 경제의 효율성과 생산성을 높여주는 역할을 한다는 의미에서.

권 우리나라의 신뢰자본을 평가해보면 어떻습니까?

유 여러 연구를 보아도 그렇고 실생활을 통해서 보아도 사회적 신뢰가 매우 부족합니다. IMF외환위기 당시에 '신뢰의 위기'라는 말들을 많이 했던 것 기억하시죠. 정부가 발표하는 외환보유고를 믿지 못하겠다, 은행이 발표하는 자산 실태도, 기업이 발표하는 재무제표도 믿기 어렵다, 그러니 투자자가 빠져나간다, 이런 얘기였죠. 때마침 일본계 미국 학자인 프랜시스 후쿠야마(Francis Fukuyama)가 『신뢰』라는 책을 냈는데, 거기 보면 한국이 저신뢰 사회로 분류되어 있죠.

　　우리 일상생활에서 보더라도, 예를 들어 온라인으로 책 한 권 사려 해도, 아마존 등 미국 사이트에서 사는 건 굉장히 간편한데, 한국 사이트에서는 왜 이렇게 불편할까요? 요구하는 게 너무 많고, 그러다가 결국 결제가 안 되고. 이게 다 믿지 못하기 때문에, 신뢰하지 못하기 때문에 지불하는 대가인 것이지요.

　　우리는 특히 정부에 대한 신뢰가 극도로 낮아요. 저는 이것이 우리 사회의 사회적 신뢰를 높이는 데에도 중대한 장애가 되고 있다고 봅니다. 텔레비전에 나오는 높으신 분들이 걸핏하면 거짓말하잖아요. 그런데 어떻게 신뢰가 쌓이겠어요. 무신불립[19]이라고 했는데. 신뢰사회로 가기 위해선 우선 정부를 믿을 수 있어야 됩니다. 지금의 적폐청산이 거기에까지 닿아 정부가 하는 얘기를 국민이 믿을 수 있는 데까지 나아가야 합니다.

권 YS, DJ 때도 정부에 대한 불신이 있었는데, 그때는 능력과 전망에 대한 불신이 컸던 것 같습니다. 예를 들어, 정부가 배추값 올라가면 농가더러 '배추 농사지어라. 지원해준다'고 해서 배추 농사지으면 이듬해 배추값 폭락해서 망하고. 부동산값 안 오른다 했는데 오르고. 이런 일이 반복되면서 불신이 쌓이는 형태였습니다.
　그런데 이명박, 박근혜 정부에선 대놓고 거짓말을 하는 경우가 워낙 많아서. 국방부가 특히 심했구요. 자신들의 잘못을 감추거나 은폐하기 위해서 말이죠. 그래서 사람들이 '정부가 거짓말을 잘하는구나. 금방 드러날 것도 저렇게 거짓말을 하는구나'라고 인식하게 된 거죠. 공식발표까지 거짓말을 하고 그랬으니까 말이죠.

유 최근에도 계속 나오잖아요. 위안부 합의,[20] 이면합의 없었다고 했는데, 나오고. 거짓말로 드러나도 또 아니라고 거짓말하고. 국정교과서 추진하면서 가짜 서명으로 여론조작한 것도 나오고. 이명박 측이 다스, 도곡동 땅 등 실소유주 아니라고 주장한 것, 이제는 거짓임이 밝혀졌고. 뭐 한도 끝도 없죠.

권 정부라는 게 시간이 흘러 새 정부가 들어올수록 전체적인 정부 신뢰도가 점점 올라가야 하는 게 정상일 텐데, 오히려 뒤로 후퇴했습니다. 다만 문재인 정부 들어서는, 정부가 자신의 의도대로 안 돼서 결과적으로 말한 것을 지키지 못하는 경우야 있을 수 있겠지만, 이전처럼 대놓고 거짓말을 하는 경우는 없지 않을까 하는 그 정도의 믿음은 생긴 것 아닐까요.

윤 이명박, 박근혜 정부하고 비교할 수는 없겠죠. 촛불로 만들어낸 정부인데. 아직까지는 비교적 진솔한 것 같은데요. 하지만 나중에 무슨 일 생기면, 정부가 어떤 모습 보일지……. 최근에 국회에서 위증한 사람에 대해 위증죄로 처벌하는 경우가 있는데, 저는 이게 굉장히 중요하다고 생각합니다. 중요한 자리에 있는 사람이 공적 자리에서 거짓말을 한 것에 대해선 가혹한 대가를 치르도록 해야 됩니다.

권 미국과 우리나라가 그 부분에서 차이가 좀 많은 것 같습니다.

윤 그런 면에서 우리 정치문화는 정말 말이 안 되게 후진적인 거죠. 홍준표 씨의 경우만 하더라도 사실상 거짓말한 것이 드러난 거나 마찬가지잖아요. 고 성완종 씨로부터 불법 정치자금 1억 원을 받은 혐의로 재판을 받으면서, 돈을 전달했다는 사람이 의원실에서 본 액자 얘기를 했거든요. 재판에서 홍준표 측은 그 액자가 한 번도 의원실에 걸린 적이 없었다고 주장하고 무죄판결까지 이끌어냈는데, 그 후에 바로 그 액자가 버젓이 의원실에 걸려있는 모습이 방송국 영상들에 나왔잖아요. 자기가 그 액자가 방에 있었는지 없었는지 몰랐겠어요?

그렇게 거짓말이 드러나도 거기에 대해 정치적 비용을 거의 치르지 않고 그냥 지나가는 게 우리 정치문화의 현주소예요.

권 도덕적 비난만 받을 뿐이죠.

유 정치적 비용이 크지가 않아요. 선진적인 정치문화가 존재한다면 이건 정치권에서 퇴출될 일이거든요. 그런데 일상화된 정부의 거짓말은 이명박, 박근혜 정부에만 있었던 건 아닙니다. 정도의 차이는 있지만 과거 정부도 '우선 넘어가고 보자', 그런 게 많이 있었죠. 나중에 드러나도 대충 넘어가니까. 이래선 신뢰가 생길 수 없습니다.

권 공권력에 대한 신뢰 제고를 통해 신뢰자본이 축적되고, 이것이 또 사회의 신뢰로 돌아오는, 그래서 예를 든다면, 온라인 상거래 등도 좀 더 간편해질 수 있는 여건이 마련될 수 있다는 거죠?

유 물론 이건 단편적인 사례이구요, 우리 사회에서 공적 권위에 대한 신뢰 부족이 초래하는 비용은 어마어마하게 커요. 다양하게 존재하죠. 그중 중요한 한 측면이 정성평가를 못하고 정량평가에 의존하는 경향입니다. 정성평가는 평가자의 권위와 양식을 믿고 받아들일 때만 할 수 있는 거라서. 이게 엄청난 왜곡과 사회적 비용을 초래합니다.

　예를 들자면, 우리나라가 국제특허 건수나 과학논문 개수 등에서 세계 최상위권이지만, 실제로 중요한 기술혁신은 거의 못 해내고 있거든요. 특허 한 개에 몇 점, 논문 한 편에 몇 점, 이런 식으로 정량평가를 하다 보니까 중요한 걸, 의미 있는 걸 연구하기보다는 쉽게 할 수 있는 걸 하게 되죠. 하나로 해도 되는 걸 쪼개서 여러 개로 등록하기도 하고. 이런 식의 예는 수도 없어요.

저는 사실 학교에서 시험 볼 때 사지선다형 문제나 객관식 문제 위주로 하는 것도 반대합니다. 이게 학생들이 비판적으로, 창의적으로 생각하는 능력을 죽이고, 정답 찾기로 몰아가는 것이거든요. 이 문제도 따지고 보면 평가자에 대한 신뢰의 부족에서 초래되는 거예요.

권 그런데 신뢰도란 신뢰의 경험이 축적되고, 그래서 전반적으로 시민들의 인식이 올라가야 되는 것 아닙니까?

유 그렇습니다. 제가 신뢰가 시장의 작동을 위해 중요한 기능을 한다고 했지만, 이게 쌍방향으로 작동하는 거예요. 시장거래의 경험이 누적되면서 신뢰가 쌓이는 측면이 또 존재합니다. 그리고 우여곡절은 많았으나 민주화 과정에서 우리나라도 시민의식이 많이 올라갔어요. 이제 교통경찰이나 민원담당 공무원들이 돈 받고 봐주는 것 거의 다 없어졌잖아요.

전반적 신뢰 수준이 과거에 비하면 많이 향상됐는데, 아직은 부족합니다. 큰 걸림돌은 권력과 권위를 가졌다는 사람들에 대한 신뢰예요. 조사를 해보면 민간보다 정치, 정부, 사법, 언론 등에 대한 불신이 더 커요. 재벌은 말할 것도 없고요. 사회에서 영향력이 큰 사람들, 텔레비전에 많이 나오는 사람일수록 거짓말을 밥 먹듯이 하고, 드러나도 별 대가를 치르지 않는다는 것이죠. 여러모로 이명박이 대표선수죠. 자기 입으로 강연을 하면서 "BBK 만들었다"고 자랑하는 동영상까지 나와도 "새빨간 거짓말입니다",

이렇게 외치고. 녹조 창궐이 수질개선의 증거라 하고.

권 우리나라 사람들이 거짓말에 대해 관대한 편 아닌가요? 미국에서
는 정치인이 거짓말을 한 게 드러나면 그대로 매장이 되기도 합
니다만.

유 그렇죠. 워터게이트 사건으로 물러난 닉슨 대통령의 경우도 도청
사건 자체보다는 이걸 숨기려는 과정에서 거짓말한 게 드러나자
더 이상 버틸 수 없어서 사임했던 거죠. 수많은 미국 정치인들이
거짓말이 드러나 치명상을 입었습니다. 그런데 요즘은 미국 정치
도 너무 양극화돼 정직과 진실보다 '내 편이냐, 네 편이냐' 가리
고 싸우는 게 우선이 되다 보니 미국도 많이 변한 것 같아요. 특
히 트럼프는 수많은 거짓말이 드러나도 모든 걸 '가짜 뉴스'라면
서 잘만 버티고 있잖아요.

　우리나라 사람들이 거짓말에 관대하다는 게, 국민성이 그래서
는 절대 아닙니다. 하도 익숙해져서 그런 거예요. 거짓말해도 대
충 넘어가는 정치문화와 사회 시스템이 존재하기 때문에 어쩔 수
없이 받아들여 버린 거죠. 우리가 흔히 '정직한 링컨' 얘기 등을
하면서 미국 사람은 정직하다, 정직을 중시한다고 말하잖아요. 무
슨 미국사람 유전자하고 한국사람 유전자가 다른 게 아닙니다.
미국에서는 거짓말이 탄로나면 큰 대가를 치러야 되기 때문에 어
릴 때부터 정직을 강조하는 교육을 하죠.

　우리는 반대죠. 무조건 경쟁에서 이겨야 하고, 정직한 놈만 손
해라는 걸 가르치고 있으니까요. 초등학교 학생들의 숙제를 부모

가 도와주는 게 당연시되잖아요. 능력 있는 부모 만나야지 학교 숙제를 잘할 수 있는 게 현실이에요. 이게 말이 됩니까? 미국 같으면 이건 다 부정행위거든요, 경을 칠 일이죠. 우리나라 학교에선 결과만 좋으면 된다는 주의잖아요. 이런 사고방식이 팽배하니 아이들이 정직을 배우겠습니까. 심지어 교수들이 자기 아이를 논문 공저자로 이름 올려서 스펙 만들어주는 일까지 생기는 거잖아요. 교수들까지 이런 짓을 하니 어떻게 권위가 사회적으로 인정되고 신뢰가 생기겠어요.

잘못은 누구나 할 수 있어요. 반성하고 시정하면 되지요. 그러나 거짓말로 잘못을 덮고 넘어가려고 하는 건 절대 용납하면 안 됩니다. 거짓말에 대해선 훨씬 더 가중처벌하는 사회 시스템이 필요하다고 봅니다. 적폐청산 과정에서도 이 점이 좀 분명해지면 좋겠어요. 잘못을 인정하고 반성하는 사람들과 거짓말하고 버티는 사람들에 대한 처벌 수위를 완전 달리하자는 겁니다.

문재인 정부가 짊어진 적폐청산과 플러스알파 과제

권 그렇게 해서 경제체제가 신뢰를 바탕으로 하게 되면, 장기적으로 경제가 발전할 수 있는 토대를 마련할 수 있게 된다는 것이죠?

유 그럼요. 장기적으로 20~30년 가면, 신뢰사회와 불신사회의 경제적 차이가 엄청나게 벌어지죠.

권 북유럽 등이 그런 예가 되나요?

유 공정함, 포용, 신뢰 부분에서 가장 앞선 거죠. 그러니 협동을 잘 하고. 한마디로 '사회적 자본'이 출중한 거죠. 사회적 신뢰도를 측정하기 위해 세계 여러 도시에서 10개의 지갑에 50달러와 명함을 각각 넣고, 공중전화 박스 등에 뿌려놓는 실험[21]을 한 적이 있어요. 덴마크 코펜하겐에서는 10개가 다 명함에 적힌 주소로 돌아왔습니다.

권 20여 년 전 처음 유럽에 갔을 때, 인상적인 장면이 있었습니다. 기차에 타니 표 검사하는 사람이 없고, 내려도 표 검사하는 아무런 장치가 없었습니다. 문득 이런 생각이 들었어요. '내가 표를 안 끊고 기차를 탔어도 그냥 나올 수 있었겠네'라는.

유 그게 신뢰 사회의 장점이죠. 하지만 그것만으로는 안 돼요. 대다수 시민은 정직하다 하더라도, 한 사람, 두 사람 무임승차를 하는 사람들이 나타날 수 있잖아요. 그리고 다른 사람들이 그걸 알게 되잖아요. 그러면 문제가 심각해져요. '왜 나만 돈 내'라고. 앞서 얘기했던 '공공재 게임'의 논리가 적용되는 거죠. 그렇기 때문에 불시에 한 번씩 표 검사를 하고, 무임승차로 걸리면 엄청난 벌금을 물리는 거예요.

저도 30여 년 전에 유럽에 산 적이 있어요. 대학원 다닐 때 핀란드 헬싱키에서 연구원으로 몇 달 있었습니다. 교외 지역에서 매일 기차를 타고 출퇴근을 했습니다. 저도 학생 때니까 돈이 없잖아요. 솔직히 '기차표 안 사도 되는 것 아냐', 이런 생각을 안 해본 게 아니에요. 표 검사하는 걸 통 못 봤으니까. 그런데 어느 날

표 검사를 하더라고. 거의 안 하는데, 어쩌다 한 번. 걸리면 30배. 그런 규제 시스템도 필요한 거예요.

그러나 일일이 규제로써 그 문제를 풀려 하지 말고, 대부분 사람들이 신뢰 속에서 움직이면 훨씬 더 효율적이 되는 거죠. 매번 표 검사하는 것보다 어쩌다 한 번 하면 그만큼 비용도 줄어들고 편하기도 하잖아요. 신뢰가 높으면 사람 살기가 편하고, 낯선 사람들에게도 친절함과 선의를 기대할 수 있는 것입니다. 낯선 시골에서 밤에 혼자 운전하다 차가 고장 나면 얼마나 낭패예요. 견인차를 부르고 자동차 수리를 맡겼더니, 평소 10만 원이면 될 것을 50만 원 내라고 하면 어쩌겠어요. 저의 난감한 상황을 이용해서 저를 착취하는 거죠. 이럴 때 10만 원 내라는 사회가 좋은 사회지, 50만 원 내라고 하는 사회는 문제가 있는 거 아닙니까.

권 오랜 시간 개인이 성장 과정에서 경험을 축적하면서 '원래 세상은 이런 것'이라고 사람과 세상을 믿게끔 되어야 하는 것이지, 이미 오랫동안 불신의 시간을 살아온 기성세대가 바뀌기를 기대하기란 쉽진 않을 듯하네요.

유 그럼요. 기성세대는 바뀌기 힘들어요. 누적적으로 조금씩 바뀌는 거예요. 그래서 금방 효과가 나지는 않습니다. 적폐청산의 효과 역시 금방 나지 않아요. 그러나 최소한 '잘못을 저지르면, 언젠가 큰 대가를 치른다', 이 시그널을 강력하게 줘야 합니다.

물론 사전에 그런 일이 벌어지지 않도록 민주적 통제를 강화하고. 그래서 정부와 세상에 대한 신뢰가 조금씩 조금씩 쌓이도록 해야 합니다. 하루아침에 안 바뀝니다. 그러나 그렇게 20~30년 지나면 큰 차이를 보인다는 겁니다.

권 그렇게 신뢰자본을 쌓기 위해선 적폐청산부터 제대로 해야 한다는 거죠? 그리고 보면, '적폐청산'이라는 말도 박근혜 정부에서 처음 나온 말이었는데요.

유 그렇죠. 적폐청산, 국민행복, 국민통합, 좋은 얘기는 다 했는데. 아무것도 안 됐잖아요. 최소한 그쪽으로 가는 부분에 대해선 국민적 공감대가 있었습니다. 그 이전에 이명박이 70년대식으로 하려는 것을 보고 나선, '그건 아니다'라고 X표를 쳤어요. 그리고 박근혜가 경제민주화와 복지국가를 내세우면서 이명박 방식과는 다르게 가겠다고 해서 밀어줬던 거죠.

그런데 실제로는 오히려 이명박보다 더 구시대적인 방식으로 정권을 운영했죠. 재벌과의 정경유착 등 공약과는 정반대로 가버린 거죠. 자기 정부에서 만들었던 상법 개정안도 다 폐기하고, 노동시간 단축, 비정규직 축소 등의 공약도 다 뒤집고. 오히려 규제 완화하고 노동유연성 제고한다는 등 다 반대로 가버렸잖아요. 대대적인 후퇴를 시켜버렸다는 거죠. 그러나 이게 정말 아이러니인데요, 결과적으로 보면 박근혜가 박정희를 부관참시했잖아요. 그렇기 때문에, 진정한 적폐청산의 계기를 마련해준 거죠.

권 문재인 정부는 이 적폐청산의 계기를 활용해서 '거짓말하고 잘못을 저지르면, 언젠가 큰 대가를 치른다', 이런 시스템을 구축하고 작동되게끔만 하더라도 큰일을 하는 것 아닌가요?

유 물론 그게 기본이고 중요한 일입니다만, 거기에 플러스 알파를 해야 할 역사적 과제를 지니고 있어요. 정책 레짐 얘기를 했는데, 박정희 시대의 한국경제가 당시로서는 어느 정도 공평하고 포용적인 면이 있었다, 그래서 고도성장이 가능했고 기회가 많이 생겼다는 얘기를 했지요. 그런데 80년대 말 이후 고도성장 시대가 마감을 한 뒤인 지난 30년간 정책 레짐에 문제가 있었습니다.

　계절이 바뀌었으니 옷을 갈아입어야 되는데, 옷을 안 갈아입는 거예요. 여름에는 반팔 티셔츠 입고 다녔지만, 영하 15도에는 그러면 안 되잖아요. 그런데 자꾸 '내가 해봐서 아는데, 옷은 티셔츠 하나 입고 활발하게 다니는 게 좋은 거야'라고 하면서, 추운데도 계속 옷을 안 갈아입으니 몸이 쇠약해지는 상황이 된 거예요. '겨울옷으로 갈아입어야 한다'는 주장도 있었지만, 잘 안 되는 거예요. 왜 그러냐 하면, 박정희 패러다임, 성공신화, '옛날에 이렇게 해서 잘됐는데'라는 생각 때문에. 더구나 옛날에 해서 잘된 그 방식이 지금도 단기적으로는 효과가 있는 거예요. 비록 장기적으로는 부작용이 클 지라도.

권 부동산 경기 부양하면, 당장은 경기가 활성화되죠.

유 그게 하나의 예죠. 과거에 성공했다는 것, 지금도 단기적으로는 성과가 있다는 것 때문에 이 과거의 버릇을 끊지 못하는 거예요. 그래서 제가 이걸 마약이라고 하죠. 이 마약중독 때문에 근본적인 개혁이 지체되고, 거기다 과거 시스템에서 형성된 기득권들이 변화에 저항을 하죠. 이들이 과거의 성공신화를 증폭시키면서 그 시스템에 머물도록 하는 부분도 있었습니다.

그런데 이렇게 과거의 정책 레짐에서 벗어나지 못하다 보니, 성장률이 급전직하로 계속 떨어지는 거죠. 그러니 개천에서 용 나기는 점점 어려워지고, 여러 가지 불공평과 불공정은 훨씬 더 예민하게 느껴질 수밖에 없고, 현재의 노력보다 과거 축적된 재산의 효과가 훨씬 더 힘을 발휘하는 기득권자들의 사회가 되는 거죠. 계속 이런 식으로 가면 피케티가 경고하는 대로 '세습자본주의'가 되는 겁니다. 경제 시스템의 포용성은 점점 저하되고, 전반적인 경제 활력도 저하되고, 4차 산업혁명 시대에 자꾸 뒤처질 수밖에 없습니다.

박근혜 정부의 실패는 우리 국민들에게도 굉장히 불행한 일이지요. 하지만 박정희를 부관참시함으로써 역사적인 공헌을 한 셈이 되었죠. 최소한 우리 국민들이 이제 박정희 신화에서 벗어나게 된 건 그나마 다행이에요.

적폐청산을 좁게 보면 권력 사유화에 대해 조사하고 처벌해서 이런 일이 재발하지 않도록 경종을 울리는 것이고, 더 크게 보면 이런 일을 가능하게 했던 87년 체제를 극복하고 합의제 민주주의의 기틀을 놓는 것이고, 그보다 더 큰 역사적 의미를 봤을 때는 박정희 신화를 최종적으로 극복하고 우리 경제의 패러다임과 정책체제를 다음 단계로 전환하는 것이라고 생각합니다. 여기까지가 이 정부의 역사적 과제라고 봅니다. 이 정부에서 못 다하면 다음 정부가 이어서 해야겠죠.

권 경제 패러다임의 전환은 참 어려울 것 같네요.

유 매우 어렵죠. 그러나 문재인 정부가 화두는 제대로 잡은 거예요. '자본 중심'이 아닌 '사람 중심', 소득주도 성장, 혁신성장. 이와 유사한 주장은 이전 정부에도 있었습니다만 실질적인 변화는 별로 없었죠. 여전히 반팔 티셔츠 입고, 날이 추워지는데도 계속 뛰자, 추우니까 더 뛰자 하는 방식이었던 거죠.

　문재인 정부는 그동안 전환이 잘 안 된 이유가 뭔지를 찾아내서 따뜻한 겨울옷으로 확실히 갈아입도록 해야 하는데요. 결코 쉬운 일은 아니겠지요. 30년 동안 잘 안 됐는데, 갑자기 되겠어요. 하지만 이걸 해내야 나라가 바뀌고, 경제가 바뀌고, 국민들의 삶이 바뀌는 것이잖아요. 경제 패러다임의 전환을 못 해내면 국민은 또 패배하는 겁니다.

　그런데 이런 경제적 변화를 제대로 이뤄내고 공고화하기 위해서는 정치제도의 변화가 수반되어야 합니다. 사실 정치뿐만 아니라 사회 각 영역에서 민주적 관계가 뿌리내리도록 제도와 관행이 변화해야 합니다. 그래야 적폐청산이 제도적으로 완성되는 것이고, 촛불항쟁이 비로소 촛불혁명으로 완성이 되는 것이라고 생각합니다. 이것은 한 정권의 과제를 훨씬 뛰어넘는 역사적 과제이지요.

주

1 2차대전 당시, 독일 점령하의 프랑스에서 반나치 저항언론 활동을 했던 『꽁바』(전투)의
   주필 알베르 까뮈가 나치가 물러난 뒤인 1944년 9월 9일 『프랑스 문예』를 통해 부역 언
   론인 등에 대한 강력한 처벌을 촉구한 글 내용 중 일부.
   "우리의 모든 과거의 불행은 반역을 처벌하지 못한 데서 온 것이다. 오늘 또다시 처벌하
   지 않는다면, 커다란 위험이 닥칠 것이다. 어제의 죄를 처벌하지 않는 것은 곧 내일의 죄
   를 부추기는 것이다."
   그러나 카뮈도 숙청이 진행되면서 사형 등 처벌이 너무 가혹하고, 정치문제가 개입됐음
   을 비판하면서 1년 뒤인 1945년 8월 30일 『꽁바』 사설에서 "재판 과정에 정치적 영향력
   이 개입해 많은 이들이 사형을 외쳐대고 있다"고 했다.

2 캐나다 회사인 하베스트는 지난 2009년 석유공사에 의해 인수됐다. 이때 하베스트가 채
   권 원금이나 이자 지급 불능 사태에 빠질 경우 석유공사가 이를 대신 부담하기로 했다.
   하베스트의 총 차입금은 20억 달러(약 2조 2,000억 원)에 육박한다. 인수 이후 2년여 만에
   1조 원 가까운 손실이 났다. 인수 과정에서 이명박 정부 실세 개입 의혹이 불거지기도
   했다. 당시 인수 자문사는 메릴린치였는데, 이 회사 서울지점장은 '이명박의 집사'로 불
   린 김백준 전 청와대 총무비서관의 아들 김영찬 씨였다.

3 이명박 정부는 임기 초인 2008년 8월부터 2009년 3월까지 7개월 동안 '공공기관 선진
   화 대책'을 여섯 번 발표했다. 산업은행은 2009년 이명박 정부의 민영화 계획 추진에 따
   라 산은금융지주와 한국정책금융공사를 분리시킨다. 2012년에는 공공기관에서 제외됐
   다(박근혜 정부는 2014년 산업은행을 다시 공공기관으로 재지정하고, 2015년 민영화 계획을 철회
   했다. 이에 따라 산은금융지주와 한국정책금융공사를 다시 흡수합병하게 된다).
   이명박 정부 들어 첫 산업은행장을 맡은 민유성 행장은 직전에 3년간 리먼브러더스 서
   울지점 대표를 지냈다. 2008년 민 행장은 파산 직전의 리먼브러더스를 50억 달러에 인
   수하려고 시도하다, 결국 그해 9월 포기한다. 리먼브러더스는 이후 일주일도 안 되어 파
   산을 선언하고, 미국에서 모기지 부실 사태가 본격화한다. 만일 당시 산업은행이 리먼

브러더스를 인수했다면, 산업은행뿐 아니라 국내 금융권 전체로 부실이 번져, 엄청난 금융위기에 빠졌을 것이라는 평가가 많다.

더욱이 민 행장은 리먼브러더스 재직 시절 받은 '스톡 어워드(퇴직 후 일정 기간이 지난 뒤 정해진 약정에 따라 주식으로 받는 일종의 상여금)'를 보유한 채 산업은행장이 됐고, 그 상태에서 산업은행의 리먼브러더스 인수를 추진한 것이다. 민 행장은 2012년까지 모두 5만 9,000주를 받기로 예정돼 있었다. 따라서 당시 리먼브러더스가 산업은행에 인수돼 리먼브러더스 주가가 급등할 경우, 민 행장은 엄청난 금전적 이득을 얻을 수 있었다. 이에 대해 민 행장은 리먼브러더스 인수를 추진하면서 이사회에 리먼브러더스 '스톡 어워드' 포기 의사를 서면으로 제출했다고 해명한 바 있다.

민 행장에 이어 2011년 취임한 기획재정부 장관 출신인 강만수 행장은 이명박 대선 캠프에서 747 공약을 만들고, 인수위원회 등에서도 활동했고, 이명박 정권의 첫 기획재정부 장관을 맡아 '이명박의 남자'로 불렸다. 강 행장은 취임 뒤 자신의 지인이 운영하는 바이오업체에 산업은행 자회사인 대우조선이 자금을 지원하도록 하는 등 억대의 뇌물 수수 및 직권남용 혐의로 지난 2016년 12월 구속됐고, 2018년 1월 2심 재판에서 징역 5년 2월을 선고받았다.

4 2008년 정권 초부터 추진한 인천공항 민영화는 여야 모두 극렬하게 반대해 결국 무산됐다. 지난 2017년 10월 국회 국토교통위원회 소속 정동영 의원(민주평화당)은 인천공항공사 국정감사에서 이명박 정부가 민영화를 추진하면서 인천공항의 실거래가를 20배 이상 축소시키는 등 지나치게 저평가를 하면서, 2008년, 2010년, 2012년 세 차례에 걸쳐 헐값 매각을 시도한 정황이 드러났다고 밝혔다.

정 의원은 공사가 제출한 '토지보유 현황' 자료를 분석한 결과, 인천공항공사가 보유한 토지는 여의도 면적의 20배인 총 1,700만 평 규모이며, 공시지가를 적용해도 총 12조 8,000억 원, 평당 74만 원이지만, 현재 장부가액은 총 2조 8,000억 원으로 평당 17만 원 수준에 불과하다고 지적했다. 인천공항이 위치한 인근 토지는 현재 평당 최저 340만 원에서 최고 2,000만 원 수준에서 거래되고 있다는 점을 감안하면, 현재 자산 장부가는 최소 20배 이상 축소된 셈이다. 인천공항 민영화는 시민단체 등의 반발로 박근혜 정권 출범 이후 무산됐다.

5 **한-UAE 이면합의** : 2009년 아랍에미리트 원전 수주 과정에서 이뤄진 군사협정. 아랍에미리트에 군사적 문제가 발생할 경우, 한국이 즉각 군대를 파병하도록 이면계약을 맺었다. 국회를 거치지 않은 비밀협약으로, 헌법 위반 소지가 있다. 이후 우리나라는 아랍에미리트에 특전사 150명을 파병했다.

6 **케인즈 경제학** : 영국의 경제학자인 존 메이너드 케인스(John Maynard Keynes, 1883~1946)의 경제이론. 경제에 미치는 정부의 역할을 강조한다. 케인즈 이전의, 경제는 국가의 간섭이 없는 상태에서 가장 잘 작동한다는 경제적 자유주의와는 상반된 개념이다. 대공황 시기 방임주의의 실패로 인한 문제점을 해결하기 위해 개발되었다. 케인스는 특히 불황기에는 상품에 대한 총수요가 중요하다고 지적했다. 이에 케인스는 1930년대의 높은 실업률과 디플레이션에 대처하기 위해 정부가 재정지출을 늘리고, 통화당국은 금리를 인하해 시장에 돈이 많이 풀리도록 하여 시민들의 소비와 투자를 유도하고 경제를 정상 상태로 되돌려 놓을 수 있다고 주장했다.

7 **혁명적 낭만주의(Revolutionary romanticism)** : 마르크스주의 예술론의 하나. 미래는 당에 의해 계획되고 의식적 노력에 의해 실현될 것이기에, 긍정적 주인공이 이끄는 낙관적 결말이 혁명적 낭만주의가 요구한 형식적 요소였다. 공산주의의 승리에 대한 확신으로 가득 찬 혁명투사와 그들의 정신적 풍모를 보여주는 것이 혁명적 낭만주의의 과제다.

8 **더글러스 노스(Douglass North, 1920~2015)** : 경제발전에 제도의 중요성을 역설한 미국 경제학자. 워싱턴대 교수. '경제이론과 계량적 방법을 통해 구조적·제도적 변화와 상호작용이 경제현상에 미치는 영향'을 분석한 공로로 1993년 노벨경제학상을 수상했다.

9 **자메이카** : 1494년 콜럼버스가 발견한 카리브해의 섬으로, 16세기 스페인 사람들이 이주해 스페인 식민지가 됐으나, 1655년 영국 크롬웰의 파병으로 영국에 점령당한 뒤로는 20세기까지 영국의 식민지배하에 있었다. 노예무역을 기반으로, 사탕수수 플랜테이션이 발달했다. 1962년 독립해 영국 연방국가로 있다. 영국과 같은 내각책임제 국가이며, 자동차도 영국과 똑같이 오른쪽 핸들을 사용한다. 경제는 낙후돼 있고, 부패가 만연하며, 범죄율도 매우 높다.

10 **플랜테이션(Plantation) 농업** : 열대·아열대에서 이뤄지는 재식농업(栽植農業). 주로 서양인이 자본과 기술을 제공하고, 노예, 원주민, 이주노동자 등 값싼 노동력을 이용해 단일경작을 하는 기업 농업경영. 주요 작물은 고무, 차, 커피, 사탕수수, 바나나, 담배 등이다.

11 **마르코스(Ferdinand E. Marcos, 1917~89)** : 1965년 대통령에 당선돼 21년간 필리핀을 철권통치한 독재자. 1986년 부정선거로 시민혁명이 일어나면서 하와이로 망명했다. 마르코스 집권 이전인 1960년대 초반만 해도 필리핀은 한국에 원조를 하는 등 상당한 경제력 차이를 보였으나, 마르코스 집권 이후 계속된 부패와 독재, 족벌독점체제 등으로 경제가 낙후됐다. 박정희가 쿠데타를 일으키던 1961년 필리핀의 일인당 국민소득은 267달러였고, 한국은 93달러였다. 그러나 2016년 일인당 국민소득(GNI, 세계은행 발표)은 필리핀이 3,580달러, 한국은 2만 7,600달러다.

12 아나스타시오 소모사 가르시아(Anastasio Somoza Garcia, 1896~1956) : 니카라과의 독재자. 1936년 쿠데타로 대통령이 된 뒤, 1979년까지 그의 두 아들 등 소모사 일가가 대통령 또는 막후 권력자로 니카라과를 통치했다. 미국의 지지 아래 니카라과의 경제적 이권을 독차지해 소모사 일가가 니카라과 최대 지주이자, 라틴아메리카 최대 갑부가 되었다. 대신 니라카과는 1979년 이후 계속된 좌우익의 내전으로 황폐화됐다.

프랑수아 뒤발리에(François Duvalier, 1907~1971) : 아이티의 독재자. 1957년 대통령에 선출된 뒤 정적들을 처형했고, 1964년 헌법을 개정해 종신 대통령이 됐다. 죽기 직전 헌법을 또 개정해 19세의 아들 장 클로드(1951~2014)를 후계자로 지명하고, 대통령이 되게 했다. 장 클로드는 1985년 일어난 반정부 시위로 1986년 권좌에서 물러났다. 이들 부자가 아이티를 다스리는 동안, 국민들은 진흙으로 만든 과자를 먹는 등 아이티는 세계에서 가장 가난한 나라가 됐다.

이디 아민(Idi Amin, 1925~2003) : 우간다의 독재자. 1971년 쿠데타로 정권을 잡았다. 반대파를 대량 학살하고, 1976년 종신 대통령을 선언했다. 잔인한 고문과 학살, 인육을 먹는 등 정신분열증 증세를 지녔던 것으로 전해진다. 1978년 반정부군의 반격으로 권좌에서 쫓겨났다.

13 리콴유(1923~2015) : 1965년 싱가포르가 말레이시아로부터 독립하기 전부터 자치정부 총리를 지내 1990년 퇴임할 때까지 30여 년간 싱가포르 총리를 지냈다. 리콴유가 총리로 있는 동안 싱가포르는 세계적인 금융과 물류 중심지로 부상하고, 부정부패가 없는 나라가 됐다. 총리에서 물러난 뒤에도 2004년까지 선임장관, 2011년까지 고문장관을 지내는 등 최근까지 싱가포르의 막후 실력자였다. 아들 리셴룽이 2004년 총리로 취임해 지금까지 총리직을 유지하고 있다.

리콴유가 싱가포르의 경제발전에는 큰 역할을 했으나, 인권적 측면에서는 국민들의 자유를 과도하게 억누르고, 언론통제, 장기집권, 권력 세습 및 주요 기업을 일가가 소유하는 등 독재적 요소를 많이 보였다. 리콴유는 자신을 우상화할 수 있다며, 자신의 생가를 허물라는 유언을 남기기도 했다.

14 1950년대 정부의 재정수입 중 미국 원조가 차지하는 비중이 매년 절반을 넘어섰다. 그래서 매년 미국 원조액이 결정돼야 정부 예산을 수립할 수 있었다. 1957년 대외무역 적자의 89%를 원조로 메꿀 정도였다. 1956~61년 미국 원조액은 우리나라 GDP의 25%를 차지했다. 1946~1962년 미국의 대외원조 총액은 977억 달러였다. 이 중 한국에 제공된 원조가 54억 달러로, 국가별 원조 규모에서 한국은 단연 1위였다. 미국이 2차 세계대전 복구비용으로 유럽에 쏟아부었던 마셜플랜(1947~51년)의 총 지원금이 130억 달러다.

15 조봉암(1899~1959) : 일제강점기 사회주의 항일운동을 했고, 대한민국 초대 농림부장관 과 국회부의장을 역임했다. 1958년 국가보안법 위반으로 체포돼 1959년 사형이 집행됐 다. 2011년 대법원의 무죄판결로 신원이 복권됐다. 농림부장관 당시 농지개혁을 적극적 으로 추진했다.

16 우리나라의 의무교육은 1948년 제헌헌법으로 제정됐으나, 실제 실시된 것은 한국전쟁 발발 직전인 1950년 6월부터다. 한국전쟁이 끝난 뒤, 1954~59학년도 6개년에 걸쳐 학 령아동을 취학시키도록 해 취학률 96%를 웃돌게 하는 등 빠른 시간에 정착됐다.

17 지난 2016년 6월 미국의 비영리 민간경제조사기관인 The Conference Board 보고서 에 따르면, 미국의 노동생산성(노동자 일인당 시간당 생산량) 증가율은 2009년, 2010년만 해도 각각 2.9%, 2.6% 수준을 유지했으나, 2014년 0.5%, 2015년 0.3% 등으로 급격하게 떨어졌다. 2016년에는 -0.2%로 1982년 이후 34년 만에 마이너스를 기록할 것으로 내 다봤다. 2017년 6월 5일 미 노동부 발표를 보면, 지난 5년간 미국 노동생산성은 연평균 0.6% 올라 1947~2016년 장기 평균치인 2.1%를 크게 밑돌고 있다.

18 아이히만(Adolf Eichmann 1906~1962) : 독일 나치 친위대의 고위 장교로 유대인 학살 책 임자였다. 전쟁 뒤 미군에 체포됐으나 탈출하여 1958년 아르헨티나에 정착했다. 그러나 이곳에서 정체가 발각되어 체포됐고 1961년 이스라엘로 송환되어 재판 끝에 교수형에 처해졌다. 그는 재판 과정에서 자신은 군인이었으며, 따라서 상부의 명령에 충실히 따 른 것은 죄가 될 수 없다고 항변했다. 그의 주장은 기각됐다. 독일의 정치학자 한나 아렌 트는 그의 재판을 참관한 뒤 '악의 평범함'이라는 개념을 만들기도 했다.

19 무신불립(無信不立) : 『논어』에 나오는 말로, 공자의 제자 자공이 '정치란 무엇입니까'라고 묻자, 공자는 '정치란 식(食), 병(兵), 신(信) 세 가지'라고 답한다. 그리고 이 가운데 없애 야 한다면, 먼저 병을 없애고, 그 다음엔 식을 없애지만, 백성의 믿음이 없으면 나라가 존립할 수 없다고 한 말에서 유래했다.

20 위안부 합의 : 지난 2015년 12월 일본과 위안부 합의를 한 윤병세 외교부 장관은 2016년 1월 7일, 13일 외교통일위원회 회의에 참석해 '비공개 합의문이 있느냐'는 질의에 "없 습니다"라고 말했고, 소녀상과 관련한 이면합의도 "없다"고 했다. 2017년 12월 '한·일 일본군위안부 피해자 문제 합의 검토 태스크포스(TF)'가 이면합의의 존재를 발표하자, 윤 전 장관은 입장문을 내어 "(당시) 공동기자회견 내용에 포함시켜 대외발표하지는 않 았으나, 합의 이후 국회나 언론 등 다양한 계기에 설명했다"며 "비공개 부분은 공개된 합의 내용의 연장선상에서 우리 기존입장을 재확인한 것"이라고 반박했다.

21 2001년《리더스 다이제스트》가 50달러에 해당하는 현지 돈과 신분증, 연락처 등을 넣

은 지갑 1,100개를 세계 주요 도시에 놓고 얼마나 돌아오는지를 파악하는 '잃어버린 지갑' 실험을 했다. 지갑을 100% 회수한 곳은 덴마크와 노르웨이였다. 국제투명성기구의 2012년 연례보고서를 보면, 전 세계 국가별 부패지수에서 176개국 중 덴마크가 세계에서 가장 청렴한 국가 1위를 차지했다. 한국은 45위였다.

2장

적폐청산의 제도적 완성,
어떻게 이룰 것인가

제도와 관행으로 굳어진
적폐까지 청산해야

적폐는 이명박, 박근혜에 한정된 것이 아니다

권 앞서 적폐청산이 권력 사유화에 대한 조사와 처벌을 넘어서 경제 패러다임의 변화와 제도적 완성까지 이루어져야 한다고 하셨는데, 경제 패러다임에 관한 이야기는 다음에 하고 우선 적폐청산의 제도적 차원에 대해서 이야기를 나눠볼까 합니다.

적폐청산을 제도적으로 완성해야 한다는 것은 적폐청산이 이명박, 박근혜 정권의 문제로 한정되는 것이 아니고, 그 이전부터 내려오던 우리 사회의 잘못된 관행과 제도까지 청산 대상으로 삼아야 한다는 뜻이겠죠?

유 저는 법을 위반하는 등의 특정 행위보다 제도와 관행으로서 굳어진 잘못을 바꾸는 게 더 중요하다고 봅니다. 정치권 내부에서만 적폐청산이라는 것이 진행되면, 결과적으로 '국민생활은 뭐가 달라졌느냐'는 말이 나올 수 있습니다. 그래서 정말 권력이 국민을 대하는 자세가 어떻게 변하고, 국민이 존중받고 주인 노릇하는 나라가 되도록 만든다는 관점에서 어떻게 광범위한 변화를 불러올 수 있느냐가 중요하다는 것이지요. 제도와 관행까지 바꿔야 되는데, 이것은 이명박, 박근혜 정권에 한정된 것은 아니잖아요.

권 바꿔야 할 제도와 관행이라면, 어떤 것들이 있을까요?

유 수없이 많지요. 최근 서지현 검사의 용감한 폭로 이후 문화예술계 등 각계에서 권력을 가진 자들에 의한 성추행, 성폭행에 대한 고발이 이뤄지고 있잖아요. 매우 중요한 적폐청산이라고 생각합니다. 저는 '미투 운동'이 정말 대단한 사건이라고 봐요. 우리 사회의 인권과 평등의 수준을 획기적으로 끌어올리는 일입니다. 여기저기 아픔이 있고 상처가 드러날 테지만, 진보는 그렇게 일어나는 겁니다.

어찌 보면 미투 운동은 이미 몇 년 전부터 다방면에서 일어난 '갑질'에 대한 고발과 저항 운동의 연장선상에 있다고 볼 수도 있을 거예요. 재벌 회장부터 아파트 입주자까지, 프랜차이즈 본사부터 건물 주인까지, 정치인부터 운동부 코치까지, 온갖 우월적 지위에 있는 사람들이 약자의 위치에 있는 사람들에게 못되게 구는 일들이 근래에 사회적 이슈가 되었습니다. 이런 문제에 대해 우리 사회는 민감해졌고 더 이상 용납하지 않습니다. 매우 바람직한 현상입니다.

정부 영역에서도 제도와 관행을 개혁해야 할 것들이 무수히 많지요. 제가 개인적으로 활동했던 금융행정혁신위원회 얘기를 사례로 들어볼까요? 적폐청산의 일환으로 금융위원회가 만든 건데요, 금융행정의 투명성과 책임성, 인허가, 인사, 영업관행 등을 다루었죠. 우리는 과거의 불법을 찾아 처벌하는 것이 아니라 잘못된 제도와 관행을 어떻게 바꿔야 할지 고민했습니다. 저는 금융권 영업관행개선 분과위원장을 맡았는데요, 세세한 내용을 많이 다루었지만 크게 보아서 금융권 관행에서 중요한 적폐를 두 가지로 보고 접근했습니다.

하나는 금융당국이 너무 금융회사 편을 들고, 금융소비자를 제대로 보호하지 않는다는 것입니다. 그러니까 금융소비자에게 큰 피해를 주는 사건이 계속 반복되는 것이지요. 키코 사태[1]로 중소기업 수백 개가 무너지고, 저축은행 후순위채 사건[2]으로 많은 사람들이 평생 장사해서 모은 돈을 날리는 등 말도 못하는 비극이 벌어졌잖아요. 감독규정도 강화되어야 하고, 사후적 처벌도 강화되어야 합니다.

키코 사태는 대법원에서 은행들에게 무죄 판결이 났는데요, 비슷한 일들이 다른 많은 선진국에선 사기죄로 처벌됐거든요. 당국이 자꾸 자본 편, 기업 편을 들다 보니, 말로는 소비자가 왕이라고 하면서 소비자를 속여먹는, 이런 몹쓸 관행이 적지 않게 존재하는 게 우리 현실이잖아요. 가습기 살균제 사건 같은 일까지 일어나고. 금융계도 유사한 거죠. 이런 것을 바꾸지 않고, 정치권 안에서 일어나는 일들만 처리한다면 종국에 가서는 적폐청산에 대해서도 '정치권 싸움이고, 정치보복 아니냐', 이런 말이 나올 수도 있을 겁니다.

다른 하나는 금융이 서민을 푸대접한다는 겁니다. 대기업이나 고액 자산가들한테는 정말 잘하는데, 중소기업이나 서민들에게는 매우 팍팍한 거예요. 은행 가면 부유층을 위한 공간이 따로 마련되어서 온갖 편의를 봐주고, 금리도 우대해주고 하잖아요. 서민들은 금리도 더 받는 것은 물론이고, 여러모로 가혹하게 대합니다.

예를 들어, 예기치 못한 어려움이 발생하여 채무상환을 제때 못하게 되었다면, 채권자와 채무자가 책임을 나누어 져야 마땅하거든요. 채무자에 대한 신용평가를 하고 채무상환계획을 믿고 빌려주었는데 사정이 달라졌으면, 바뀐 사정을 고려해서 채무조정을 해줘야죠. 그래도 정 안 되면 상각 처리를 하는 것이 정도인데, 지금은 은행들이 채무조정 노력을 너무 안 하고 그냥 장부에서 떨어버려요.

은행은 겉보기에 장부를 깨끗이 해놓고 부실이 없다고 자랑하지만, 이게 특수채권으로 남아서 채무자에게 고스란히 짐이 되어 엄청난 압박을 하게 됩니다. 이런 특수채권은 가계부채 통계에도 안 들어가는데, 이게 수백조 원에 이릅니다. 제가 개인적으로 〈주빌리 은행〉이라는 시민단체 활동을 하면서, 빚 때문에 엄청난 고통을 받고 비참한 지경에 빠진 이들을 많이 접했습니다.

사람을 살리는 금융이 되어야 한다는 게 제 소신인데요, 우리 현실을 보면 금융 때문에 삶이 망가지고, 심지어는 목숨을 끊기까지 하는 일이 너무 많이 있습니다. 이런 게 바뀌어야죠. 서민들에게 적절한 금융자원 접근성을 제공하고, 이들이 어려움에 빠질

2015년 8월, 장기 연체자들의 채무 탕감을 목적으로 시민단체와 자치단체 등이 주축이 돼 설립한 시민 금융기관이다. 유종일 한국개발연구원(KDI) 국제정책대학원 교수가 대표로 있다.

2012년 시민들의 기부를 받아 장기 연체자의 부실채권을 매입하는 방식으로, 미국에서 벌어진 '롤링 주빌리(Rolling Jubilee) 프로젝트'에서 아이디어를 가져왔다. 주빌리는 50년마다 죄나 부채를 탕감해주는 이스라엘의 전통에서 유래했다.

국내에서 금융기관과 대부업체에 돈을 빌려 갚지 못하는 채무 취약 계층은 350만 명 가량(2013년 8월 기준. 금융연구원 자료)에 이른다. 그동안 금융기관들은 돈을 갚지 못하는 이들의 채권을 손실처리하고 대부업체에 원금의 1~10% 수준에 넘겨왔다. 대부업체들은 이를 받아내기 위해 채무자들을 가혹하게 추심해왔다.

주빌리은행은 이런 부실채권을 사들여 빚을 탕감해 주고 있으며, 채무자들에게 상담과 교육도 제공하고 있다. 2018년 2월 14일까지 4만 9,844명의 채무 7,754억 원 어치를 기부받거나 매입(실제 들어간 돈은 3억 7,141만 원)해 이를 탕감해 줬다.

때 여기서 헤쳐 나올 수 있게 도와주는 금융이 되어야 합니다. 이것이 곧 '포용적 금융'입니다. 이렇게 서민들을 위해 금융관련 제도와 관행을 바꾸는 것도 적폐청산의 임무 아닐까요?

우리나라 금융의 최대 적폐라면 관치금융이라 할 수 있겠죠. 박정희 시대 때 정부 주도로 경제발전을 하면서, 은행들에게 '여기 투자하라, 저기 대출하라'고 했습니다. 그때는 은행들을 정부가 소유했으니까. 박정희가 쿠데타 직후 제일 먼저 한 일이 부정축재자를 잡아들인 것이었습니다. 삼성 이병철 회장부터 재계 총수들을 잡아들여 놓고 협박했죠. '정부 경제발전에 협조한다면 관대하게 하고, 아니면 오랫동안 감옥에서 썩을 줄 알아라.' 그렇게 해서 소위 협조를 약속받고, 그 일환으로 재계 총수들은 자신들이 갖고 있던 은행 주식을 정부에 헌납합니다.

은행을 손아귀에 넣은 정부는 은행 돈을 경제개발정책에 활용하면서 협조하는 재벌들을 밀어줬던 겁니다. 물론 국가경제발전 계획에 따라 한 것이긴 합니다만, 그 과정에서 금융의 자율적 발전이 가로막히고 금융이 낙후하게 된 거예요. 관치금융 아래 은행들은 고객보단 정부 눈치를 보는 일에 익숙해졌고요. 특히 서민들에 대해선 은행 문턱이 한없이 높아졌던 거죠.

지금 상당히 변하긴 했습니다만, 아직도 잔재가 많이 남아있습니다. 이것도 적폐인 거예요. 거듭 말하지만 이명박, 박근혜 정권에 대한 처벌과는 차원이 다른, 그러나 국민 실생활에 와닿는 부분에서 광범위하게 적폐청산이 이뤄져야 합니다.

권 자산가들은 신용도가 높으니까 금리를 낮추고, 서민들은 신용도가 낮으니 금리를 높이는 것일 텐데, 만일 서민들에게 대출을 잘 해주라고 하면, 가계부채가 늘어나는 등의 악순환이 될 수도 있지 않나요?

유 억지로 서민들에게 대출 많이 해주라, 금리를 잘해주라는 게 결코 아닙니다. 정부가 시장원리를 무시하고 그런 식으로 한다면, 그게 바로 관치금융이죠.

다만 어떻게 하면 서민들한테 도움이 되는 금융 시스템을 만들 것인가 하는 고민이 그동안 부족했던 거예요. 서민들을 위한다는 정책금융상품들이 있습니다. 미소금융, 햇살론, 새희망홀

씨, 바꿔드림론 등. 그게 당장은 서민들을 위하는 것 같지만, 실제론 여러 부작용을 일으킬 수도 있어요. 경제적으로 어려움에 처한 사람이 일시적인 자금지원을 통해 회복할 수도 있지만, 어떤 경우는 그 가난이 만성적이고 구조적인 문제일 수도 있거든요. 그런데 그 해법을 모두 금융지원으로만 하다 보면, 결국은 감당 못 할 빚만 떠안고, 문제해결은 되지 않는 경우가 수없이 발생합니다.

늘 대출로 문제를 해결하려 하는 게 우리나라의 고질입니다. 전세값 오른다면, 전세자금 대출해줍니다. 그러면 전세값이 더 오를 거 아녜요? 농촌 어렵다면 농업자금 대출, 중소기업 어렵다면 대출 보증지원, 다 이런 식으로 문제의 근본을 해결하기보다는 우선 돈 뿌리기로 대처하려 하는 겁니다. 문제는 그대로 남고 부채는 늘어나는 경향이 여기서 나옵니다.

예를 들어, 집안에 경제활동을 하는 사람이 없는 경우, 이는 복지 시스템으로 해결해야 됩니다. 또 사양산업에 종사하다 회사가 문을 닫아 직장을 잃게 된 경우, 재교육을 통해 다시 취업을 하도록 도와줘야겠죠. 돈을 빌려줘서 해결될 문제가 아닌 경우에도 자꾸 그렇게 접근하니까 가계부채가 늘고 결국 부실채권이 느는 겁니다.

제가 예전에 미국에서 대학원 다닐 때 예기치 않은 경비가 들어간 적이 두 번 있었는데요, 부친상으로 한국 다녀오는 비용하고 눈 검사가 의료보험으로 처리되지 않았을 때하고. 전 알지도 못했는데, 지도교수님이 학교에 긴급자금 신청하라고 하시더라구요. 교수님 싸인 하나 딱 받아가니 두말없이 돈을 줬고요, 갚으라는 얘기는 전혀 없어요. 빠듯한 학생 살림에 정상적으로 공부하면서 그 돈 갚을 여력이 없을 거라고 보는 거죠.

개도국 원조를 차관으로 하는 것에 대해서도 외채만 늘리는 거라고 비판이 많이 있습니다. 그래서 역사적인 이유로 해외원조를 많이 하는 영국 같은 경우는 10여 년 전부터 차관을 다 없애버리고 무상원조로 바꿨어요.

제 말의 요지는 서민금융의 역할도 중요하지만, 긴급지원 같은 것은 대출로 하지 말고 무상으로, 복지로 해야 한다는 것입니다. 이게 너무 부족해요. 그래서 서민들이 '울며 겨자 먹기'로 감당도 못할 빚을 내고, 이 빚을 못 갚아 온갖 고통을 겪고. 가슴 아픈 사연들이 너무 많습니다.

관료사회의 상명하복 – 적폐 중의 적폐

권 개성공단도 폐쇄하면서 개성공단 투자기업들 지원한다고 대출을 해줬죠.

유 대출이 유효한 정책수단으로 작용할 수도 있습니다. 하지만, 이게 남발되는 게 문제죠. 부자는 신용도가 높으니 금리가 낮고, 신용도가 낮은 서민들은 반대로 금리가 높은 게 시장경제에서 불가피한 것이기는 합니다. 그런데 은행대출을 못 받아 제2금융권을 찾는 사람들 중에도 잘 따져보면 지금처럼 높은 금리를 적용하지 않고 조금만, 예를 들어 2%포인트 정도만 더 받아도 될 정도의 사람들도 많이 있을 거 아녜요. 시장기능이 잘 발달해서 경쟁이 제대로 되면, 그런 시장이 작동해야 되거든요.

그런데 정책금융을 남발하면 이런 시장기능이 작동할 수 없게 돼요. 극단적인 예입니다만, 신용등급이 중간 정도인 사람들한테 브로커가 접근해 '대출금 갚지 말고 연체해서 신용등급을 떨어뜨려라, 그러면 더 좋은 금리에 정책금융 받을 수 있다', 이렇게 하는 경우도 발생합니다. 정부의 섣부른 개입은 시장에 왜곡을 초래하기 십상입니다. 그보다는 사회적 금융 등 서민금융에 특화된 금융기관들이 발달하고 성장할 수 있도록 제도적으로 지원해주는 일이 훨씬 중요합니다.

제가 당국자로부터 서민금융정책 방향에 관해 보고받은 적이 있습니다. 바람직한 정책들도 많았는데, '서민들을 위한 정책금융 상품 공급을 늘리겠다'고 하는 겁니다. 그래서 제가 그 자리에서 물어봤어요. "이것이 좋은 일인지 나쁜 일인지 검증해봤느냐, 지금까지 이런 대출을 받은 사람들이 결과적으로 어떻게 되었는지, 소득이 늘어나고 빚을 잘 갚은 사람들이 몇 %이고 그렇지 못하고 오히려 빚만 늘어난 사람들은 몇 %인지, 이런 대출을 자꾸 늘렸을 때 나타날 긍정·부정 효과를 검증해봤느냐"고.

검증해 본 적은 없다는 겁니다. 우리나라는 너무나 많은 정책을 주먹구구식으로 한다는 데 문제가 있어요. 사실 학계에서 조금 연구한 건 있는데, 대체로 부정적이에요. 정책상품의 혜택을 받은 서민들을 보면, 나중에 부채는 더 늘어나고 신용등급이 더 떨어지는 경우가 많다고 나와요.

권 경제 담당 관료들, 특히 기획재정부 공무원들은 최고의 엘리트들인데, 왜 모든 정책은 말씀하신 대로, 산수처럼 하는 걸까요? 정책결정 그룹에 있는 사람들이 멍청한 사람들이 아니잖아요.

유 우리나라 관료들이 얼마나 똑똑합니까. 얘기하다 보니, 이게 적
폐 중의 적폐네요. 관료조직이 굉장히 하이어라키(hierarchy, 위계
질서)가 강하잖아요. 일제 잔재, 박정희 잔재인데, 관료들에게는
윗사람한테 잘 보이는 게 중요한 거죠. 상명하복 질서니까. 어떤
정책이 진짜 바람직한지 연구하고 고민하기보다 윗사람 선호에
잘 맞추고 잘 모시고, 이런 데 신경 쓰고 시간을 보내게 됩니다.

　　사실 관료사회에 상명하복이라는 잘못된 문화만 없었어도 국
정문란 사태가 조기에 제동이 걸렸겠죠. 제가 얼마 전에 《뉴욕타
임즈》를 읽다가 감명받은 적이 있는데요, 트럼프가 북한에 대한
군사적 응징을 한참 얘기하고 긴장감이 감돌던 때였습니다. 어떤
기자가 핵무기를 실제로 통제하는 책임자인 미군 사령관에게 물
어봤어요. 존 하이튼(John Hyten) 전략사령관이라는 분인데요, '이
러다 혹 핵전쟁이 일어나는 것 아니냐, 만약 트럼프 대통령이 불
법적인 핵공격을 지시한다면 어떻게 하겠느냐'는 질문에 놀라운
답변을 하더라구요. 단호하게 거부하겠다는 거예요. 그러면서 하
는 말이 "우린 어리석은 사람들이 아니다. 불법적 공격을 수행하
라는 명령을 받을 경우 어떻게 이야기할지 많이 생각한다. 불법
적, 위법적 명령을 실행하면 어쩌면 남은 평생 감옥에서 지내야
할지도 모른다"는 거예요.

　　사실 이게 당연한 건데, 우리나라에서는 생각하기 힘든 일이죠.
이게 사회의 수준을 보여주는 겁니다. 공적 임무에 대한 충성과
개인에 대한 충성이 다른 겁니다. 무조건 윗사람 말을 따르는 게

아니라, 자기가 지닌 공적 책임에 대한 자세를 갖춰야 합니다.

권 관료사회의 군기가 매우 엄격한데, 이는 고교·대학 선배로 연결
돼 있기도 하지만, 이른바 해당 공직사회에서 선배들이나 동료들
로부터 '저 친구, 못 쓰겠어'라는 식으로 한번 찍히면, 공직사회
뿐 아니라 관련되는 최고 엘리트집단 사회에서 도태되고, 이는
본인의 진로에까지도 결정적 영향을 받을 수 있는 구조에도 영향
을 받은 게 아닐까요?

유 그런 나쁜 문화가 존재하는 거예요. 윗사람 잘 모시는 데에는 선
수들이 되죠. 과도하게 조직에 충성하고. 개인적으로는 참으로 우
수한 사람들인데요. 또 얼마나 열심히 일들을 합니까. 하지만 정
부의 성과나 경쟁력 면에서 평가를 높게 하긴 어렵잖아요. 특히
변화가 더디지요. 기존에 하던 대로 하지 않고, '이거 다시 검증해
봐야 되는 것 아닌가, 선진국에서도 이렇게 하나, 우리나라의 특
성에 맞는 건가,' 등등의 질문을 던지면서 다시 들여다보고 그렇
게 해야 하는 건데 말이지요. '귤이 회수를 건너면 탱자가 된다'
고, 특히 외국 제도를 들여오더라도 우리 현실에서 어떻게 작동
하는지 검증하고 개선하는 건 정말 중요한 일입니다.

　대학도 마찬가지예요. 우리 현실에 대해 얼마나 치밀하게 사회
에 도움이 되는 연구를 하고 있는지 반성이 필요합니다. 학술지
에 논문 내는 것에만 무조건 매달리지 말고.

권 그게 여러 평가에 카운팅이 되고 있기 때문 아닌가요?

유 정책현장과 거리가 먼 연구가 너무 많아요. 우리나라에서 정책 연구라는 게 국책연구소와 재벌 산하 연구소 중심으로 이뤄지잖아요. 그 결과 연구 분야가 협소해지고, 한쪽에는 권력이, 한쪽에는 재벌이 원하는 연구가 이뤄집니다. 이래서는 백가쟁명의 논쟁과 공론화를 통해 정책에 대한 객관적 검증과 사회적 합의를 만들어가는 데 한계가 있을 수밖에 없습니다.

제가 〈지식협동조합 좋은나라〉[3]를 만든 것이 바로 그 때문입니다. 교수들, 연구자들 중에서 공적 책무감이 있는 사람들이 모여 권력과 돈의 입맛에 맞춘 정책이 아닌, 에비던스 베이스드 폴리시(evidence based policy), 증거에 기반한 정책을 연구하는 플랫폼을 만들어야 한다고 생각했습니다.

'너희들도 마찬가지'라는 말이 나오지 않아야

권 이전 정부에 대한 사법적 처리 외에 우리 사회의 잘못된 관행 등 정책적 적폐청산에도 본격적으로 나서야 할 것 같습니다. 다만 방법론이 중요할 텐데, 교수님께서는 '촛불시민들과 협치가 되어야 한다'고 말씀하셨습니다. 그 수많은 촛불시민들을 다 끌어모아 얘기를 들을 수는 없을 테니, 결국 정부가 민간위원들을 새로운 정책결정 과정에 계속 투입하고, 또 진행 과정을 오픈해 시민들에게 알리고, 피드백을 받고, 이렇게 하라는 말씀이시죠?

유 그렇죠. 공정성과 투명성이 중요해요. 정권과 친한 사람보다 각자 영역에서 도덕성과 전문성을 인정받고, 정치적으로 편향되게 행동하지 않을 사람들을 등용하거나, 이들을 정책결정 과정에 투입하면 정책을 추진하는 데 힘을 받을 수 있고 정치보복 시비도 차단될 수 있죠.

권 그렇다면 문재인 정부의 인사는 어떻게 평가하십니까?

유 '인사가 만사'라고, 가장 중요한 게 인사입니다. 정치보복 논쟁을 극복하려면 협치, 공정성, 투명성도 중요하지만, 무엇보다 인사에서 '너희들도 마찬가지'라는 소리가 안 나와야 합니다. '너희들도 전리품 나눠 먹고, 서로 좋은 자리 차지하고 그러지 않느냐'는 이야기 말입니다.

권 야당은 '캠코더 인사'라고 공격하기도 했습니다. 캠프, 코드, 더불어민주당.

유 현 정권과 큰 틀에서 철학적 입장을 같이 하는 것, 그걸 '코드'라고 할 수도 있겠죠. 그건 중요하다고 봅니다. 당연히 그런 인사들이 일을 맡아야죠. 그런데 '코드'를 정권 실세와의 사적인 친소관계로 판단하면 안 됩니다. 그건 '코드 인사'가 아니라 '정실 인사'예요. 정치권에 줄 서는 사람들 중에는 훌륭하지 않은 사람들도 많거든요. 그러니 풀(pool)을 넓혀야 됩니다. 김대중 대통령이 '공을 세운 사람에게는 상을 주고, 능력이 있는 사람에게 자리를 줘라'고 말한 적이 있습니다. 캠프에 참여한 사람 위주로 인사를 하지 말고, 유능한 인재를 폭넓게 발탁하라는 거지요.

　또 청와대가 과도하게 컨트롤하려 하는 건 금물입니다. 청와대는 국정의 큰 그림을 그리고, 리스크 관리에 주력해야죠. 세세한 것까지 컨트롤하려 하면 국정을 유능하게 꾸려나가기 어려워요. '이 분야는 이 사람이면 믿고 맡겨도 되겠다' 싶은 사람을 찾아서 맡겨야 됩니다. 그런데 믿고 맡길 만한 사람이 아니라 만만하게 통제할 수 있을 만한 사람을 시켜놓고, 청와대가 다 컨트롤하려는 경향이 있어요. 그런 식으로 하면, 오랫동안 국정이 잘 이뤄지기는 어려워요.

권 박근혜 정부 때만큼은 아니겠지만, 임명된 사람들이 청와대를 바라보게 되는 건 어쩔 수 없는 일이기도 하지 않겠습니까.

유 그러니 더욱 믿고 맡길 수 있는 사람을 시켜야 됩니다. 캠(캠프 출신)과 더(더불어민주당 인사)를 완전히 배제하라는 게 아닙니다. 하지만 그보다는 '코(코드)와 유능함이 중요하다', 도덕성은 너무나 당연한 기본 전제이구요. 이 정부가 인사검증 부실로 초창기에 상처를 좀 받지 않았습니까. 기본적인 도덕성을 갖춘 사람들은 폭을 넓혀 찾으면 얼마든지 있다고 봅니다. 풀을 한정시켜 놓고 찾으니까 없는 것이지요. 아마 정치권에 줄 서는 사람들은 평균적인 사람들보다 도덕성에서 문제가 더 많을 겁니다.

제도와 관행의 개혁이란 면에서 해야 할 적폐청산은 구석구석에 수도 없이 많을 텐데, 제가 강조하고 싶은 건 적폐청산의 제도적 완성을 위해 최종적으로는, 결국 체제혁신으로 가야 한다는 겁니다. 저는 '최순실 사태'가 터졌던 초기에 박근혜 퇴진을 요구하는 기자회견을 세종대왕 동상 앞에서 했습니다. 그리고 당시 신문 칼럼을 통해 이것은 '87년 체제의 한계'가 드러난 것이라고 지적했습니다. 그런 관점에서 문재인 정부는 87년 체제를 극복하고 새로운 체제로 혁신해내는 과정까지 가야 합니다. 그래야 이 모든 일이 '정치세력 간 다툼, 정치보복' 논쟁을 완전히 넘어설 수 있다고 보는 것입니다.

승자독식에서
합의제 민주주의로

87년 체제의 두 가지 근본 한계

권 교수님께서는 87년 체제의 한계를 뭐라고 보십니까?

유 박근혜와 최순실이 일으킨 국정문란 사태를 보면, '도대체 어떻게 그런 황당한 일이 이 정도까지 진행될 수 있었는가, 민주국가에서 과연 이런 일이 가능한 것인가'라는 질문을 하게 됩니다. 정윤회 문건이 불거진 적도 있었지만, 도대체 말이 안 되는 일들이 별다른 제동이 걸리지 않은 채 막무가내로 진행이 되었잖아요. 국정운영 시스템에 자정 능력이 결여된 거예요. 이건 결국 대통령 한 사람에게 집중된 권력구조 탓이 크다는 겁니다. 여당과 관료사회는 거의 절대복종이고. 이게 '87년 체제의 한계'를 말할 때 핵심이지요.

물론 권력 집중의 문제는 87년 체제가 새롭게 만들어낸 건 아닙니다. 한걸음 더 물러서서 보면, 박정희 잔재라고 봅니다. 해방 후 미군정에서 문정관으로 일했던 그레고리 헨더슨(Gregory Henderson)이라는 분이 나중에 하버드 대학 옌칭연구소장을 지냈는데, 이 분이 한국정치는 모든 것이 최고 권력을 둘러싸고 돌아가는 '소용돌이 정치(politics of cortex)'라고 일찍이 분석한 바 있습니다. 이승만 독재 치하에서 당연히 그랬고요. 그런데 4.19 혁명도 거치고, 점차 민주화가 성숙하면서 이게 조금씩 바뀌어야 정상인데, 박정희가 이걸 거꾸로 돌려버린 거지요. 저는 이런 시각에서 87년 체제, 그 안에 남아있는 박정희 잔재까지 청산하는 체제혁신을 제대로 해내야 촛불항쟁이 촛불혁명으로 완성될 것이라고 생각합니다.

87년 체제의 또 다른 한계는 경제 양극화입니다. 경제정책이 민주적이지 않아서 경제력 집중과 양극화가 심화되었다는 겁니다. 제가 외국에서 오랫동안 지내다가, 외환위기가 막 진행되던 1997년 가을에 귀국했습니다. 그런데 위기가 오는 와중에 일어난 정부의 무능한 대처가 황당했고, IMF와 구제금융 협약을 맺은 이후에도 국익과는 어긋나는 여러 정책을 별다른 사회적 논의 없이 졸속으로 실시하는 게 무척 의아했습니다. '제대로 된 민주주의 사회라면 이런 식으로 정책이 결정되고 집행되면 안 되는데' 하면서.

저는 처음에 이렇게 생각했습니다. '87년에 정치는 민주화됐지만, 경제는 민주화되지 못했다. 이후 재벌이 더욱 득세하고, 양극화가 심화됐다. 따라서 이제는 경제의 민주화를 할 때다'라고요. 아마 이런 식으로 생각한 사람들이 많았을 겁니다.

그러나 제가 공부를 더 하고 세상 경험도 더 하면서 깨닫게 된 건 그런 개념은 넌센스라는 겁니다. 정치민주화에서 경제민주화로 가는 단계적 접근이 아니라, 오히려 '정치가 제대로 민주화됐으면 경제민주화가 안 될 리 없었다'는 겁니다. 경제민주화란, '경제도 공동체 생활의 한 부분인 만큼 민주적 원리에 의해 통제하자, 경제가 대다수 사람들에게 도움이 되도록 하자'는 것입니다. 우리가 제대로 정치민주화를 못했기에 경제민주화가 제대로 되지 않은 것이지요.

권 그렇다면 지금은 정치도, 경제도 민주화가 되지 않았다는 말씀인가요?

유 민주화라는 게 '예스, 노'의 문제는 아니고 정도의 문제니까, 정치민주화가 미흡해서 경제민주화도 제대로 되지 않은 것이다, 이렇게 얘기해야 정확하겠죠.

노벨경제학상을 받은 석학이고 《뉴욕타임즈》 칼럼니스트로 유명한 폴 크루그먼(Paul Krugman)의 『진보주의자의 양심』(The Conscience of a Liberal, 국내에선 『미래를 말하다』(현대경제연구원, 2008)로 번역)이라는 책을 보면, 미국 정치가 왜 이렇게 극단적으로 나뉘었는지 그 이유를 분석합니다. 1960~70년대만 해도 요즘처럼 극단적인 당파적 대결이 지배하는 분위기가 아니었습니다. 민주당과 공화당이 상당 부분 컨센서스를 형성했고, 정책의 차이는 강조점의 차이 정도로 볼 수 있었습니다. '미국 정치가 양극화된 원인은 결국 경제 양극화에 있다', 그런 이야기를 그 책은 하고 있습니다. 정치와 경제가 따로 가지 않는다는 겁니다.

제가 보기에 한국에서는 정치 양극화가 경제 양극화를 낳았다고 해야 할 것 같아요. 세계적으로 보아 '합의제 민주주의는 잘 작동하는데, 경제는 양극화됐다', 이런 경우는 보기 어렵습니다. 우리 경우에 정치는 대화와 타협을 추구하는 합의제 정치와 거리가 먼 갈등과 대립의 정치죠. 문제는 승자독식에 있습니다. 한 표만 이기면 모든 걸 가질 수 있도록 되어 있는 제도, 여기에 정치 양극화의 근본 원인이 있습니다. 국회의원 선거도, 대통령 선거도 마찬가지입니다.

권 선거라는 게 원래 승자와 패자가 있는 것 아닌가요?

유 선거제도는 다양합니다. 우리처럼 지역구에서 한 명씩 뽑는 소선거구제도도 있고, 정당의 득표수에 따라 의석을 배분하는 비례대표제도 있고, 비례대표제 중에도 다양한 방식이 또 있고요. 중대선거구제도, 결선투표제도 있고요. 승자독식의 선거제도도 문제지만, 그 문제가 대통령에게 권력이 집중되는 이른바 제왕적 대통령제 때문에 더 크게 증폭됩니다.

87년에 민주화로 쟁취한 것이 대통령 직선제잖아요. 체육관에서 정권 하수인들이 모여 선거하는 게 아니고 우리 손으로 직접 뽑는다, 이게 민주주의다, 했던 거지요. 군부 독재에 비해 엄청 민주화된 건 사실이지만, 민의를 국정에 제대로 반영한다는 면에서 보면 실질적 민주주의가 이걸로 다 되는 건 아니죠. 직선제라는 게, 한 표만 더 받아도 모든 걸 차지할 수 있는 제왕적 대통령이 되는 거잖아요. 그래서 정치가 대선을 둘러싼 권력투쟁 중심으로

만 돌아가는 겁니다.

'제왕적 대통령'이란 말은 애초 미국에서 나온 것이지만, 한국의 대통령은 미국과는 비교도 할 수 없을 정도로 엄청난 파워를 갖고 있어요. 도널드 트럼프 미국 대통령이 얼마나 안하무인입니까. 하지만 행정부 안에서 FBI 국장이나 일부 장관들, 그리고 공화당 내부의 많은 사람들이 자주 반대 목소리를 내잖아요.[4] 지금 러시아의 대선 개입과 관련해서 특검 수사도 진행되고 있고요. 트럼프가 그래서 법무부 장관을 엄청 미워하는데도 해임을 못 하고 있어요. 사법방해가 될 수 있으니까. 우리나라에서는 상상하기 어려운 일이잖아요.

우리나라에서는 무소불위의 제왕적 대통령 권력을 행사하지 않습니까. 검찰을 장악하고, 언론도 장악하고, 재벌도 꼼짝 못하고, 국세청 세무조사까지 권력의 필요에 따라 동원하고 그래왔지 않습니까. 정도의 차이가 있을 뿐, 모든 정권이 마찬가지였습니다. 이런 All or Nothing 게임을 하게 되면 정치적 양극화가 될 수밖에 없고, 정당은 대통령 선거를 위한 존재가 됩니다. 대통령 권력을 먹어야 그다음이 있는 거니까요. 대통령 선거 다음날부터 차기 경쟁이 시작되는 겁니다. 여야 간에 투쟁이 바로 시작되고, 정당 안에서도 후계를 놓고 계파 경쟁이 시작되고. 이것이 승자독식주의의 폐해입니다. 생산적인 정책 토론, 대화, 타협은 생색내기로 이뤄지고, 권력투쟁이 주가 되는 겁니다.

이게 87년 체제의 한계입니다. 이렇게 되면 경제기득권자들은 누가 대통령이 되든지, 자신들이 영향력을 행사하기가 매우 쉬워진다는 겁니다.

권 미국도 'the winner takes it all' 시스템이지 않습니까? 어떤 의미에선 우리보다 훨씬 더 심한 승자독식 시스템이라고 볼 수 있는데 말입니다.

유 제도적으로 미국도 승자독식 시스템이죠. 우리와 같은 소선구제이고. 이것이 미국의 정치와 경제를 지금처럼 양극화시킨 배경이라고 봅니다. OECD국가 중에서 경제가 가장 양극화된 곳이 미국과 한국이거든요.

　그런데 제도로만 보면 한국의 승자독식 시스템이 미국보다 훨씬 심합니다. 미국은 우리보다 3권분립이 훨씬 강하게 되어 있으니까요. 예를 하나만 들자면, 우리 경우 국회가 인사청문회에서 아무리 '이 사람 문제 있다'고 해도, 청와대가 '그냥 시킬래' 하면 그만이잖아요. 미국에선 그게 안 돼요. 국회 동의를 받아야 되니까. 모든 법률이나 예산안까지도 반드시 국회에서 발의하도록 되어 있구요. 모든 면에서 견제와 균형, check and balance가 이뤄져 있습니다. 미국도 대통령 파워가 막강하지만, 한국에 비해선 훨씬 약하고, 대신 국회 권한은 우리보다 훨씬 강합니다.

　제도와는 별개로 문화를 또 고려해야 합니다. 한국에서 민주주의란 해방 후 갑자기 주어진 것이잖아요. 민주주의와 시민의식의 성숙은 시간을 요구하는 부분이 있습니다. 미국은 독립전쟁 시기부터 쌓여온 250년의 경험이 있습니다. 그에 비하면 우리는 민주주의 역사가 매우 일천한 것입니다.

헌법의 문제는 결국 국민 행복의 문제이다

권 우리는 늘 산업화, 민주화로, 두 개념을 분리해온 경향이 있습니다. 그러다 보니, '박정희 이후 정치권력의 힘이 점점 약화되면서 정치는 민주화가 됐지만, 경제는 오히려 양극화가 더 심해졌다. 그래서 정치는 이제 어느 정도 됐고, 경제민주화에 힘을 기울여야 된다'는 그런 생각을 하게 되기도 합니다. 하지만 말씀을 들어보니, 경제 양극화도 결국 87년 체제에서 비롯된 것이고, 따라서 정치와 경제를 분리할 게 아니라, 하나로 인식해야 되는 것이네요.

유 87년 민주화 이후에 노동조합이 활성화되고 복지와 분배, 재벌개혁 등 경제민주화 요구가 제기됐습니다. 하지만 87년 체제는 이런 요구를 소화하기에는 너무나 불완전한 민주주의였어요. 군부독재를 무너뜨리고 얻어낸 소중한 민주체제이지만 민의에 기초해서 사회경제적 변화를 이끌어낼 힘은 없는, 매우 불완전한 민주주의가 되고 말았지요. 아무리 권력이 높은 사람도 법은 지켜야 된다는 법치주의, 모든 사람은 인격적으로 평등하다는 이런 민주주의의 기본마저도 제대로 지켜지지 않았어요. 이게 87체제의 한계입니다.

그런데 그 근원은 박정희 체제에 닿습니다. 박정희는 3선개헌도 모자라, 유신쿠데타를 통해 종신 대통령제, 제왕적 대통령제를 완성시킨 사람입니다. 실제로 1970년대 당시 많은 국민들이 박정희를 왕처럼 여겼습니다. 육영수 여사가 돌아가셨을 때도 다들 '국모가 돌아가셨다'고 했지요.

유신헌법은 대통령 권한을 막강하게 만들어 놓았습니다. 예를 들어, 이전에는 헌법개정 발의권이 국민에게 있었는데, 유신헌법에서는 이게 대통령에게 주어졌어요. 87년 헌법은 '대통령을 우리 손으로 뽑는다'는 것에만 치중했지, 대통령의 헌법개정 발의권을 포함해 대통령이 무소불위의 권력을 갖도록 한 것은 거의 그대로예요. 물론 여야가 대통령 자리를 놓고 경쟁을 할 수 있도록 한 건 달라졌지만, 권력의 고도 집중이 유지됐기 때문에, 권력의 사유화 또는 남용 가능성이 항상 있었죠. 1987년 국민들의 항쟁으로 군부독재를 끝내고 민주화를 얻었지만, 앞장서서 피를 흘렸던 국민들은 정작 충분한 보상을 받지 못한 것이지요.

권 1987년에 저는 대학생이었습니다. 그때를 돌이켜보면, 대선 결과에 대해 허탈해 하긴 했지만, 헌법 자체에 대해선 큰 불만이 없었던 것 같습니다.

유 저도 그랬어요. 잘 몰랐으니까. 이후 저는 경제학자로서, '왜 경제정책 결정 과정에서 민주적인 논의가 충분히 진행되지 않는가' 하는 불만이 있었습니다. 다양한 전문가들의 견해가 제기되고 사회적 공론이 진행되면서 사회적 합의를 형성하는 과정이 거의 없는 거예요. 저도 처음에는 이를 정치제도와 연관 지어 생각하진 못했습니다. 87년에 헌법의 문제를 생각하지 못했던 건 어쩔 수 없는 것이고, 그 후로 많은 경험을 하면서 87년 체제의 제왕적 대통령제가 문제가 많다는 걸 우리가 배우게 된 것이잖아요.

제왕적 대통령제도 그렇지만 사실 박정희 잔재가 여전히 우리 사회에 많이 남아있습니다. 박정희 때 '잘 살아보세'라고 했지요.

어떤 삶이 잘 사는 삶이냐, 이건 사실 철학적으로 심오한 질문인데요. 그런데 박정희가 말한 건 그냥 돈 많이 벌자는 것이잖아요. 물질만능주의, 성장지상주의, 이런 게 바로 한국인을 불행하게 만드는 가장 큰 요소예요. 세계 행복지수만 봐도 알 수 있죠. 여러 가지 다양한 가치를 다 가볍게 여기고, 경제성장, 수출, 국민소득 몇 달러, 여기에만 매달리는 겁니다. 그러니 '딴소리 일체 하지 말라'는 거죠. 국민총화, 싸우면서 일하자, 이런 구호가 나오고 말입니다. 북한의 천리마 운동과 별로 다를 것이 없잖아요. 이런 것도 청산해야 할 적폐 중 하나인 것이지요.

요즘 또 한 간호사의 죽음이 이슈가 되었는데, 소위 '태움'이라고 신참을 괴롭히는 못된 관행이 여러 직장에 만연해 있다고 하잖아요. 이런 게 다 군대식 위계질서, 상명하복의 문화인데요, 이것도 청산되어야 할 박정희 잔재고, 더 거슬러 올라가자면 일제 잔재라고 해야겠죠.

권 박정희 잔재가 아직도 우리를 불행하게 만들고 있다는 건가요?

유 행, 불행은 주관적인 느낌과 판단이기 때문에 정확하고 객관적인 측정이 어려운 것은 사실입니다. 그러나 최근 경제학자들이 많은 객관적 지표를 만들기 위해 노력을 기울였고, 이를 토대로 유엔에서 매년 「세계 행복 보고서(World Happiness Report)」를 통해 각국의 행복지수를 발표합니다.

2017년 발표를 보면 최상위 국가들은 노르웨이, 덴마크, 아이슬란드, 스위스, 핀란드, 스웨덴 등 주로 북유럽 국가들이고요, 한국은 56위로 나타났어요. 대체로 소득이 높을수록 행복 지표가 높게 나오는데, 한국은 소득수준에 비해 행복의 수준은 낮은 걸로 나오죠. 흔히 인도나 부탄 등 가난한 나라 사람들이 더 행복하다는 얘기들을 하는데, 이건 전혀 사실이 아닙니다.

아무튼 왜 한국인의 행복도가 떨어지느냐? 2010년인가, 세계적인 행복 연구자인 심리학자 에드 디너(Ed Diener) 교수가 한국에 와서 발표한 적이 있어요. 한국인이 불행한 이유를 실증적으로 분석한 내용이었어요. 그가 가장 중요한 이유로 꼽은 것이 물질주의 성향이 지나치게 높다는 점, 과도하게 경쟁적이라는 점, 사회적 안전망에 대한 믿음이 낮다는 점 등이었지요.

이게 결국 성장지상주의의 결과물인 거죠. 그리고 과도한 경쟁심리는 과도한 격차의 산물이라는 측면도 있어요. 그래서 불평등이 행복의 큰 적입니다. 유엔의 보고서도 불평등 해소가 행복에 중요하다고 강조하고 있습니다.

권 그렇군요. 다시 87년 체제의 문제로 돌아가서, 정치권력이 한곳으로 집중되는 시스템 때문에 경제민주화가 안 된다고 본다면, 결국 헌법을 개정해야 되는 문제에 닿습니다. 그 방향은 대통령 권한을 축소시키고, 의회 권력을 강화하는 쪽으로 가는 것이고, 이와 함께 현행 소선구제를 바꾸는 것까지 연결되어야 하는 것 아닙니까?

유 대통령 권력을 분산시켜야 한다는 점에선 어느 정도 사회적 합의가 존재하는 것 같습니다. 그러나 그만큼 의회에 권력을 더 줘야 하는 것이냐에 대해선 이견이 있는 것 같아요. 현재 국회 불신이 극에 달해 있으니까. 저는 의회에 권력을 더 줘야 된다고 생각합니다. 미워도 할 일은 시켜야 하잖아요.

그러나 그것만으론 충분치 않습니다. 직접 민주주의 요소를 더 도입해야 합니다. 우리가 촛불광장에서 확인했습니다. 대의제 민주주의가 우리를 배신할 때, 최후의 보루가 있어야 한다는 것. 촛불항쟁은 한 번으로 족합니다. 이젠 '촛불'을 국민권력으로 제도화해야 합니다. 그게 직접 민주주의입니다. '직접 민주주의는 고대 그리스에서나 가능했고, 현대사회에서는 작은 나라에서만 가능한 것'이라고 어릴 때 배웠습니다만, 굉장히 왜곡된 이야기입니다. 직접 모여 토론하고 숙의하는 것은 규모가 제한될 수밖에 없지만, 투표에 의한 직접 민주주의는 옛날보다 훨씬 쉽게 할 수 있습니다. 통신과 미디어가 발달해 토론도 한 장소에 모이지 않아도 효과적으로 할 수 있게 됐습니다.

특히 한국은 정보통신이 발달한 나라 아닙니까. 물론 직접 민주주의가 만병통치약은 아닙니다. 부작용도 있습니다만, 대의제 민주주의의 실패에 대비해 제도적으로 대비는 해놓고 있어야 한다고 봅니다. 또 이게 있어야 대의제도 긴장해서 더 잘 작동하게 되는 것이고요.

권 국민소환제나 국민발안제 등을 말씀하시는 건가요?

유 그렇습니다. 국민소환은 논란이 있는 제도이긴 합니다. 하지만 저는 민의에 입각한 고위공직자 소환제도가 필요하지 않나 생각합

국민소환

선거에 의해 선출된 대표 중 이후 유권자들이 부적격하다고 생각하는 자를 임기가 끝나기 전에 투표를 통해 파면시키는 제도. 고대 그리스의 도편추방법에서 유래된 것으로, 오늘날 스위스 일부 주, 일본 지방자치단체 등에서 채택하고 있다.

한국에서는 지방자치단체의 행정처분이나 결정에 문제가 있다고 판단할 경우, 단체장(도지사, 시장)이나 지방의회 의원을 불러 설명을 들은 뒤 투표를 통해 단체장을 제재할 수 있는 주민소환 제도를 실시하고 있다. 그러나 요건이 까다로워 실효성이 매우 제한적이다. 미국에서는 지방의원·교육위원·단체장 등 지방공직자에게 광범위하게 적용된다.

국민발안

국민이 직접 헌법 개정안이나 중요한 법률안을 제출할 수 있는 제도. 우리나라는 1954년 제2차 개헌(사사오입 개헌)에서 국회의원 선거권자 50만 명 이상의 찬성으로 헌법개정 제안을 할 수 있도록 규정한 적이 있었지만, 1972년 제7차 개헌(유신 개헌)에서 폐지된 이후 현행헌법에 이르기까지 이를 채택하고 있지 않다.

니다. 예를 들어, '박근혜 탄핵'을 그렇게 외치면서도 국회가 탄핵을 할지 말지 마음 졸여야 했고, 그다음에는 또 헌법재판소 결정을 기다려야 했습니다. 국민 80%가 탄핵해야 된다고 하는데도 말입니다.

또 선출직이든 임명직이든 국민이 받아들이기 힘든 부적절한 행동을 했는데도, 사법적 처리나 징계가 제대로 안 되는 경우가 있습니다. 한 교육부 고위 공무원이 '민중은 개돼지'라는 발언을 해서 여론이 들끓었던 사건이 있었잖아요. 교육부가 파면을 했는데, 행정소송에서 법원이 이 공무원 편을 들어준 거예요. 파면은 과도한 처벌이라는 겁니다. 그러면 국민들이 '이런 자가 고위공직에 있는 것을 반대한다'고 소환할 수 있어야 하지 않나 생각해 보는 것이지요.

국민발안제도 꼭 필요합니다. 세월호 진상규명을 위해 수백만 국민이 서명을 해도 국회가 제대로 된 법을 못 만들고 있었잖아요. 국회가 당리당략에 얽매여 혹은 기득권자들에게 포획돼 국민이 원하는 입법을 안 하고 있을 때, 주권자인 국민이 그냥 보고만 있을 수는 없잖아요.

합의제 민주주의와 '민심 그대로 선거 제도'

권 양당제를 다당제로 이전하는 부분에 대해선 어떻게 보십니까?

유 우리가 지금 현재 양당제는 아니고 일단 다당제가 되었죠. 그러나 양당제로 회귀하려는 구심력은 굉장히 강하죠. 제왕적 대통령제를 유지하는 한 그렇게 되는 거예요. '하나로 뭉쳐도 될까 말까 한데, 흩어져서 되겠느냐'는 거지요. 과거에도 4당 체제가 유지된 적이 있긴 했지만 오래가진 못했잖아요.

권 잠깐잠깐씩 있었죠. 1노3김 등.

유 꼬마민주당도 있었고. 하지만 항상 양당제로 회귀하는 거예요. 권력구조가 이렇게 돼 있는 한. 그래서 지금의 다당제를 안정적인 다당제로 보긴 어렵죠. 양당이냐, 다당이냐, 정당 숫자 자체가 중요한 게 아니라, 국민들의 다양한 목소리, 이해관계, 성향 등이 정치에 반영되는 게 중요한 거잖아요. 이게 두 당에 의해서 모두 대표되기는 어렵다는 건 매우 상식적인 것이죠.

우리 사회에 정치적 냉소주의나 불만 등이 얼마나 많아요. 기성 정당들이 국민의 욕구를 채워주지 못하기 때문에 그런 것이거든요. 그러면 새로운 정당이 나와야 되는데, 진입장벽이 너무 높아요. 국민의당이나 바른정당도 기존 정당이 깨지면서 나타난 것이지, 새로운 당이 생겨난 게 아니잖아요. 대권 싸움 구도에서 나온 것이다 보니까 안정성이 없고, 그나마도 지방선거가 다가오니 다시 또 이합집산이 되고 있잖아요.

독일 같은 경우를 보면 녹색당[5]이 하나의 중요한 정치세력이 돼 있지만, 처음 나왔을 때는 '애들 장난인가' 했어요. 하지만 원내 진입을 하고 주요 정치세력으로 커나가잖아요. 스웨덴에서는 심지어 해적당[6]도 나왔구요. 이게 왜 가능한가? 승자독식이 아니라, 투표수에 비례해 의석이 나뉘는 제도이기 때문에 가능한 것이지요. 우리나라에서는 녹색당이 오래전부터 열심히 활동하지만 국회의원 한 명도 배출하지 못했고요, 최근 뉴스에 오르내린 우리미래당 같은 경우 대다수 국민들이 존재도 몰랐고, 가만 앉아서 당 이름까지 빼앗길 뻔 했잖아요.

승자독식 제도 아래에서는 국민들이 참신한 정당에 투표를 하고 싶어도 사표가 되기 때문에 찍지 못하는 경우가 많아요. 내가 찍어줘봤자 될 가능성이 없다는 생각에 아예 고려를 안 하게 되는 것이죠. 그래서 양대 정당이 득표수에 비해 많은 의석수를 갖는 프리미엄을 누리게 됩니다.[7]

그렇기 때문에 어쩌다 형성된 다당제도 늘 불안 불안하고, 선거가 다가오면 뭉치려 하고, 그럴 수밖에 없죠. 박근혜 대통령 탄핵 과정에서 새누리당에서 뛰쳐나온 사람들로 결성된 바른정당을 봅시다. 일 년도 채 안 돼 일부는 자유한국당으로 회귀하고, 일부는 국민의당 일부와 합치고, 이러지 않았습니까? 자꾸 양당제로 회귀하게 되면 정치 양극화, 그리고 이에 수반되는 경제 양극화를 극복하기가 대단히 어렵습니다. 대화와 타협에 의한 정치, 생산적 정책경쟁 위주의 정치로 가려면 다당제에 기초한 합의제 민주주의로 가야 하고, 승자독식 제도를 벗어나 투표수에 비례해 의석수가 돌아가는 제도로 가야합니다.

권 표의 등가성이 발휘되는…….

유 그렇습니다. 새로운 정당이 참신한 정치를 들고 나오면, 기성 정당에도 메기 효과를 발휘할 수 있고, 그래야 정치에서도 건전한 경쟁의 논리가 작동하게 됩니다. 메기 한 마리를 미꾸라지 어항에 넣으면 미꾸라지들이 메기를 피하느라 움직이면서 갑자기 어항에 활력이 넘치게 되는 것과 비슷하죠. 신생정당의 진입이 막혀있는 선거제도는 결국 기득권 정치구조를 낳게 됩니다. 정치에 진출하려면 그 구조 안에서 실력자한테 줄 서야 되고, 독자적으로 지역사회를 기반으로 커 나오기는 매우 힘들게 되어 있습니다. 줄서기 안 하고 독자적으로 출마하려면 굉장히 돈이 많거나, 엄청 유명한 사람이거나, 그러지 않고서는 생각하기 힘들잖아요. 게임 룰도 현역한테 유리하게 돼 있고, 선거운동의 자유도 굉장히 제한돼 있으니까요. 아래로부터 지지를 모아 정치적으로 성장하는 길이 거의 막혀있고, 기득권자에게 줄 서야 하는 이 구조가 우리 민주주의의 수준을 떨어뜨리는 것이지요.

유럽에서 경제민주화도, 정치민주화도 잘돼 있는 나라들을 보면 모두 비례대표제로 국민의 대표를 뽑습니다. 소선거구, 승자독식 제도를 채택하는 나라는 미국과 영국입니다. 경제가 양극화돼 있는 나라들 아닙니까. 일본도 중의원 선거는 우리나라처럼 비례대표 약간 외에는 승자독식 소선거구제도인데, 역시 양극화가 진행되고 있고, 후진적 정치행태가 계속 되잖아요.

그런데 '표의 등가성이 발휘될 수 있도록 비례대표제를 확대해야 한다'고 할 때, 우리 현실에서 가장 결정적인 난관은 기존 비례대표에 대한 인상이 안 좋은 거예요. 그동안 비례대표 공천 과정과 내용이 엉망이었으니까.

권 비례대표 의원들이 거수기 역할을 하는 경우가 많고, 후보 자질 면에서도 지역구 의원보다 오히려 더 떨어지는 경우가 많죠.

유 그러니까요. 실력자들이 자신의 이익을 위해, 당내 기반 강화를 위해 그런 사람들을 끌어들였으니까요. 왜 이렇게 될까요? 비례대표로 누구를 내세우느냐 하는 것이 선거결과에 큰 영향을 미치지 않기 때문에 그렇습니다. 비례대표는 비중이 얼마 안 되는 양념 같은 존재니까요.

비례대표를 제대로 하는 나라에서는, 어떤 후보를 정당명부에 올리느냐에 따라 투표결과가 달라지니까, 아무나 올릴 수 없죠. 큰 틀에서 정당 간 경쟁의 압력이 작용하는 거예요. 독일은 정당

국회의원 선거에서 지역구 의원과 비례대표 의원을 동시에 선출하는 방식. 유권자는 1인 2표를 행사하는데, 한 표는 지역구 의원, 한 표는 정당에 기표한다. 먼저 지역구에서 표를 많이 얻은 후보를 선출하고, 이어 정당득표율에 따라 총 의석을 배분한다. 지역구 당선자가 정당득표율에 따른 총 의석수보다 많으면 전체 의석수가 늘어날 수도 있다.

이 제도의 장점은 정당지지율이 의석수에 그대로 반영돼 국민의 정치적 의사를 가장 정확히 반영할 수 있다는 점이다. 소수정당의 의회 진출이 상대적으로 쉬워 다양한 정당들이 생겨나고, 이에 따라 특정 정당이 50% 이상 득표하기 어려워 의석 과반수를 차지하는 거대정당이 나타나기 힘들다. 따라서 2개 이상의 정당이 연합하는 연정을 통한 정당 간 협치가 필수적인 정치 운용방식이 된다.

명부식 제도를 채택할 뿐 아니라, 명부에 올라가는 후보를 공정하게 선출하는 것까지 법으로 보장돼 있습니다.

권 말씀을 듣다 보니, 두 가지 의문이 생깁니다. 하나는 대통령 선거는 양당제와 연결되고, 다당제는 의원내각제랑 연결됩니다. 대통령제와 다당제를 동시에 할 수도 있겠습니다만, 교수님이 주장하는 다당제로 가려면 결국 의원내각제로 가야 되는 것 아닌가 하는 생각이 듭니다.

또 다른 의문은 선거제도를 바꾸려면 개헌을 해야 되는데, 개헌 주체는 현 거대정당들입니다. 이 거대정당들은 여야 모두 다당제, 정당명부 비례대표제가 제 살을 깎아내는 것이나 마찬가지인데, 이들이 그 결정을 할까 하는 의문이 듭니다.

유 중요한 얘기예요. 합의제 민주주의 운동을 하면서, 제일 중요하게 여겼던 게 '개헌보다 선거제도 개혁이 더 우선이다, 선거제도 개혁 없이 개헌만 하면 개악이 될 수도 있다'는 것이었어요. 개헌을 할 때, 내각제든 대통령제든 지금보다 국회 권력이 강화되는 형태로 가게 됩니다. 왜냐하면 '87년 체제의 제왕적 대통령제로 인해 권력투쟁의 정치가 계속돼왔고 모든 대통령이 임기 말을 불행하게 마쳤다, 그러니 어떤 식으로든 대통령 권한을 약화해야 한다'는 것에 대해선 정치권에서 상당한 합의가 존재하기 때문입니다.

그런데 대통령 권력을 축소시키고, 의회 권력을 강화하는데, 정작 국회의원은 지금처럼 승자독식 제도로 뽑으면 어떻게 될까요. 문제가 더 심화될 수 있습니다. 그래서 개헌보다 선거제도 개혁이 더 중요합니다. 합의제 민주주의의 기초는 다양한 정치세력이 공정하게 경쟁하고, 자연스럽게 다당제가 형성되고, 어느 누구도 권력을 마음대로 휘두르지 못하고, 대화와 타협에 의한 정치를 하게 되는, 이런 것이 합의제 민주주의입니다.

제가 7~8년 정도 최태욱 교수(한림국제대학원대)와 함께 합의제 민주주의 운동을 했는데요, 두 가지 중대한 장애물이 있는 거예요. 여러 분들이 노력한 성과로 여론주도층 사이에선 비례대표제가 상당한 정도의 지지를 얻게 되었습니다. 그런데 일반국민들의 지지는 아직 약해요. 우선 비례대표제가 왜 필요한지에 대해선 아직 이해도가 낮고, 무엇보다 그동안 보아온 비례대표 의원들이 별로 좋아 보이지 않으니까요. 이것이 하나의 중대한 장애 요인이고, 또 다른 하나는 방금 말씀하신 '고양이 목에 누가 방울을 달 것인가' 하는 문제예요. 현행 제도의 수혜자들이 과연 이를 바

지역구와 비례대표가 반반으로 정당 득표율을 반영해 표의 등가성을 최대한 높이는 독일식 선거제도. 2015년 2월 중앙선거관리위원회는 전체 의석수를 '지역구 200석, 비례대표 100석'으로 하고, 각 정당이 얻은 득표율을 의석 배분에 연동시키되 전국을 6개 권역으로 나눠 권역별 비례대표제로 실시하는 방안을 제안했다. 그러나 국회에서 여야 간 타협이 이뤄지지 않아 실현되지는 않았다. 2017년 대선 과정에서 문재인 대통령과 안철수, 심상정 후보가 대선 공약으로 채택한 바 있다.

꾸겠는가 하는 점이죠.

지난 2016년 총선 전에 선거관리위원회에서 '연동형 비례대표제'를 공식적으로 제안했어요. 연동형 비례대표제는 전면적 비례대표제는 아니지만, 투표수와 의석수를 근접시키는 면에서 굉장히 큰 진전이거든요. 합의제 민주주의로 가는 전환점이 될 수 있었죠. 그런데 국회 협상 과정에서 당시 여당이었던 새누리당에서 어떤 타협도 다 거부했습니다. 당시 야당 원내대표인 이종걸 의원(더불어민주당)이 정치적 유불리를 떠나 선거제도 개혁이 중요하다고 인식하는, 많지 않은 국회의원 중 한 명이었어요. 그래서 어떻게든 조금이라도 도입하려고 노력을 기울였지만, '쇠귀에 경 읽기'였습니다. 협상이 전혀 안 되더라구요.

촛불항쟁 과정에서 합의제 민주주의가 다시 제기됐고, 문재인 대통령을 비롯해 여러 정치 지도자가 선거제도 개혁을 얘기했으니, 앞으로 기대해 봐야겠습니다. 요즘은 비례대표제를 '민심 그대로' 선거제도라고 하던데, 이건 참 말을 잘 지어낸 것 같아요.

개헌이
우리의 삶을 바꾼다

사회민주주의적 개헌이 뭐가 문제인가?

권 교수님께서는 국회 헌법개정특별위원회의 자문위원으로 활동하
    셨죠? 이와 관련해서 질문하고 싶은 것이 있어서요.

유 네, 작년 한 해 동안 사명감을 갖고 참 열심히 했습니다. 자문위원
    회가 기본권 분과, 정부형태 분과 등 6개 분과로 나뉘어 활동을
    했는데, 저는 경제재정 분과의 간사를 맡아서 경제 관련 조항의
    개정안을 만드는 데 주력했습니다. 개헌을 통해 권력구조나 정치
    제도를 바꾸는 것도 물론 중요합니다만, 경제 헌법의 개정이야말
    로 국민의 삶과 직결되어 있는 것이니까요.

권 그래서 질문을 드리는 건데요, 얼마 전《조선일보》에서 헌법개정
    특위 자문위 개헌안을 입수했다고 하면서, '자유민주적 기본질서
    개념을 삭제하려 한다'고 비판한 바 있습니다. '문재인 정부의 개
    헌이 자유민주주의가 아닌, 사회민주주의 개헌을 하려고 한다'고
    주장하고 있거든요. 이에 대해 어떤 생각이신지요?

유 우선 자문위원들이 만든 헌법개정시안은 문재인 정부와는 별 관
    계가 없는 거예요. 국회의 헌법개정특별위원회를 도와주라고 국
    회가 위촉한 거예요. 전문가나 시민사회단체 인사들이 '국민들
    이 새로운 헌법에 가장 담고 싶어하는 정신과 내용이 무엇일까',

'이 시대가 요구하는 헌법의 내용이 무엇인가', 이런 걸 생각해서 시안을 만든 거고요. 이를 국회가 개헌안을 만들 때 참고하시라 는 것일 뿐입니다.

또 일방적으로 과격한 안을 만든 게 아니고, 국민적 합의를 굉장히 많이 고려했습니다. 보수 성향 인사들도 많이 참여하셨고요. 시대적 배경과 요구에 따라 당연히 기본권, 특히 사회적 기본권을 많이 확대하는 안을 만들었습니다. 이걸 가지고 《조선일보》에서 시비를 거는데요, 이건 민주주의 발달 과정에서 너무나 당연한 겁니다. 처음에는 자유권과 정치적 기본권이 확대되고, 갈수록 사회적 기본권을 강화하는 건 민주주의 발전의 고전적 경로인 겁니다.

권 《조선일보》의 주장은 자유민주주의에서 사회민주주의로 가는 것 아니냐? 왜냐하면 '자유'를 뺐기 때문에. 그리고 기간제 파견근로 사실상 폐지, 정리해고 금지, 노동이사제 등을 헌법에 명시하는 것에 대해서도 우려를 나타냈습니다. 이는 비단 《조선일보》뿐 아니라, 현재 진행 중인 개헌 논의에서 보수층의 전반적 견해이기도 합니다.

유 세계은행이 매년 발표하는 '기업하기 좋은 나라 지수'에 우리나라가 전 세계에서 4등이에요. 최상위인 거죠. 반면, 국제노동조합 총연맹(ITUC)이 매년 발표하는 '노동자 권리지수'는 한국이 최하위 그룹인 5등급에 포함돼 있습니다. 이게 우리 현실입니다.

노동자들이 자신들의 권리인 파업을 한다고, 회사 쪽이 손해배

세계은행의 '기업하기 좋은 나라'

세계은행은 매년 국가별 기업경영환경 순위(Doing Business Index 2018)를 발표한다. 한국은 2017년 190개국 가운데 4위로 평가됐다. 주요 20개국(G20) 중 1위다. 2007년 30위였던 한국은 이후 가파르게 순위가 상승해 2009년 19위, 2011년 8위, 2015년 4위, 2016년 5위 등을 기록했다. 2017년 '기업하기 좋은 나라' 순위에서 한국보다 앞선 나라는 뉴질랜드(1위), 싱가포르(2위), 덴마크(3위) 뿐이다. 미국은 6위, 일본은 34위. 10개 분야 가운데, 특히 한국은 법적분쟁해결에서 1위를 차지했다. 사법적 처리가 기업에 극히 유리한 점이 반영된 것이다.

노동자 권리지수

국제노동조합총연맹(International Trade Union Confederation)이 세계 139개국 노동권 현황을 조사해 발표하는 세계노동자권리지수(Global Rights Index;GRI)에서 한국은 2014년부터 4년 연속 '노동권이 지켜질 보장이 없는'(No guarantee of rights) 나라를 뜻하는 최하위 5등급으로 분류돼 있다.

상 소송을 걸지 않습니까. 파업권이 워낙 제한돼 있기 때문에 웬만한 파업은 다 불법파업이 돼버리고 마는 현실이에요. 그래서 자본과 노동 간에 힘의 균형이 깨지고, 그러니 생산성은 올라도 임금은 정체돼 양극화는 심화되고, 건강한 경제발전이 안 됩니다. 사실 노사갈등이 심하고 노사협력이 잘 안 되는 것도 힘의 불균형 때문입니다. 힘의 균형이 있어야 서로 인정하고 타협하게 되거든요. 그래서 저뿐 아니라 대다수 자문위원들이 노동자의 권리를 강화해야 되겠다고 생각했습니다.

'사회적 경제'가 포함되었다고 사회주의적이라는 비판도 제기

되었는데, 용어에 대한 큰 오해가 있습니다. '사회적'이란 의미는 '사회주의적'과는 다릅니다. 이 점은 확실히 짚고 넘어가야 합니다. 유럽연합이나 유엔에서도 'social economy'는 광범위하게 사용되는 용어이고, 이에 관한 무수한 학술논문도 있습니다. 사회라는 말만 들어가면 알레르기 반응을 보이는 건 어처구니가 없는 일이지요. 사회라는 용어는 우리 일상생활에서도 무수히 사용되는 말이잖아요.

'사회적 경제'는 이윤추구만을 목표로 하지 않고 사회적 가치 실현에도 관심을 가지는, 협동조합을 비롯한 다양한 경제활동을 포괄하는 용어입니다. 특히 2008년의 글로벌 금융위기 이후에 많은 주목을 받으면서 대다수 선진국들이 적극 지원하고 있어요. 그리고 '사회적 경제'라는 표현은 이미 우리나라에서도 굳어진 용어입니다. 지금 청와대에 사회적경제 비서관이 있고, 서울시를 비롯한 수많은 지자체가 사회적경제 지원센터를 운영하고 있습니다. 보수 정치인을 자처하는 유승민 의원은 여당 원내대표 시절에 사회적경제 기본법을 발의한 바 있습니다.

자유민주주의냐, 사회민주주의냐, 이런 이념논쟁을 하자는 건 정말 구태입니다. 하지만 싸움을 걸어오니 피하지 않겠습니다. 자유민주주의가 정확히 뭘 말하는 건가요? 이 말에는 역사성이 있잖아요. 미국에서 말하는 자유민주주의, liberal democracy와 우리나라에서 말하는 자유민주주의가 다릅니다. 유럽에서는 또 다른 의미를 지니고요. 우리나라에서는 자유민주주의라는 게 반공주의 비슷하게 사용돼 왔어요. '자유대한', '자유월남', 이러지 않았어요? 자유도 없고 민주주의도 아닌 독재국가들이었는데 말입니다.

이는 자유세계와 공산세계가 있다는, 냉전시대에 대치하던 두 진영을 표현하는 방식입니다. 냉전이 무너진 지 30년이 다 돼 가는데, 지금도 냉전적 개념에서 벗어나지 못하고 있는 건 한심한 일입니다.

같은 맥락에서, 사회민주주의를 경원시하는 것도 몰상식한 일입니다. 사회민주주의는 민주주의 발달 과정에서 사회권이 확장된 하나의 단계로 모든 선진국에 등장한 거예요. 자유방임주의 시장경제는 현실적으로 사라진 상태이고, 이미 한국에서도 사회민주주의적 정책이 많이 도입돼 있습니다. 4대보험이 그렇고, 기초생활보장제도나 노사정위원회도 그렇구요.

비록 제도 적용의 사각지대가 있는 등 운영상의 문제는 있지만, 이런 제도들이 모두 기본적으로 사회민주주의 제도입니다. 현대세계에서는 진보, 보수정권을 막론하고 사회복지와 국가의 경제 개입을 당연한 것으로 받아들이고 있습니다. 정치적 수사가 다르고, 정도의 차이는 있지만요.

물론 1980년대 이후 레이건, 대처가 등장하면서 신자유주의 정책이 펼쳐지지만, 그래도 옛날 19세기와 같은 자유방임과는 차원이 다른 것이지요. 더군다나 글로벌 금융위기 이후에는 과도한 규제완화와 시장만능주의가 금융위기와 경제 양극화를 낳았다는 인식이 확산돼 신자유주의 경향은 퇴조하고 있습니다.

권 유럽 각 나라에 사회민주당도 많이 있지요.

윤 네, 이름은 조금씩 다르지만. 독일은 사민당, 영국은 노동당, 프랑스에는 사회당 등이지요. 이는 보편적인 현상이에요. 자문위안에 사회민주주의라고 쓰지도 않았지만, 사회민주주의가 뭐가 잘못인가요? 유럽의 잘사는 나라들이 거의 다 사회민주주의잖아요. 재밌는 얘기 하나 하자면요, 미국에서는 사회주의라는 말이 거의 금기시되어왔잖아요. 그런데 최근에 대학생들 사이에서는 사회주의에 대한 호감도나 지지가 매우 높게 나타납니다. 유력한 이유로 꼽히는 건 공화당 보수 정치인들이 사회보장제도나 전국민의료보험 등을 자꾸 사회주의라고 공격했기 때문이라는 거예요. 기성세대와 달리 사고가 유연한 젊은이들 입장에서는 '아, 사회주의가 저런 좋은 제도들을 가리키는 거구나, 그럼 사회주의가 좋은 거네.' 이렇게 되었다는 거죠.

슈팅스타 충격과 청년을 위한 개헌

권 87헌법이 '자유민주적 기본질서'라고 했을 때, 이때의 자유란 리버럴리즘을 말하는 게 아니라, 공산국가에 반대되는 자유국가라는 의미의, 박정희 때 개념을 그대로 가져다 쓴 것이겠죠?

윤 그렇죠. 유신헌법의 개념이 87헌법에 그대로 남은거죠. 그러나 박정희의 자유주의는 사실상 반공주의였고, 개인의 권리와 자유를 최대한 존중해주자는 리버럴리즘과는 거리가 멀었어요. 박정희 때 자유가 있었습니까? 머리도 마음대로 못 기르고, 옷도 마음대로 못 입었는데.

앞으로 개헌 진행 과정에서 경제민주화 부분에서 시비가 많이 있을 것 같습니다. 경제민주화는 대다수 국민들이 원하는 거예요. 재벌들이 경제력 집중하고, 자기들 지위를 남용해 하도급 불공정, 일감 몰아주기, 골목상권 파괴, 이런 식으로 각종 갑질을 자행하고, 심지어 정경유착으로 이권을 챙기고. 이러면 시장주의도, 자본주의도 안 되는 거예요.

우리 경제에 가장 경종을 올리는 문제가 '젊은이들이 어떤 선택을 하느냐' 입니다. 지금 인공지능, 4차 산업혁명 얘기를 하면서 한국이 뒤처진다, 중국보다 못하다 그러는데, 그 이유가 뭡니까?

기본적인 문제는 인재 부족입니다. 우수한 학생들이 그런 쪽으로 공부하고 실력을 갖춰야 하는데, 현실은 어떤가요? 고시 보고, 공무원 되려 하고, 로스쿨 가려 하고, 어떻게든 안정된 직장을 가져야 되겠다고 하는 게 현실이잖아요.

또 박정희 때부터 내려온 '까라면 까'라는 막무가내 주입식 교육이 지금도 계속되기 때문에, 우수한 머리로 공부를 엄청 많이 해도 진정한 실력은 키우지 못하는 게 우리의 교육 현실입니다. 이걸 고치지 않으면, 아무리 규제완화하고, 기업 천국을 만들어도 4차 산업혁명에서 앞서나가지 못할 겁니다.

권 경제민주화가 4차 산업혁명과 연결된다는 건가요?

유 제가 논리 비약을 좀 했는데요, 저는 젊은이들의 선택이 중요하다고 보고요, 경제민주화가 안 되고 공고한 기득권체제가 유지되면, 자기 실력을 키워서 경쟁하기보다는 기득권체제의 일원이 되려고 하는 건 당연하다는 거죠. 우수한 인재들이 주입식 교육을 받으면서 의미 없는 서열화 경쟁을 통해 어떻게든 기득권체제에 편승하려고 하는 상황이 바뀌지 않고서 어떻게 혁신성장을 하고, 4차 산업혁명을 이끌어가겠느냐, 도저히 안 된다는 거죠.

알파고 충격 기억하시죠? 2년 전쯤인데, 바둑 인공지능 알파고가 이세돌을 꺾었죠. 그런데 2017년 알파고 상위 버전이 또 나와서 기존 알파고를 이겼죠. 100전 100승인가. 알파고 충격 당시에 우리나라 정부도 기업도 인공지능 분야에 투자해야 한다고 호들갑을 떨었습니다만, 지금 현실은 어떤가요? 당시 한국, 중국, 일본 등 전통적인 바둑 강국에도 바둑 인공지능 프로그램들이 있었어요. 다만 인간고수들한테는 상대도 안 되는 저급한 수준이었죠. 정말 기가 차는 것은 구글에서 알파고의 딥러닝 방식을 공개했을 때입니다. 그랬더니 일본 중국의 인공지능 바둑 프로그램이 이를 소화해 실력이 갑자기 확 올라간 거예요.

그런데 한국은, 그걸 따라할 실력이 없어서 한동안 완전히 뒤처지고 말았어요. 가르쳐줘도 따라할 실력이 안 된다는 게 말이 되냐고요. 우리 재계와 보수언론들은 걸핏하면 규제를 탓하잖아요. 규제 때문에 못 해먹겠다고. 이게 규제 때문이에요? 알파고 못 만들게 규제를 했습니까? 대한민국에서 기업하기 어려워서 그렇습니까?

요즘은 또 '슈팅스타' 충격을 얘기합니다. 평창동계올림픽 개막식에서 밤하늘을 화려하게 수놓은 오륜기 드론 말입니다. 우리는 처음에 한국의 정보통신 기술이 역시 대단하다면서 감탄했는데, 자고 나서 보니 이게 우리 기술이 아니었고 인텔에서 한 거라고. 전문가 얘기를 들어보니 우리는 그런 걸 해낼 수 있는 인재가 없다는 겁니다.

이게 단순히 자존심 문제가 아닙니다. 앞으로 드론 시장이 엄청나게 커질 것으로 전망하고 있는데요, 그래서 지금 국내에서도 드론 자격증을 따는 사람이 무척 많아졌습니다. 초보적인 이론 좀 배우고 조종기술 배우는 겁니다. 그런데 인텔에서 단 한 사람이 드론 1,218대를 조종하는 소프트웨어를 개발했다는 거죠. 드론 자격증이 일시에 무용지물로 전락한 거와 다름없죠.

우리나라의 젊은이들이 깊은 공부를 하고, 과감한 도전을 하고, 이런 걸 못 하게 만든 시스템이 뭡니까? 요즘 젊은이들한테 장래 희망이 뭐냐 물어보면, 건물주 되겠다고 해요. 이래선 미래가 없습니다. 이래서는 시장경제고 자본주의고, 아무 것도 안 되는 거예요. 왜 이런 사태가 벌어졌느냐, 땅값을 그렇게 올려놓고, 부동산을 투기 대상으로 만들고, 열심히 장사해서 수입 올리면 건물주가 임대료 올려서 빨아먹고. 이런 게 현실이니까요. 이래선 미래가 없습니다.

국토는 모든 사람의 것이라고 헌법에 토지공개념이 들어가 있어도 이 모양인데. 그래서 개헌 자문위에선 이 개념을 더욱 강화한 거예요. 토지에 대한 투기 방지를 명문화하여 넣고, 또 그것만으로 집값이 안정되는 건 아니니까 공공임대주택, 청년 주택 등 국가의 주택공급 의무도 명기하고요. 공정한 임대차 실현을 위한 국가의 의무도 포함했습니다.

최근에 젠트리피케이션 문제가 심각한데요, 열심히 일해서 상가의 가치를 올려놓은 건 가게 상인들인데, 땅값이 오르면 주인이 모든 권리를 누립니다. 임대차를 공정하게 하자는 건 시장경제를 살리자는 거예요. 땅 가진 사람이 최고다, 이게 무슨 자본주의 시장경제입니까? 토지소유자가 지배하는 봉건경제지. 싱가포르가 발전한 이유 중 하나도 강력한 토지공개념 때문입니다. 우리도 여론조사를 하면 토지공개념을 헌법에 넣자는 여론이 압도적으로 높게 나와요. 많은 사람들은 현행 헌법에 토지공개념이 없는 줄 알아요. 그래서 국민들의 여론을 반영해서 토지공개념을 새 헌법에 강력하게 규정하자고 한 것이지, 일부의 편향된 견해를 임의로 집어넣은 것은 아닙니다.

권 현행 헌법에 이미 토지공개념이 들어가 있는데, 여론조사에서는 '토지공개념을 새 헌법에 넣자'고 한다니, 좀 뜬금없지 않나요?

유 과거에 관련 입법이 헌법불합치 판정을 받은 적이 있었는데, 이건 사실 법을 너무 엉터리로 만들어서 그랬던 것이고, 헌법재판소가 토지공개념을 부정한 건 전혀 아니었거든요. 그런데 보수 언론이 교묘하게 여론조작을 한 거죠. 마치 토지공개념이 위헌인 것처럼. 그래서 잘못 알고 계시는 분들이 많아요.

현행 헌법 122조에 보면 국토는 모든 국민의 생산 및 생활의 기반이다, 따라서 국토의 효율적이고 균형 있는 이용, 개발, 보전을 위하여 필요한 제한과 의무를 과할 수 있다, 이런 식으로 규정이 되어 있어요. 제가 하도 많이 논의를 해서 거의 외웁니다. 이게 현재의 토지공개념인데, 이걸로 부족하니까 투기방지 등 더 분명히 하자는 거죠.

토지 투기는 땅값을 올리고 불평등을 조장하잖아요. 백해무익입니다. 땅값이 올라가면 주거비용이 올라갈 뿐만 아니라, 생산 비용도 올라가죠. 그래서 국가경쟁력에도 매우 나쁩니다. 국내총 생산(GDP) 대비 토지가격을 국제적으로 비교해보면 우리나라가 OECD국가들 중에 가장 높은 걸로 나와요. 게다가 토지 소유는 엄청나게 집중되어 있습니다. 부동산 투기는 정말 망국병이죠.

이러자고 촛불을 들었던 것이 아니다

권 '적폐청산의 제도적 완성'이라는 주제와 관련해 혹 못다 한 말씀 이 있으신지요?

유 역사적으로 보면 친일 잔재가 박정희 잔재로 이어졌고, 그게 87 체제의 한계로 남아있습니다. 권력집중이 그렇고 재벌경제가 그 런 것입니다. IMF 사태가 일어났을 때, 경제학자들이 모여 '도대 체 왜 이런 일이 벌어졌는지, 근본 원인이 뭐냐'에 관해 논의한 적이 있습니다. 그때 한 후배가 '반민특위의 실패가 근본적 원인' 이라고 했어요. 순간 깨달음을 주는 답이었습니다.

권 그럴 수 있겠네요. 그 세력이 이후에도, 지금까지 우리 사회의 정 치, 경제를 계속 지배하고 있으니까요.

유 IMF 당시 신뢰의 문제, 도덕적 해이, 이런 걸 많이 얘기했잖아요. 경제학에서 '도덕적 해이'는 굉장히 테크니컬한, 좁은 개념인데, 그때 사회적으로 얘기되던 '도덕적 해이'는 국가 지도층, 정치, 경 제, 언론 등의 파워 엘리트들이 나라는 뒷전이고 자기 이익추구에 빠져 경제위기를 초래하고 말았다는 의미로 사용되었죠.

우리 사회에서는 남보다 더 많은 권력을 누리는 사람들이, 마땅히 가져야 할 공적 책임의식이 너무 부족합니다. 반민특위 실패로 친일세력이 득세하고, 독립운동가 후손들이 빈한하게 고난을 겪고, 이렇게 일제 잔재를 청산하지 못해서 이런 몹쓸 병을 가져온 거죠. 성장지상주의라는 게 뭡니까. 어떤 도덕적, 공적 가치기준도 없이 '돈 버는 놈이 장땡'이라는 거잖아요. 이런 건 결국 천민자본주의로 귀결되죠.

그래서 현 시기 적폐청산의 한 가지 중요한 목표는 공공윤리, 공공성의 회복이라고 봅니다. 권력이란 공동체에 복무하라고 잠시 위임받은 것이라는 인식이 상식화되어야 합니다. 거기까지 나가려면 여러 가지 적폐청산 작업이 잘돼야 합니다. 제가 〈국민재산되찾기운동본부〉에 참여하고 있는데요, 친일재산부터 박정희, 박근혜, 최순실 일가 등의 숨겨놓은 재산을 찾아서 국고로 환수하자는 운동입니다. 이명박의 부정축재가 드러나면 그것도 당연히 포함해야 하고요.

이런 문제까지 포함해 역사의 과오들을 제대로 정리해야 합니다. 100% 다 원상회복하기는 힘들 겁니다. 하지만 어쨌든 역사의 큰 과오를 짚고 넘어가려는 노력을 열심히 해야 후대들에게 떳떳한 일이고, 그것이 촛불혁명을 완성시키는 것 아닌가, 그렇게 생각합니다.

권 문재인 대통령이 2018년 신년 기자회견에서 개헌에 대해 언급했습니다. '국회에서 개원 발의를 않으면 정부가 하겠다, 국회에서 권력구조 개편에 대해 합의를 못 하면, 국민 기본권 부분에 대해서만이라도 개헌을 추진하겠다, 지방선거 때 같이 하겠다'라고요. 이를 어떻게 평가합니까?

유 어떻게든 이번에 개헌을 성사시켜야겠다는 충정은 이해합니다만, 우려를 금할 수 없습니다. 대통령이 주도하는 개헌이 과연 바람직할까, 또 그런 식으로 과연 개헌이 이뤄질 수 있을까 하는 염려가 있습니다. 개헌안이 통과되려면 국회에서 3분의 2 이상 찬성을 얻어야 하는데, 대통령 주도로 개헌을 하려고 하면 자유한국당이 반발할 테고, 그러면 안 되는 거잖아요.

사태가 이렇게 된 데에는 홍준표 대표와 자유한국당이 개헌을 정략적 이슈로 몰고 가는 게 근본 문제입니다. 권력구조 문제에서 서로 생각이 안 맞더라도, 같이 내놓고 공론화시켜야 합니다. 정부와 여당은 '대통령 4년 중임제'를 선호하고, 자유한국당은 '이원집정부제'를 선호한다는 건데요. 서로 생각을 내놓고 치열하게 토론해야죠. 왜 스스로 위축되어 개헌을 회피하려고 합니까?

사실 개헌자문위원회의 정부 형태 분과에서는 대통령 4년 중임제보다는 이원정부제가 바람직하다는 의견이 더 많이 나왔거든요. 국민들이 공론화 과정도 없이 뭐가 좋은지 쉽게 알 수 없잖아요. 공론화하고, 서로 타협하고, 그래서 어떻게든 국회가 안을 만들어야 할 텐데요.

권 정세균 국회의장이 지난 (2017년) 연말 몇몇 기자들과 만났을 때, 이런 이야기를 한 적 있습니다. 국민들은 개헌을 원하는데, 이를 자유한국당이 의석수로 부결시킨다면, 국민들이 가만있지 않을 것이라고.

유 그런 유혹이 있겠죠. 국회에 대한 불신이 고도로 높아져 있으니, 국민들의 지지를 받아 개헌을 밀어붙이겠다는. 게다가 지방선거와 동시에 개헌을 하겠다는 것은 대선 과정에서 정치권의 합의였으니까 말입니다. 그러니 국민 지지를 받아 압박하고 돌파하겠다는 생각을 할 수 있죠.

　그러나 그건 굉장히 위험한, 잘못되면 앞으로 정권 운영에 치명적 타격을 입을 수 있다는 걱정이 많이 들어요. 야당이 아무리 문제가 있어도, 완전히 무시하고 짓밟고 가는 방식을 과연 국민들이 얼마나 지지하고 합류해줄까 하는. 이건 야당 욕하는 것과는 또 다른 문제거든요.

권 문 대통령은 권력구조 부분이 합의가 안 되면, 국민 기본권 부분만이라도 개헌을 하자는 거잖아요. 그것은 어떻게 평가하십니까?

유 안 하는 것보단 낫겠지만, '앙꼬 없는 찐빵'이 되는 거죠. 모두가 문제의 핵심이라고 지적하는 제왕적 대통령제 권한을 그대로 놔둔 채 개헌을 한다면. 또 권력구조를 바꾸는 개헌보다 더 중요한 건 선거법 개정인데, 이건 여야 타협 없이 불가능합니다. 선거법 개정을 위해 가장 좋은 방법이 헌법에 비례성 원칙을 명시하는 건데요. 이런 어려운 문제를 피해가려고 하면 정말 시대가 요구하는, 적폐청산을 완결하고 촛불혁명을 완성하는, 그런 개헌은 물

건너가는 거잖아요.

개헌에 대한 국민적 합의가 있을 때, 어떻게든 추진해야 하는데, 흔치 않은 이 역사적 기회를 정치권이 날려버리는 건 아닌가 하는 걱정이 많습니다. 물론 거듭 말하지만 일차적 책임은 자유한국당에 있고, 그러니 그 당의 의원들이 국민의 염려와 역사적 책임감을 무겁게 느끼기를 간절히 바랍니다.

권 권력구조 개편과 관련해 대통령 권한 약화에만 초점을 맞춘다면 이원집정부제가 더 나을 듯합니다. 4년 중임제는 오히려 대통령 권한을 더욱 강화할 수도 있을 것 같습니다. 그런데 국민들은 이원집정부제는 생소하고 중임제는 익숙하니, 중임제에 대한 지지가 더 높습니다.

유 저는 이원집정부제가 꼭 더 나은 제도라고 보진 않습니다. 국회와 정부가 이원권력이 되면, 정쟁이 많아지고 더 불안해질 수도 있겠죠. 또 만일 대통령과 총리가 같은 당이면 대통령이 더 큰 힘을 쓸 수도 있다는 견해도 있습니다.

세계적으로 보면, 상대적으로 괜찮은 건 내각제인 것 같아요. 그런데 똑같은 제도도 그 나라의 정치문화나 운영을 어떻게 하느냐에 따라 실제로는 굉장히 다르게 나타날 수도 있을 것입니다. 저는 전문가도 아니기 때문에 대통령제와 이원정부제 중에서 꼭 어떤 제도가 더 낫다는 생각은 하지 않고 있습니다. 지금 중요한 건 개헌을 성사시키기 위해서 어떻게든 합의를 만들어내는 겁니다. 힘으로, 여론으로 밀어붙여서 하는 건 아마 어렵지 않겠느냐는 생각입니다.

4년 중임제로 하더라도 대통령 권력은 당연히 지금보단 약화됩니다. 지금은 예산안, 법률안 제출을 모두 정부가 주도적으로 하고 있잖아요. 미국식으로 한다면, 다 의회가 해야 되는 것이죠. 또 청문회도 국회에서 하루 이틀 하고 마는 거지, 실질적 권한은 없잖아요. 국회 권한이 높아지면 고위공직자에 대한 임명동의권도 갖게 될 것이고, 감사원도 지금은 대통령 소속으로 돼 있어서, 정권에 해가 되는 건 제대로 감사를 못하잖아요. 감사원도 독립되거나 국회로 가게 될 것이고, 중앙권력도 지방으로 이양하고, 그렇게 되겠죠.

권력은 쪼개고 나누고 상호감시하고 서로 다투게 만들어야 됩니다. 그래야 더 투명해지고, 책임적으로 되고, 기득권자들끼리 카르텔을 형성해서 서로 나눠먹는 것이 어려워집니다. 박정희 때부터 내려온 우리 유산이 뭡니까. 박정희가 처음 내세운 게 '교도자본주의'[8]입니다. 국민총화에 바탕을 두고 국가의 지도를 받아서 열심히 경제건설하자는 중앙집권적인 모델입니다. 지금까지 내려온 이 모델을 이제 획기적으로 바꿔 분권, 자치 쪽으로 가는 것이 시대정신인데, 이걸 빼놓고 기본권만 강화한들 그 기본권이 제대로 지켜지겠습니까?

개헌을 한다는 게 쉽게 생기는 기회가 아니잖아요, 개헌하자고 수도 없이 정치권에서 이야기가 나왔지만, 항상 권력을 잡은 사람이 반대했습니다. 또 정권 하반기로 갈수록, 차기 대통령 권력을 노리는 사람들이 다 반대하죠. 그래서 30년 동안 말만 무성했지 전혀 진전이 안 됐잖아요. 촛불항쟁 과정에서 나라의 기본 틀

을 바꿔야 된다고 정치적 합의가 이뤄졌는데, 이 기회까지 날려
버리나 하는 생각에 속상하고 안타깝고. 이걸 그냥 손 놓고 보고
있어야 하나, 이러자고 촛불 들었던건가 하는 자괴감이 듭니다.
사실 제대로 되려면 국민들이 개헌 과정에 적극 참여하도록 해야
되는데요, 씁쓸하네요.

1 **키코(kiko) 사태** : 키코(Knock-In Knock-Out)란 환율하락으로 인한 환차손 피해를 줄이기 위해 수출기업이 은행과 계약을 맺는 일종의 금융 파생상품이다. 우리나라는 지난 1997 년 외환위기 이후 지속적으로 환율이 하락(원화 가치절상)했다. 이는 수출기업에게는 가 격 경쟁력 하락을 뜻한다. 이에 은행과 수출기업이 약정환율과 환율변동의 상한(knock-in)과 하한(knock-out)을 정해놓고 이 범위 안에서 변동한다면 미리 정한 약정환율에 달 러를 팔 수 있도록 해 환율변동에 따른 위험을 줄일 수 있게 했다. 그러나 만일 환율이 상한 이상으로 오르게 되면 약정액의 1~2배를 계약 종료 시점의 환율로 매입해 약정환 율로 은행에 팔아야 한다는 옵션이 붙어 있고, 환율이 하한 이하로 떨어지면 계약이 해 지되어 떨어진 환율을 적용받아 환손실을 입을 수 있는 상품이다.

결과적으로 수출기업들은 작은 규모의 환리스크는 방어할 수 있지만, 정작 큰 규모의 환리스크에는 무방비로 당할 수 밖에 없다. 대신 은행은 큰 리스크를 피할 수 있는 시 스템이다. 중소기업의 환율변동 피해를 막아주는 상품이 아니라, 오히려 만일의 경우에 대비해 중소기업을 환리스크 방패막이로 삼는 은행을 위한 상품 성격이 더 짙다. 당시 은행들은 중소기업을 상대로 대대적으로 키코 상품을 판매했고, 이 과정에서 수출기업 에 불리할 수 있는 조항에 대해선 제대로 설명을 하지 않기도 했다.

그런데 2008년 글로벌 금융위기로 환율이 급등하면서 이 범위를 벗어나는 일이 벌어졌 다. 이에 키코 계약을 맺은 건실한 중소기업들이 흑자부도를 겪는 등 극심한 피해를 입 었다. 일부 은행이 제출한 자료에 의하면 키코 피해 기업 776개사 중 폐업, 부도, 법정 관리, 워크아웃 등 부실화된 기업이 110여 개에 이른다. 220여 개의 키코 피해 기업들 은 대규모 집단소송을 제기했다. 그러나 2013년 9월 대법원은 키코는 환헤지 목적의 정 상상품이므로 피해 책임은 가입자가 져야 하고, '키코는 불공정거래행위가 아니다'라고 확정 판결했다.

그러나 검찰이 의뢰한 미국 선물거래위원회(CFTC)와 증권감독원 견해는 우리나라 키코 사태에 대해 '사기죄로 기소해야 한다'였다. 유사한 사건에 대해 미국은 상품선물거래위원회와 증권거래위원회가 나서서 합의를 끌어냈고, 일본도 정부와 의회가 은행과의 합의를 적극적으로 이끌어냈다. 이탈리아는 검찰이 파생상품의 마이너스 시장가치를 고의로 숨긴 행위에 대해 은행들을 사기죄로 기소했고 독일은 기업의 손실 100%를 배상하라고 판결했다. (참조 : 『키코 사태의 진실을 찾다』(북마크))

2 **저축은행 후순위채 사건** : 기업이나 금융기관이 파산했을 경우, 다른 채권자들의 부채가 모두 청산된 다음에 원리금을 상환받을 수 있는 채권을 후순위채라 말한다. 원금 손실을 볼 수 있으나, 대신 일반 채권보다 금리가 높아 투자한 기업이 망하지만 않는다면 고수익을 기대할 수 있다. 그런데 2011년 2월, 금융감독원의 저축은행 구조조정 단행으로 7개 저축은행이 영업정지 처분을 받았다. 이에 해당 저축은행에서 후순위채를 산 고객들이 많은 손실을 입었다. 2011~12년 영업정지된 저축은행들의 후순위채 잔액 총계는 6,462억 원, 투자자는 1만 9,278명이다.

3 **지식협동조합 좋은나라** : 자유롭고 정의로운 복지사회의 실현과 시민이 행복한 좋은 나라를 만들기 위해 정책연구와 지식공유 사업을 하는 협동조합으로 2013년 6월 설립되었다. 자본과 권력에서 독립된 객관적인 정책 연구와 시민이 참여하는 정책개발을 지향하는 250여 명의 조합원이 참여하고 있으며, 유종일 교수가 이사장을 맡고 있다. 지난 2017년 연말까지 200여 차례 이슈페이퍼를 발간했고, 월례정책포럼 31회, 정책 심포지엄 16회 등의 토론회를 개최했으며, 『MB의 비용』 등 출판과 최고위과정 등 교육사업도 진행하고 있다.

4 FBI는 트럼프 대통령이 대선 전에 러시아와 모종의 접촉을 하는 등 러시아가 2016년 미 대선에 개입했다는 '러시아 스캔들'을 수사해 왔다. 제임스 코미(James Comey) FBI 국장은 이 수사를 진행하던 2017년 5월 트럼프로부터 해임당했다. 코미 국장은 미 상원 정보위원회 청문회에 나와 "트럼프 대통령이 나와 FBI의 명예를 더럽히고 있다. 그는 거짓말을 하고 있다"며 강하게 반발했다. 트럼프의 방해에도 불구하고, '러시아 스캔들'은 전 FBI 국장 로버트 뮬러(Robert Mueller) 특별검사에 의해 계속 수사가 진행되고 있다. 특검팀은 이 사건과 관련해 2018년 1월까지 트럼프 대선 캠프 주요 인사 4명을 구속했다. 트럼프 대통령은 뮬러 특검의 임면권자인 로드 로즌스타인(Rod Rosenstein) 법무부 부장관에게 뮬러 해임을 압박했으나, 로즌스타인은 사실상 이를 거부했다.

5 **녹색당** : 환경보호와 핵 폐기를 주장하는 독일 정당으로, 환경단체들이 연합해 1979년 창설했다. 1979년 브레멘에서 4명의 주의원 당선을 시작으로, 1983년 총선에서 27석을 얻어 연방의회에 처음 진출했다. 독일 녹색당의 영향으로 프랑스, 영국, 이탈리아, 뉴질랜드, 캐나다, 미국 등에 녹색당이 잇따라 탄생했다. 한국에서는 2011년 10월 창당돼 그

동안 총선과 지방선거 등에 참가했으나, 아직 의석을 얻진 못했다.

6 **해적당** : 인터넷 자유화, 강력한 표현의 자유를 주장하는 등 기성체제에 대한 저항을 상징하며 급진적인 자유주의 가치를 주창하는 정당이다. 2006년 스웨덴 해적당이 유럽 의회 선거에 의석 2개를 얻은 게 시초다. 이후 독일, 영국, 네덜란드, 핀란드, 캐나다, 스위스, 아이슬란드 등에서 잇따라 해적당이 생겨났다. 젊은 인터넷 세대의 지지를 주로 받는다. 아이슬란드에서는 2016년 총선에서 14.5% 지지율로 10석을 얻어 원내 2당으로 급부상하기도 했다.

7 2016년 4월 20대 총선에서 각 당의 전국 득표율은 새누리당 33.5%, 더불어민주당 25.5%, 국민의당 26.7%, 정의당 7.23%였다. 하지만 20대 개원 당시 의석수 비율은 더불어민주당 41.0%, 새누리당 40.6%, 국민의당 12.6%, 정의당 2%였다. 이는 소선거구제를 채택하고 있기 때문에 1위 외의 투표는 모두 사표가 되기 때문이다. 20대 총선에서 득표율로 정당 의석수를 배분해보면, 새누리당 101석, 더불어민주당 77석, 국민의당 80석, 정의당 22석이 된다. 이는 실제 의석수인 새누리당 122석, 민주당 123석, 국민의당 38석, 정의당 6석과는 차이가 크다.

8 **교도 자본주의(敎導 資本主義)** : 정부가 경제에 관여해 지도, 조정, 통제하는 것으로, 각 단계별 목표를 세워 놓고 경제개발을 추진하는 등 정부가 자본주의의 조정적 기능을 수행하는 것을 말한다. 박정희가 1961년 쿠데타 이후, 반공과 함께 내건 국가정책 방향이다.

3장

한국 경제,
4대 마약을 끊어라

첫 번째 : 투자라는 이름의 마약– 자본과잉 시대의 투자 방향 전환

투자 확대가 묘약 아닌 마약인 이유

권 이제 경제 패러다임의 전환을 주제로 얘기를 나눠보겠습니다. 우선 경제 패러다임의 전환이 필요한 이유부터 말씀해주시겠습니까?

유 저성장 시대로 접어든 지가 꽤 됐고, 양극화와 불평등도 심해졌습니다. 무엇보다 세상 무서운 줄 모르고 도전하고, 뜨겁게 연애하고, 이래야 할 젊은이들이 다들 주눅이 들어 어떻게 취직하나 이러고 있고. 문제가 심각합니다. 근본 이유가 뭔지 잘 따져서 해법을 찾아야 합니다. 더 이상 임기응변이 아닌 근원적 처방이 필요합니다. 이건 박정희 시대에 형성된 경제 패러다임, 정책 레짐을 근본적으로 바꾸는 문제입니다.

권 경제를 활성화하면 이 모든 문제가 해결이 되고, 그러기 위해선 기업이 투자를 많이 해야 하고, 기업이 투자를 많이 하려면 정부가 또 어떻게 해야 하고, 지금까지의 해법은 이런 방식이었습니다.

유 그렇습니다. 기업이 투자를 잘할 수 있도록 규제도 풀어주고, 세금도 깎아주고, 기업인 우대해줘라. 그렇게 하면 투자증대, 경제성장, 일자리 창출로 이어진다. 이게 항상 들어온, 쉽게 생각할 수 있는 해법이죠. 투자로 성장하고 일자리 창출한다, 이건 단기적으로는 맞는 얘기죠. 투자를 더 하면 얼마가 되었건 그 효과는 있으니까. 그런데 이것이 마약입니다. '투자 마약'이죠. 근본적인 문제를 해결해야 되는데, 수술을 해야 되는데, 그건 안 하고 우선 아프니까 진통제를 맞는 거죠. 진정한 해법이 아닌 거예요.

우리 경제가 계속 저성장으로 가게 되는 근본 원인이 기업들이 투자를 하지 않아서 그런 거냐. 만약 그렇다면 투자를 않는 이유가 뭔지 찾아서 해결해주면 되는 거예요. 그런데 과연 규제와 세금 때문에 투자를 안 하는 것일까요? 그게 사실이면 규제완화하고 법인세 인하하면 되겠죠. 그런데 이게 입증이 제대로 된 게 아니에요. 법인세 내려주면 투자를 더 하느냐, 아니면 기업이윤만 늘려주는 거냐. 사실 투자를 않는 가장 큰 이유는 물건 만들어서 팔 자신이 없으니까 그런 거예요.

권 그건 어떻게 할 수 없는 것 아닌가요? 과거에 인구가 늘 때는 뭐라도 만들면 팔렸겠지만.

유 그렇죠. 시장이 확대돼야 투자도 되는 것이죠. 수요 문제는 나중에 따로 얘기하기로 하구요, 우선 더 근본적인 공급, 생산 능력의 증가에 대해 얘기를 좀 해야겠습니다.

인구성장 시기의 투자와 인구정체 시기의 투자는 효과가 매우 다르다는 걸 먼저 이해해야 합니다. 우리가 더 이상 과거의 방식에 매달려서는 안 되는 근본 이유가 이거예요. 박정희 시대의 성장 공식은 어떻게든 허리띠 졸라매고 열심히 일하고, 저축해서 투자를 증대하는 것이었어요. 그러면 경제성장도 쑥쑥 되고, 일자리 창출도 신나게 되는 그런 시대를 경험했던 겁니다. 지금 일자리 창출, 경제성장이 시원찮으니, '그럼 옛날처럼 하면 되지 않느냐', 이게 큰 착각이에요. 그런 시대는 지났어요.

가난한 나라는 자본이 없는 나라예요. 부자 나라는 자본이 많은 나라이고. 자연자원, 시설물, 집이나 빌딩, 공장과 생산설비, 도로·철도·항만·공항 등 사회간접자본, 생산해서 쌓아놓은 식량과 물건 등등이 우리의 부입니다. 1960년대에 우리나라는 사람은 많은데 자본은 별로 없는 가난한 나라였어요. 사람 수에 비해 자본이 적었다는 거죠. 반대로 말하면, 자본에 비해 인구과잉이었던 거죠. 제가 소위 '58년 개띠', 베이비붐 세대의 상징인데요. 제가 (1965년) 초등학교 입학했을 때, 기억이 정확한지는 모르겠는데, 우리 학년에 20반 정도가 있었고, 반마다 100명 정도가 있었던 것 같아요. 그리고 2부제 수업이에요. 오전반, 오후반.

교실이라는 자본은 굉장히 부족하고, 어린이들 숫자는 많고. 그러니까 교실에 아이들을 빽빽하게 채우고, 그것도 모자라 하루에 두 차례씩 활용할 수밖에 없었어요. 그런데 지금은 어떻습니까.

교실이 남아돌죠. 학생이 없어서 학교가 폐교를 해요. 인구과잉에서 자본과잉 시대로 변했어요. 이게 과거 박정희 시대와 현재의 근본적인 차이입니다.

인구과잉 시대에는 적은 자본을 많은 사람이 활용하잖아요. 한 반에 100명씩 두 반이면, 200명이 한 개의 교실을 쓰는 거잖아요. 자본 활용도가 매우 높은 거죠.

권 요즘은 25명 정도가 한 반입니다.

유 그러니까 지금은 학생 수 대비 교실 활용도가 그때의 8분의 1밖에 안 되는 거잖아요. 즉 자본과잉 상황인 지금은 자본에 붙어서 일할 사람이 적기 때문에, 자본의 생산성이 떨어져요. 과거 인구과잉 시대에는 자본의 생산성이 높았던 거고.

투자라는 건 곧 자본의 양을 늘리는 것, 자본축적을 하는 건데요, 자본 생산성이 높을 때는 자본축적을 하면 생산이 많이 증가하겠죠. 정확하게는 한계고정자본계수¹라 하는 것에 의해서 결정이 되는 건데요, 자본이 부족할 때는 투자를 늘리면 생산이 팍팍 늘어나요. 경제성장 효과가 크다는 겁니다. 그런데 인구가 부족하고 자본이 넘쳐나면 상황은 정반대가 되는 거예요.

1969년 경부고속도로를 개통했어요. 경부고속도로가 우리나라의 물류를 개선하는 데 큰 효과를 발휘했죠. 투자로 형성된 자본의 활용도가 높았다는 겁니다. 지금은 전국 방방곡곡에 고속도로망이 너무 많이 깔렸잖아요. 그러다 보니 차가 별로 안 다니는 구간도 많이 있죠. 고속도로에 대한 투자의 효과가, 자본의 생산성이 과거에 비해 현저하게 떨어졌다는 걸 의미하지요.

예를 하나만 더 들어볼까요? 처음으로 PC를 하나 샀다고 합시다. 그러면 나의 생산성이 확 올라가는 거예요. 도서관에 안 가도 집에서 인터넷으로 여러 가지 정보도 찾고, 통계분석도 하고. 한 대 더 사면 생산성이 조금 더 올라갈 수 있을 겁니다. 노트북을 사면 이동 중에도 일을 할 수 있고. 한 대 또 사면? 이게 얼마나 나의 생산성을 높여줄까요? 자본축적이 되면 될수록 자본의 활용도, 생산성은 점점 떨어지겠죠.

권 체감이 되겠죠.

유 그렇죠. 이게 바로 수확체감의 법칙이라는 겁니다. 우리나라는 1960~70년대에는 자본부족, 인구과잉 국가여서 허리띠 졸라매고 자본축적 하는 것이 고도성장을 달성하기 위한 효과적 정책이었어요. 그래서 자본은 우대하고 노동은 쥐어짠 거예요. 지금 고생하더라도 빨리 성장하자, 그것이 효과적이라 본 거죠. 스탈린이 그랬던 것처럼.

그러나 어느 시점에 이게 역전됐어요. 저는 이 결정적인 변곡점이 1980년대 말의 '3저호황' 시기였다고 봅니다. 그 이후로, 그러니까 1990년대 초반부터는 인구가 부족하고 자본은 과잉인 상황으로 변한 겁니다. 그런데도 우리 정부는 예전 정책에 매몰되어버린 거예요. 이건 대착각이고 대재앙을 낳은 겁니다.

60~70년대에는 인구성장이 폭발적이었어요. 축적된 자본은 미미했고. 시간이 지나다 보니 어느새 우리나라가 세계 최저 출산

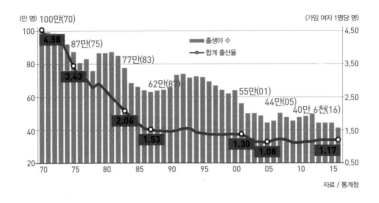

합계 출산율의 장기 추이

(만 명) 100만(70)　　　　　　　　　　　　　　　　　　(가임 여자 1명당 명)

- 출생아 수
- 합계 출산율

자료 / 통계청

율 국가가 된 거예요. 합계출산율이 2.1명 정도 되어야 인구가 현
수준에서 유지되는 건데, 80년대 중반부터 1.5 언저리로 떨어져
버렸고 2000년대 들어서는 1.2를 밑도는 지경이 되었어요. 바로
얼마 전 발표에는 1.05라는 충격적인 숫자가 나왔죠. 그래서 인구
증가율은 계속 떨어지고, 반면 급속한 자본축적은 계속 됐죠.

　60년대 초반까지만 해도 우리나라의 총투자율이라는 게 국민
총생산(GDP)의 10% 남짓밖에 안 됐어요. 투자의 상당 부분은 기
존 자본 중에 못 쓰게 된 것, 감가상각이라고 하죠, 이걸 메우는
데 들어가니까 실제 자본이 늘어나는 증가율은 미미했습니다. 그
래서 박정희의 고도성장 정책의 핵심은 바로 자본축적 극대화 정
책이었습니다. 자본에 인센티브를 주고, 노동은 쥐어짜는 정책을
계속해서 투자율이 올라갔어요. 60년대 후반에서 70년대 전반에
는 총투자율이 25% 정도까지 올라갔고, 70년대 후반에는 30%를

홀쩍 넘어가게 됩니다. 그리고 80년대 내내 총투자율이 35% 내외를 맴돌았어요. 투자율이 굉장히 높았던 거예요.

반면에 인구증가율은 60년대 초에 정점을 찍는데 3% 정도였어요. 인구증가율 3%는 엄청나게 빠른 겁니다. 만약 이 속도로 100년이 지나면 전체 인구가 약 17배로 증가합니다. 그래서 박정희 정부가 가족계획, 산아제한정책을 열심히 했고, 이게 매우 성공적이어서 출산율이 급격하게 떨어지고 인구성장률도 떨어졌어요. 70년대에는 2% 수준, 80년대에는 1.5% 수준으로.

이렇게 자본축적은 점점 빨라지고 인구성장은 점점 느려진 겁니다. 그 결과 80년대 말, 서울올림픽을 전후로 '3저호황'을 누리던 때가 되면 과잉인구 문제는 사라지고, 풍부한 저임금 노동을 기반으로 경쟁력을 확보할 수 있는 시대는 끝이 나는 겁니다.

그래서 90년대 초반부터는 경제성장의 주된 방식이 바뀌어야 했는데, 제가 이를 성장체제의 전환이라고 합니다만, 전환은커녕 오히려 더욱 문제가 악화되었어요. 90년대 전반에는 총투자율이 40% 정도까지 올라가요. 나중에 IMF위기가 일어나고 이게 과잉투자였다는 얘기가 나오죠. 반면, 인구증가율은 0.5% 수준으로 급전직하합니다. 출산율 하락의 효과가 시차를 두고 인구증가율에 반영되거든요. 자본과잉 시대가 본격적으로 시작된 거고요, 이건 더 이상 투자 중심으로 경제성장을 하기 어렵게 되었다는 걸 의미했던 거죠.

성장체제 전환의 핵심은 '사람'에 대한 투자

권 성장체제의 전환을 말씀하셨는데, 그게 인구과잉에서 자본과잉으로 바뀌었다는 것과 맞물려있는 거죠?

유 바로 그겁니다. 경제학에 통합성장이론이라는 게 있는데, 성장의 관점에서 보면 경제가 3단계를 거치며 발전한다고 봅니다. 1단계는 전통사회죠. 눈에 띄는 경제성장이 일어나지 않는 정체사회입니다. 기본적으로 자식들도 부모님처럼 사는 거예요. 그러다가 인구성장이 시작되면 자본의 생산성과 수익률이 올라가니까 자본축적이 함께 일어나요. 이게 2단계죠. 요소투입형 성장체제라 하는데, 쉽게 말해서 양적 성장의 시대죠. 즉, 노동과 자본이라는, 생산과정의 투입요소가 양적으로 증가함으로써 산출이 증가하는 겁니다.

이때 만약 자본의 증가 속도가 인구증가보다 빠르면 산출, 즉 총소득의 증가도 인구증가보다 빠르게 될 것이고, 그러면 일인당 소득도 조금씩 늘어날 수 있어요. 달리 표현하자면, 인구 대비 자본의 양 혹은 일인당 자본의 양이 증가해서 노동의 생산성이 늘어난다는 거죠. 그런데 아까 말한 것처럼 여기에 수확체감의 법칙이 적용됩니다. 자본이 늘어날수록 추가적인 생산성 증가는 줄어든다는 거죠. 자본축적을 하면 할수록 그것에 의존한 성장은 계속 줄어들어서 결국 일인당 소득의 증가율은 0으로 가게 됩니다. 요소투입에 의한 양적 성장은 일정 단계에 이르면 효과가 없어진다는 겁니다.

그래서 그 다음, 성장체제의 전환을 이루어내야 3단계로 가는데, 이게 혁신주도형 지속성장체제입니다. 혁신이란 한마디로 새로운 아이디어와 기술로 동일한 양의 생산요소를 가지고 더 큰 경제적 가치를 만들어내는 것을 말하는데요, 그래서 양적 성장과 대비되는 질적 성장이라고 할 수 있지요. 물론 요소투입 성장시대에도 혁신이 존재합니다. 하지만 그때는 인구성장과 자본축적이 성장의 주된 동력이었고 혁신은 마이너였는데, 3단계에서는 인구와 자본의 증가가 마이너가 되고, 혁신이 주가 되는 거예요. 그래서 혁신주도라고 하는 것이지요.

또 혁신을 통한 성장은 자본축적을 통한 성장과 달리, 수확체감이 적용되지 않아요. 그래서 지속성장. 합쳐서 혁신주도 지속성장 체제입니다. 이때는 인구증가와 무관하게 계속 경제가 성장하니까 일인당 소득증가도 훨씬 더 빠릅니다. 서구에서 2단계 양적 성장이 17~18세기에 일어났지만 일인당 소득증가는 미미했지요. 그러다가 영국의 산업혁명이 일어나면서 혁신주도 성장으로 점차 전환이 이루어지죠. 얼마나 소득이 많이 증가하고 변화가 빨랐으면 혁명이라고 불렀겠습니까, 산업혁명. 그런데 혁신주도 성장체제가 공고하게 확립된 20세기가 되면 일인당 소득증가가 두 배로 더 빨라집니다.

이 전환의 핵심은 사람입니다. 사람이 혁신의 주체니까요. 자본이 많이 축적된 사회에선 자본의 생산성이 떨어진다고 했잖아요. 여기엔 경제학에서 흔히 말하는 '다른 조건이 같다면'이라는 가정이 전제되어 있는 거예요. 실제로 반드시 그런 것은 아닙니다. 인구 대비 자본이 많아졌다고 해도, 사람들이 더 똑똑해져서 더 효율적으로 자본을 활용한다면 동일한 자본에서 더 많은 걸 생산할 수 있을 것 아니에요. 자본을 활용하는 데에 사람의 머릿수만 중요한 게 아니라, 가치를 만들어낼 줄 아는 사람의 능력도 중요하다는 거죠. 자본축적이 많이 될수록 이 능력이 점점 중요해진 다는 거고, 그것을 가능하게 하는 게 바로 혁신입니다.

한국은 인구 대비 자본이 많아 자본과잉이라고 했는데, 생각해 보면 그게 그 자체로 나쁜 일일 수는 없습니다. 일인당 자본이 많 다는 건 바로 부자라는 뜻이니까. 미국, 프랑스, 독일과 비교하면 그 나라들이 우리보다 일인당 자본이 더 많거든요. 그렇지만 그 들의 자본 생산성이 우리보다 더 낮은 건 아닙니다. 오히려 높아 요. 그러니까 우리나라가 자본과잉이라고 할 때는 단순히 인구 대비 자본이 많다는 것이 아니라 자본축적의 정도에 비해서 사람 의 능력이 충분히 늘어나지 못했다, 혁신이 충분히 일어나지 못 했다, 이런 뜻입니다.

다시 말해, 우리나라의 기술과 인적자본이 뒤떨어진다는 것입 니다. 사람의 능력을 키우는 쪽으로 정책의 무게중심이 바뀌어 야 하는데, 양적 성장 위주의 성장체제, 자본투자 중심으로 성장 을 추구하는 정책 레짐이 지속되었기 때문입니다. 그런 식의 정 책 레짐이 효과적으로 작동했던 시대는, '3저호황'을 마지막으로 90년대 초에 끝났습니다. 그때부터는 투자를 하더라도 지속적인 성장 효과를 내려면, 지식, 기술, 숙련도 등 사람의 능력을 높이는 데 주력했어야 했다는 거죠.

한국경제에 4대 마약이 있다

권 정부가 출범할 때마다 재벌 총수들 불러서, '투자' 부탁하고 그렇 게 하지요.

유 우리 경제에 4대 마약이 있는데, 투자 만능주의, 수출 우선주의, 단기 성과주의, 그리고 선택과 집중 논리입니다. 이 중 첫 번째가 '투자 마약'이에요. 물적 자본에 대한 투자 말입니다. 건물 짓고 공장 짓고, 도로 놓고 공항 건설하는 것. '삽질' 경제죠.

　혹시라도 오해할까 봐 그러는데, 양적인 투자를 하지 말자는 게 절대 아닙니다. 당연히 투자해야죠. 그러나 그것만 갖고는 더 이상 성장하기 어려운 상태라는 걸 인식해야 합니다. 뭔가 부족해서 지을 때마다 효과가 나는 시대는 끝났으니, 그 대신 인적자본의 질을 높이는 데 초점을 맞춰야 한다는 거예요.

　그런데, 과거의 사고방식에 젖어서 자꾸 하던 대로 해요. '경제가 어려울수록 투자를 많이 해야 돼'라고 말입니다. 우선 당장의 효과는 있죠. 그러나 자본과잉, 과잉축적의 문제가 점점 더 심화되는 거예요. 사람의 능력을 키우는 데 투자해야 되는데, 초점이 다른 데로 가버리는 거예요.

권 사람에 투자한다는 게 어떻게 해야 하는 거죠?

유 경제 전체에서 사람의 능력을 키우는 건 두 가지죠. 사람의 숫자를 늘리는 일과, 개개인의 능력을 제고하는 일. 후자는 혁신과 관련해서 나중에 자세히 얘기하기로 하고요, 우선 사람의 숫자가 문제 아닙니까. 저출산으로 노동력의 재생산이 안 되는 문제, 인구구조가 급속하게 고령화되는 문제, 이게 지금 한국경제의 가장 어려운 문제 아닙니까. 정부가 저출산 대책을 수도 없이 내놓았지만, 다 '언 발에 오줌 누기'이고, 실질적인 효과가 없잖아요.

왜냐하면, '경제 활성화를 위해서는 물적 투자를 더 해야 된다'는 생각, '투자 마약'에서 헤어나오지 못하고 있기 때문이에요. 그래서 자본 중심으로 사고하고 포커스를 사람한테 맞추지 않기 때문에 근본적인 변화가 안 일어나는 거예요. 저출산 문제를 해결하려면 근본적으로 사람들이 편안하고 행복하게 살 수 있게 해줘야 하지 않겠습니까. '나 하나 살아가기도 이렇게 힘든데 애를 낳으면 어떻게 감당해? 그 애는 또 어떻게 이 험한 세상에서 살아나가?' 이런 생각을 하게 되면 누가 애를 낳겠어요.

그런데 자본 입장에서 생각하니까 거꾸로 가는 거예요. 노동시간 단축하면 안 되고, 고용안정하면 안 되고, 저성과자 해고 마음대로 할 수 있어야 하고, 그렇게 생각하잖아요. 이런 정책들이 당장 투자 늘리는 데 도움이 될 수도 있겠지만, 결국 과잉축적 문제를 더 심화시키고 마는 것이죠.

우리나라 투자율이 제일 높았던 게 90년대 전반입니다. 무려 40% 정도였습니다. 국민총생산(GDP)이 100이면 40을 투자한 거예요. 그때 자본중심에서 사람중심으로 전환을 했어야 됐습니다. 그런데 그렇게 투자를 많이, 사실 지나치게 많이, 하던 때에도 경제 활성화를 위해서 '투자를 더 해야 된다'고 했어요. 그러다 결국 IMF위기를 겪고서야 '과잉중복투자해서 이렇게 됐구나' 하면서 후회한 거예요. 그런데 그 후에도 '투자 마약'을 끊지 못하는 거예요. 대통령이 재벌 총수들 만나서 '투자 많이 해달라'고 부탁하는 순간 개혁은 물 건너가고 말았죠.

'투자 많이 하는 게 나쁘다'고 말하는 게 아닙니다. 기업은 돈을 벌 것 같으면 알아서 투자를 하는데, 정부가 자꾸 투자 더 해달라며 '자본이 좋아하는 정책, 노동에는 나쁜 정책'을 하는 거예요. 그게 문제인 거예요. 그 결과가 '기업하기 좋은 나라 세계 4위, 노동자 권리지수 최하위 등급(5등급)' 아닙니까. 그 결과가 또 자본 과잉이고 저출산 고령화라는 겁니다.

권 과잉중복투자로 IMF 위기가 왔다고 하고, 그래서 김대중 정부 들어 인수합병(M&A), 스크랩, 구조조정을 하고 그랬지 않습니까? 그때 교훈을 많이 얻었을 텐데 왜 이런 일이 반복되는 거죠?

유 실제로 그때 정부도 교훈을 얻었지만, 기업들도 '투자 함부로 할 일 아니다'라는 교훈을 얻었죠. 그래서 이후 기업들의 투자 패턴은 과거에 비해 많이 조심스러워졌어요.

권 이후론 재계는 투자를 잘 않으려 하고, 정부는 재계에 투자하라고 기업에 사정하고. 이런 게 김대중 정부 이후 패턴이 된 것 같거든요.

유 사실 누가 정권을 운영하더라도 우선 당장 경제 잘 돌아간다는 소리 나오게 하고 싶죠. 선거라도 있으면 더더욱 그렇구요. 또 우리나라는 몇몇 재벌이 투자에서 차지하는 비중이 압도적으로 크니까, 이들만 좀 협조해주면 경제 활성화를 금방 할 수 있을 것 같은 생각도 들고. 다른 한편에서는 경제신문들이나 보수언론에서 기업이 투자할 분위기를 만들어줘야 한다고 난리를 치고. 그래서 유혹을 뿌리치기가 쉽지 않은 거죠.

다른 조건이 동일한 상태에서 기업이 투자를 더 해주면 단기적으로는 경제에 도움이 되는 건 분명한 사실입니다. 그러나 그게 공짜가 아니잖아요. 기업들이 '투자 더 할 테니, 이런저런 걸림돌을 치워달라'고 하면서 소원수리를 해요. 물론 정상적인 기업 활동을 방해하는 장애물이면 당연히 제거해야겠죠. 저도 기득권을 보호하거나 행정편의주의에 따른 과도한 진입규제, 그리고 변화하는 기술과 경제 여건에 부합하지 않는 낡은 규제 같은 것들을 개혁하는 데는 대찬성입니다.

하지만 재계의 요구를 보면 대부분은 사회적 가치의 보호를 위해 기업이 지불해야 될 비용을 지불하지 않겠다는 것입니다. 이런 일들이 지속되다 보니 지금 이 상황에 이른 겁니다. 애를 낳아봤자 어떻게 키우나, 커서 노동시장에서 제대로 대우나 받을 수 있겠나, 이렇게 만들었으니까요. 그래서 투자 활성화 정책이든 친기업 정책이든 당장은 필요한 것 같지만, 사실은 과잉축적 문제를 계속 악화시키는 거예요.

제가 무슨 기업을 괴롭히자고 이런 얘기를 하는 것은 아닙니다. 지킬 것 지키고 낼 것 내고 운영하는 기업들은 칭찬해줘야죠. 경우에 따라서는 필요한 지원도 해줘야 하고요. 기업이 잘돼야 경제가 잘된다는 걸 부인할 사람이 어디 있겠어요. 문제는 재계가 요구하는 대로 해주는 게 꼭 기업이 잘되는 길이 아니라는 거죠. 우선 재계라는 게 주로 총수들의 이익을 대변하지 반드시 기업의 이익을 대변하는 것도 아닙니다. 그리고 기업 입장에서도 소위 친기업 정책이 당장은 좋겠지만, 그렇게 쉽게 돈 버는 길을 자꾸 추구하다 보면 혁신하고 생산성 높여서 진짜 경쟁력 키우는 일에 그만큼 소홀하게 됩니다.

위에서 설명한 대로 장기적으로 우리 경제에 안 좋은 영향을 미치면 기업도 그 대가를 치르게 되고요. 아이를 키울 때도 응석받이로 키울 건지 엄하게 키울 건지, 어떻게 하는 게 아이를 더 건강하고 경쟁력 있게 키우는 길인지 생각해야 하잖아요. 지나치게 엄격한 것도 문제겠지만, 정직해라, 깨끗이 씻어라, 나쁜 음식 마구먹지 말라, 책 읽고 공부해라, 밤늦게 돌아다니지 말라……. 어느 정도는 규제를 해야 할 것 아닙니까. 기업도 마찬가지입니다.

한마디 추가하자면, 외환위기 이후 기업들의 투자 행태가 신중해지면서 40%까지 올라갔던 총투자율이 30% 언저리로 떨어졌어요. 하지만 30%의 투자율도 OECD국가 중에선 여전히 톱입니다. 개도국은 투자율이 높아야 하지만 한국이 개도국은 아니잖아요.

권 자본이 부족한 나라에서는 투자효율성이 높으니까.

유 그렇죠. 그런데 우리는 이제 자본이 꽤 많은 나라가 되었는데도, 여전히 투자율이 높다는 겁니다. 과거에 비해 투자율이 떨어졌다 하지만, 1990년대 전반의 중복과잉투자로 경제위기를 자초했던 상황에 비해 낮아진 것이지, 그 이전에 비해선 별로 떨어진 것도 아녜요. 저는 예전부터 '한국경제의 문제는 투자 부진이 아니라 혁신 부진'이라고 지적했습니다. 혁신주도 성장으로 가야 되는데 투자 중심으로 정책을 펼치는 건 잘못된 해법이라고 주장했습니다. 말로는 정부에서도 혁신주도를 얘기하면서도 정책은 구태의 연하고 전환이 잘 되지 않더라구요.

권 투자 중심에서 사람 중심으로 바뀌어야 했었던 거죠?

유 자본 중심에서 사람 중심으로, 요소투입형에서 혁신주도형으로
가야죠. 서구에서 20세기의 성장률이 19세기 산업혁명기보다 훨
씬 높았다고 했잖아요. 그 핵심 이유가 바로 이런 전환이거든요.

　19세기 노동착취의 시대에서 20세기 인적자본의 시대로, 이건
하버드 대학의 클라우디아 골딘(Claudia Goldin) 교수 표현입니다
만, 그렇게 전환된 거예요. 국가가 건강과 교육, 기본적인 복지를
책임지면서 인적자본이 비약적으로 발전하고 생산성이 엄청 늘었
다는 거죠. 우리나라에서도 이런 전환이 전혀 안 된 건 물론 아닙
니다. 그러나 자본축적의 속도에 비해 너무 늦게, 너무 느리게 진
행되고 있는 거죠. 그래서 성장체제 전환의 지체가 발생하고, 다른
나라들이 앞서가는데 비해 뒤처지는 현상들이 생기고 있어요.

　이 문제가 상징적으로 드러나는 게 하드웨어 분야의 경쟁력과
소프트웨어 분야의 경쟁력 차이입니다. 우리가 정보통신 선진국
이라고 자부하지만 그건 하드웨어, 반도체나 휴대폰 제조하고 초
고속 통신망 구축하고, 그런 분야에서 강한 거지 진짜 부가가치
가 높은 소프트웨어는 영 취약하잖아요. 사실 모든 산업에서 이
게 공통적으로 나타납니다. 만드는 건 하는데, 설계는 못 하는 현
실. 해양플랜트 수주받았다가 설계기술 없어서 우리 조선 산업이
크나큰 낭패를 봤던 건 아마 잘 아실 거예요.

　선진국들은 제조업이 얼마 없잖아요. 그런데도 부자잖아요? 어

떻게 그러겠어요? 설계하고, 디자인하고, 마케팅하고, 이런 게 진짜 돈을 많이 버는 건데, 이런 건 따로 떼어서 자기들이 하고, 물건 만드는 건 개도국에서 하라고 시키는 겁니다. 우리는 아직도 그 중간 수준에 머물러 있는 셈이지요.

두 번째 : 환율 마약– 수출주도 아닌 소득주도 성장으로

수출주도 성장의 한계

권 우리 경제의 또 다른 마약이 '수출 우선주의'라고 하셨죠?

유 네, 제가 그걸 한마디로 '환율 마약'이라고 부릅니다. 과거 한국경제의 부침을 살펴보면 환율이 매우 중요한 역할을 한 것을 알 수 있습니다. 환율이 상승하면 우리 수출의 가격경쟁력이 올라가고, 노동집약적인 수출이 호조가 되면 고용이 확대되고 낙수효과가 발생했죠. 반대로 환율이 내려가면 경제가 어려워졌어요.

앞서 언급한 '3저호황'의 3저라는 게 저금리, 저유가, 그리고 저환율을 말하는 건데요, 여기서 저환율은 원화 환율이 아니라 일본 엔화의 환율을 말하는 겁니다. 엔화의 달러 대비 환율이 많이 내려갔고, 이건 다시 말해 엔화의 가치가 상승해서 일본 제품이 해외에서 비싸졌다는 걸 의미합니다. 이걸 엔고현상, 일본 말로 '엔다카'라고 하죠. 덕분에 일본제품과 경쟁하는 한국제품이 불티나게 팔리고, 한국은 처음으로 커다란 무역흑자를 보고 경기가 고공행진을 했어요.

재계는 항상 고환율을 원합니다. 우리나라 대기업들은 대개 내수보다는 수출 비중이 크니까요. 정책당국자도 환율이 오르고 수출이 늘어나는 게 가장 확실하게 경제 활성화시키는 길이라고 생각하는 경우가 많았죠. 이명박 정부가 노골적으로 고환율 정책을 내세웠던 게 바로 그런 발상이었죠. 747을 하려니 수출 늘려야 하고, 그러려면 환율을 올려야겠다고 생각한 거죠. 강만수 씨는 '환율 마약'의 딜러였습니다.

환율이 올라가면 단기적으로는 수출 더 하고, 일자리 늘어나고 하죠. 그러나 이게 지속가능하지 않아요. 환율이라는 게 우리가 일방적으로 정할 수 있는 건 아니잖아요. 우리가 수출 많이 해서 무역흑자가 많아지면 시장에서 환율이 떨어지는 게 자연스런 현상입니다. 그런데 워낙 수출 우선주의가 강하니까 정책적인 노력으로 가급적 환율을 높게 유지하려고 했죠.

환율을 높인다는 건 곧 우리 돈의 가치를 떨어뜨리는 거니까, 결국 해외시장에는 우리 물건을 싸게 팔면서 우리가 해외에서 수입한 물건은 국내에서 비싸게 팔게 됩니다. 결과적으로 우리 국민의 실질 구매력을 떨어뜨리는 겁니다. 국민 호주머니에서 돈 걷어서 수출기업이랑 외국사람 도와주는 셈인 거죠. 이런 정책 기조하에서는 내수시장은 상대적으로 성장이 위축되고, 그러니까 갈수록 더 수출에 의존하고, 이렇게 되는 겁니다.

문제는 수출에 의존하는 성장이 무한정 계속될 수는 없다는 겁니다. 한국은 경제규모에 비해 수출의존도가 너무 높은 나라예요. 수출 주도 공업화를 했다는 1960~70년대에 비해 지금 수출의존

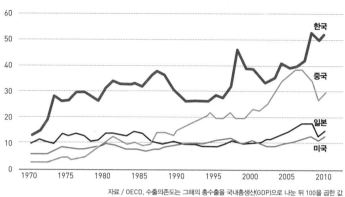

주요국 수출의존도 추이

자료 / OECD. 수출의존도는 그해의 총수출을 국내총생산(GDP)으로 나눈 뒤 100을 곱한 값

도는 훨씬 더 올라가 있어요. 박정희 때 제1차 수출주도형 성장이
일어났어요. 국내총생산(GDP)에서 수출이 차지하는 비중을 수출
의존도라고 하는데, 이게 60년대 초에는 2~3% 수준이었는데 70
년대 말에는 25% 정도까지 올랐어요. 80년대에는 이게 조금 올
랐다가 90년대에는 조금 내려갔고, 전체적으로 큰 변동이 없었어
요. 내수 성장과 수출 성장이 엇비슷하게 페이스가 맞았던 거죠.
그런데 외환위기 이후 얼마 전까지 제2의 수출주도 성장이 있었
어요. 2012년에는 수출이 GDP의 50%에 육박했죠. 그 이면에는
실질임금의 정체와 내수시장의 위축이 있었던 거고. 수출의존도
가 극적으로 증가한 만큼 분배의 악화도 극적으로 진행되었던 겁
니다. 이건 지속가능하지가 않아요.

그런데 4~5년 전부터 수출증가도 안 되잖아요. 수출이라는 게

상대가 있는 거라서, 외국에서 수입을 해줘야 되는 거라서, 우리 마음대로 무한정 늘릴 수는 없죠. 세계무역이 정체되니까 우리나라 수출도 어려움에 부딪혔던 거죠. 여기에 가장 타격을 크게 받은 게 조선이고. 작년에는 반도체와 철강 경기가 살아나서 수출이 좀 되기는 했지만, 통상압력도 점점 거세지는 상황이잖아요.

한국이 세계시장에서 마이너 플레이어였을 때는 별로 상관을 안 했어요. 수출을 몇 배로 늘려도 세계시장에 큰 충격이 없었으니까. 그런데 지금은 그렇지 않아요. 한국이 세계에서 수출 몇 위 국가입니까?

권 GDP가 14위 정도니까, 수출로는 8위 정도 될까요?

유 2017년 명목GDP 기준으로 경제규모는 11위였고요, 수출은 2015년부터 6위가 되었어요. 전 세계에서 여섯 번째로 수출을 많이 하는 나라. 그런데 우리가 계속 수출 늘리도록 남들이 가만히 두고 보나요? 당장 미국의 트럼프가 엄청난 통상압력을 가하고 나오잖아요. '무역에서는 동맹이 아니다', '한미FTA 폐기할 수도 있다', 이런 말들을 하고 있어요. 최근에는 철강에 대한 고강도 수입규제를 들먹거리고 있어서 걱정입니다. 과거에는 '그래도 한국은 안보를 생각해서 좀 봐준다'는 게 있었지만, 지금은 그렇지 않아요. 게다가 미국과 중국 간에 무역전쟁이 본격화할 가능성도 있는데, 그러면 우리가 그야말로 '고래 싸움에 새우 등 터진다'는 격으로 큰 피해를 보게 될 겁니다.

인구 1억과 내수시장, 그리고 소득주도 성장

권 경제관료들 중에는 정반대의 논리를 펴기도 합니다. '우리나라는 인구가 1억이 안 된다. 내수만으로는 경제를 지탱하기 힘들다. 따라서 수출이 없으면 안 되는 나라다'라고. 그래서 어떻게든 나라 바깥에서 돈을 벌어서 국내로 들여와야 살아갈 수 있는 나라라고 얘기합니다.

유 저는 적극적인 세계화주의자예요. 세계화의 구체적인 부분들에 대해선 비판적이지만, 원칙적으로는 국경에 따른 제한은 최소화하는 게 바람직하다고 생각합니다. 한국인들이 국내에 국한되지 않고, 밖에 나가서 취직을 하건, 장사를 하건, 세계무대에 적극 진출하고, 외국사람들도 한국에 자유롭게 들어와 활동하는 것에 대해 근본적으로 찬성합니다. 제가 문 닫아 걸고 내수로만 살자고 주장하는 게 아닙니다. 수출, 많이 하면 좋죠. 단지, 수출에만 목매달면 안 된다는 거죠. 수출의존도를 한없이 올릴 수는 없으니까, 이미 너무 올라갔으니까, 이제는 수출과 내수시장을 균형 있게 키워나가야 한다는 겁니다.

그런데 우리나라 내수시장이 작다는 게 도대체 무슨 뜻입니까? 크다 작다는 건 상대적인 개념인데, 뭘 근거로 작다고 하는 걸까요? 우리나라 경제규모가 세계 11위인데, 어떻게 작은 경제라 할 수 있어요? '인구 1억'을 기준으로 말씀하셨는데, 인도네시아, 파키스탄, 방글라데시, 나이지리아, 에티오피아 등등 다 인구 1억 넘는 나라들이잖아요. 그런데 경제규모는 어떤가요? 아마도 그중에 반 이상은 우리나라보다 경제규모가 작을 거예요. 돈은 없는

데 사람만 많으면 시장이 되나요? '인구 1억'이라는 기준은 아무런 사회과학적 의미가 없는 너무나 자의적인 잣대입니다.

내수시장이 작다면 활성화할 생각을 해야지, 외면하고 수출에만 매진한다? 한국은 이제 세계시장에서 큰 플레이어가 돼서 계속 내수를 무시하고 수출을 늘려나갈 방법이 없어요. 수출 우선주의, 고환율 정책으로 계속 수출 늘려서 경제를 발전시켜 나가겠다는 건 지속가능하지 않아요. 그건 근시안적인, 마약과 같은 처방입니다.

권 내수시장의 활성화는 어떻게 할 수 있나요?

유 크게 두 가지 방법이 있는데요, 하나는 수출주도 성장과 반대로 환율을 낮추면 내수에 유리합니다. 실질소득이 늘어나니까요. 하지만 환율을 인위적으로 낮추는 것은 쉬운 일도 아닐 뿐더러 바람직하지도 않습니다. 수출을 억제하고 수입을 확대해서 무역수지 적자를 초래할 수 있고, 원치 않는 자본유출입을 촉발할 수도 있습니다. 환율은 가급적 국제수지의 안정적 관리를 목표로 균형 환율을 유지하는 것이 바람직합니다.

다른 하나의 방법은 바로 문제인 정부가 추진하는 소득주도 성장입니다. 사실 소득주도 성장이라는 말은 학계에서는 별로 사용하지 않는 용어인데요, 원래는 임금주도 성장 혹은 소비주도 성장이라고 합니다. 핵심은 분배구조의 변화에 의해 소비수요를 증가시킨다는 겁니다. 저소득층일수록 소비성향이 높거든요. 돈이 모자라니까 돈이 생기는 즉시 소비합니다. 부유층일수록 쓰고 또 써도 돈이 남으니 저축을 많이 하죠.

우리나라의 경우에는 특히 대기업 이윤으로 가는 소득이 워낙 크고 그들이 돈을 쌓아놓고 있잖아요. 그래서 이윤에서 임금으로, 많이 버는 사람에게서 적게 버는 사람에게로 소득분배를 좀 더 공평하게 바꿔주면 전체적인 소비수요는 늘어나게 됩니다. 이게 바로 소득주도 성장이고 내수시장의 확대인 것입니다.

권 분배만 바꿔줘도 내수는 확대된다는 거네요.

유 맞습니다. 어찌 보면 무에서 유를 창조하는 거죠. 이게 바로 케인즈 경제학이에요. '유효수요 부족으로 공장과 노동력 등 생산자원들이 놀고 있을 때, 수요를 만들어내면 생산이 늘고 전체적인 소득이 늘어난다. 수요를 어떻게 만들어내냐? 정부가 적자재정을 통해 돈을 쓰면 된다'는 게 핵심이죠.

중앙은행이 돈을 풀어서 민간의 수요를 진작하는 통화정책으로 수요를 늘리는 방법도 있습니다만, 재정정책이 확실하고 강력하죠. 그런데 일시적인 정부개입이 아니라 지속적으로, 안정적으로 수요가 확대되도록 하는 정책이 바로 분배의 개선에 의한 소비주도, 소득주도 성장입니다.

뉴딜정책은 소득주도 성장 정책이었다?

권 뉴딜정책도 그와 관련이 있나요?

유 뉴딜정책은 포괄적인 사회경제 개혁정책이고, 케인즈 이론에 입각한 경기부양정책은 아니었습니다. 물론 그렇게 보이는 부분도 있기는 했어요. 프랭클린 루즈벨트 미 대통령이 집권한 게 1933년 봄이었고 대공황이 발발한 건 29년 가을이었으니까 3년 반이 경과했죠. 그동안 미국 정부는, 당시 후버 행정부죠, 건전재정의 원칙과 금본위제에 갇혀서 긴축정책을 펼쳤어요. 그 바람에 미국 경제의 상황이 갈수록 악화되었던 겁니다. 그 사이 미국경제의 산업생산이 거의 50%가 감소했고, 실업률은 25%까지 치솟고.

루즈벨트 취임 후 상황이 개선되기 시작합니다. 그가 가장 먼저 한 일은 금본위제 철폐였어요. 미국의 중앙은행인 연방준비제도(Fed)에서 돈을 충분히 찍어서 어려움에 빠진 은행들을 지원할 수 있도록 하고, 그렇게 해서 공황상태에 빠진 경제에 돈이 돌게 도와주도록 한 겁니다. 그리고 금융 개혁을 합니다. 우리나라에서 IMF 금융위기 때 예금보험공사 만들었죠? 루즈벨트가 연방예금보험공사를 만들었던 걸 따라한 거죠. 증권시장 개혁을 위해서 증권거래위원회(SEC)도 만들었죠. 재벌개혁도 합니다. 그리고 사회보장제도(social security)를 도입해요. 우리 국민연금처럼 적립식이 아니라 부과식으로, 당시 일하는 사람들에게 걷어서 기존의 기여와 상관없이 노인들에게 바로 지급했어요. 노인빈곤이 엄청났는데, 단칼에 해결한 거죠. 미국 경제가 가장 어려웠을 때 사회보장제도를 실시한 거예요.

빈곤층 지원에도 적극 나섰습니다. 공공일자리 창출도 하고요. 루즈벨트는 또 농민 지원을 위해 농산물 가격을 끌어올리기 위한 정책을 폈어요. 존 스타인벡(John Steinbeck)의 『분노의 포도』²에 잘 나와 있는데, 그때 농산물 가격 폭락으로 농민들이 너무 어려웠거든요. 그리고 노동권을 강화하죠. 노동조합의 단체교섭권을 법적으로 보장하고, 법정 근로시간을 정해 근로시간 통제도 하고.

이런 식으로 그야말로 총체적인 경제사회 개혁을 했던 거예요. 그게 뉴딜정책이에요. 우리나라에선 뉴딜정책 하면 '삽질'하는 것으로만 이해해요. 어렸을 때 학교에서 뉴딜은 곧 TVA라고, 테네시에 댐 건설한 거라고 배웠으니까요. 그건 뉴딜정책의 수많은 내용 중에서 한 꼭지밖에 안 되는 겁니다.

아무튼 루즈벨트가 하는 걸 보고 케인즈가 흥분해서 '이 사람은 나랑 말이 통하겠다' 싶었어요. 케인즈가 1차 세계대전 이후 경제 회복을 위해 계속 주장했던 게 금본위제로 돌아가면 안 된다는 것이었어요. 자산가들은 자산의 가치를 지키기 위해 화폐가치를 금에 연동하여 묶어놓고 싶어 하지만, 금본위제는 신축적인 통화 공급을 막기 때문에 경제에 악영향을 끼친다는 거예요. 케인즈는 영국이 1925년에 금본위제로 복귀하니까 무척 실망했어요. 그 후에 유효수요 이론을 개발했고, 이를 입증이라도 하듯이 대공황이 발발했죠.

하지만 정통경제학과 그 영향 아래 놓여있는 정치인들은 케인즈 이론을 백안시했어요. '돈을 마구 찍다니', '적자는 나쁜거야', 이러면서. 그런데 미국의 새 대통령이 금본위제 철폐하고 개혁정책을 하는 걸 보면서 신이 나서 백악관으로 달려가 루즈벨트를 만납니다. 당시에는 배 타고 대서양을 건너야 하니 이게 보통 일이 아닌 거죠. 케인즈가 열심히 미국 경제의 상황과 적자재정의 승수효과를 설명하면서 정책을 조언했어요. 하지만 루즈벨트는 전혀 못 알아들었어요. 숫자를 잔뜩 늘어놓는 케인즈가 경제학자라기보다는 수학자 같아 보인다고 말했을 정도였으니까.

케인즈는 실망하고 돌아갔어요. 왜? 루즈벨트는 당시 거의 모든 사람들과 마찬가지로 '빚지고 쓰는 건 나쁘다. 정부 재정은 수지균형을 맞춰야 된다'는 고정관념에 사로잡혀 있었기 때문입니다. 비록 불가피하게 정부 재정을 투입하기는 했지만, 루즈벨트는 이렇게 하면 안 된다고 생각하고 있었어요. 그래서 경제가 조금 회복되니까 건전재정으로 복귀한답시고 긴축을 하는 바람에 37~38년에는 미국 경제가 다시 나락에 빠졌습니다. 소위 더블딥(double-dip) 침체의 원형이 이겁니다. 그 후에야 루즈벨트가 케인즈 이론을 받아들입니다. 그리고 2차 세계대전을 준비하는 과정에서 정부의 지출이 급격히 늘자 순식간에 실업이 없어지고 오히려 노동력이 부족해서 난리가 났죠. 케인즈 이론이 증명된 셈입니다.

비자발적 실업이 대량으로 존재하고 경기가 침체했을 때, 정부가 돈을 찍거나 빚을 내서 지출을 늘리면 수요가 늘어납니다. 정부 지출의 최초 수혜자가 늘어난 소득 중 일부를 소비하면, 그 소비의 수혜자가 또 소득이 늘고. 이 과정이 반복되어 소위 승수효과를 일으키고요, 어쨌든 결과적으로 경제 전체의 수요증가에 따라 생산이 늘고 소득이 늘어납니다. 어느 누구도 자기 주머니에서 꺼내 주지 않아도 소득이 늘어나는 겁니다.

문재인 정부가 말하는 소득주도 성장이라는 것도 이 논리의 연장선상에 있는 겁니다. 수요증가에 의한 생산과 소득의 증가, 즉 경제성장을 이루는 건데요, 정부의 적자 지출에 의해 수요를 창출하는 게 아니라 분배구조의 변화에 의해 수요를 증가시킨다는 겁니다.

루즈벨트가 적자재정이라는 면에서는 케인즈를 따르지 않았다 해도, 포괄적인 사회경제 개혁을 통해 소득주도 성장 정책을 실행한 것으로 봐도 될 것 같습니다. 사실 대공황 이전에 미국의 소득불평등이 극에 달했는데, 루즈벨트의 개혁정책으로 분배가 굉장히 개선이 되었고 이게 수요회복에 일정하게 도움이 되었거든요. 당시의 소득불평등 축소가 워낙 급격해서 '대압착(Great Compression)'이라는 표현을 사용합니다.

권 흔히 경제 관료들은 투자와 수출을 강조하는데, 교수님은 재정과 분배의 역할을 강조하시는 거네요.

유 제가 강조하고 싶은 건, 수출 늘어나고 투자 늘어나는 게 문제가 아니고, 그걸 우선시함으로써 정말 해야 될 걸 제대로 안 하는 게 문제라는 겁니다. 그런 단기적인 해법에서 눈을 돌려 근본적인 해법을 찾아야 해요. 앞서 말한 성장체제 전환을 제대로 완성해야 한다는 겁니다. 젊은이들이 맘 편하게 결혼하고 애 낳도록 여건 조성해주고, 모두가 똑똑한 인간이 되도록 도와주고, 그 바탕 위에서 혁신주도 성장을 이룩해야 합니다. 그러려면 교육과 복지에 제대로 투자해야 합니다.

여기에 재정이 역할을 해야 하고, 또 분배를 개선해서 내수기반을 강화해야 합니다. 우선 환율 올려서 수출 늘리고, 기업에 잘해줘서 투자 늘리고, 이런 데 집중하면 당장 눈앞의 효과는 있을 수 있겠지만, 큰 그림에선 더 깊은 수렁으로 들어가는 겁니다.

세 번째 : '빨리빨리 마약'과 혁신 성장 – 여유가 있어야 '유레카'가 나온다

'빨리빨리 마약'은 '따라잡기' 성장의 유산

권 세 번째 마약이 '단기 성과주의'라고 하셨는데, 어떤 의미죠?

유 요소투입형 성장에서 혁신주도형 성장으로 가는 길목에 가장 심각한 장애물이 바로 그거예요. 이 단기 성과주의가 여러 형태로 나타나는데요. 교육에서는 사지선다형 찍기 시험이랑 점수 따기 경쟁, 산업에서는 선진기술 베끼기랑 눈앞의 이익 극대화 경쟁, 사회 전반에 퍼져있는 빨리빨리 문화나 '하면 된다'는 식의 무대뽀 정신, 이런 것들이 다 단기 성과주의의 여러 측면이라고 생각합니다. 저는 이걸 통째로 요약해서 '빨리빨리 마약'이라고 하죠. 그러면 확 와닿을 거예요.

단기 성과주의가 어떻게 혁신을 가로막는지 차근차근 얘기해봅시다. 우선 기술을 향상시키는 방법을 두 가지로 나누어볼 수 있습니다. 앞선 기술을 따라 배우고 기존 기술을 조금 개선하는 방법, 그리고 기존 기술을 뛰어넘어서 새로운 개념에 입각한 차원이 다른 기술을 만들어내는 방법이 있습니다.

첫째 방법은 선진기술의 습득과 모방이고, 기껏해야 그 위에서 응용을 하는 겁니다. 이걸 '따라잡기', 영어로 catching-up이라고 합니다. 둘째 방법은 새로운 기술의 창조입니다. 내생적 혁신이라고 할 수 있죠.

우리나라가 옛날에 비해서 엄청나게 기술도 발전하고 생산성도 높아졌습니다만, 주로 '따라잡기'에 의해서 이루어졌던 거죠. 박근혜 정부가 창조경제를 들고 나왔을 때 설명을 제대로 못 해서 그 개념을 둘러싸고 논란이 많았죠. 갑자기 싸이를 창조경제라 했다가, 스크린 골프장을 창조경제라 했다가 해서, 헷갈려버렸죠. 실은 새로운 개념에 입각한 신기술의 창조, 내생적 혁신이 핵심이었던 겁니다.

권 나중에 지역마다 대기업-중소기업 연결시키는 것으로 '창조경제혁신센터'를 만들었는데, 지금은 개점휴업처럼 되고 있습니다.

유 지역에 따라서는 제법 활동하는 곳도 있다고는 하던데, 아무튼 그게 창업지원 하는 거잖아요. 대기업더러 스타트업 도와주라는 건데, 잘되면 좋은 일이겠으나 그걸로 무슨 창조경제가 됩니까. 대기업 자체가 내생적 혁신을 못하고 있는 게 문제인데. 교육과 연구개발 시스템까지 총체적으로 바꿔야 하는 건데.

어쨌든 후진국은 따라잡기 기술발전을 해야 돼요. 빨리빨리 배우고, 베끼고 해야 됩니다. 굳이 선진국들이 이미 만들어놓은 기술을 다시 처음부터 혼자 힘으로 창조해내는 고생을 할 필요는 전혀 없어요. 따라잡기 방법을 취하면 기술발전과 생산성 향상을 큰 힘 안 들이고 빨리 할 수 있어요. 내생적 혁신으로 새로운 기술을 창조해야 하는 선진국에 비해 훨씬 빨리 기술발전을 이룰 수 있지요. 이걸 경제발전론에서 '후발국의 이익'이라고 합니다.

박정희 때의 고도성장이 가능했던 것도 바로 이것 때문이에요. 후진국의 따라잡기 성장은 일단 궤도에 오르면 다 고도성장을 할 수 있어요. 우리나라만 그랬던 게 아니고, 중국도 개혁개방하면서 엄청난 고도성장을 하고, 베트남도 마찬가지로 빠르게 성장했잖아요.

하지만 모방과 습득으로는 어느 단계까지밖엔 갈 수 없어요. 더 이상은 못 쫓아갑니다. 기술의 프런티어로 갈수록 곁눈질로 따라 할 수 있는 게 아니거든요. 알파고의 딥러닝 소스 코드를 공개했을 때 가르쳐줘도 배우지 못했다는 얘기 했었잖아요. 따라잡기 성장이 성공적으로 이루어지고 나면, 그다음에는 더 이상 이것만 계속하고 있어선 기술발전이 어려워집니다. 스스로 원리를 이해하고 새로운 개념과 이론을 만들어내고, 그래서 완전히 새로운 기술을 만들어내는 내생적 혁신을 하는 단계로 나가야 돼요. 그래야 혁신주도 성장으로 가는 거예요. 인구 대비 자본이 이미 많이 축적됐다 하더라도, 내생적 혁신으로 생산성이 계속 올라가니까 자본의 생산성이 하락하는 것을, 수확체감을 막아줍니다. 그래서 지속적인 성장이 가능해지는 거예요.

그런데 이렇게 바뀌기가 굉장히 어렵습니다. 이미 교육, 연구개발 시스템 등 모든 시스템이 기존의 지식과 기술을 습득하고 베끼고, 잘 체득해서 조금 응용하는 것으로 길들여져 있기 때문입니다. 그렇게 배운 선생한테 학생들이 또 그런 방식으로 배우게 되고. 따라잡기 과정에선 빨리빨리 선진국 지식체계를 습득하는 게 중요하기 때문에 주입식 교육을 하고 정답 찾기 교육을 하죠.

남의 것을 빨리 배우는 게 물론 나쁜 것은 아니지요. 그런데 그렇게 정답 찾기만 계속하면, 삐딱하게 생각하는 것, 뭔가 비판적으로 혹은 창의적으로 생각하는 것이 용납이 안 됩니다. 그러니까 새롭고 기발한 생각, 엉뚱한 상상력, '이거 아닐 수도 있지 않나, 다시 생각해 볼 수 있지 않나', 이런 식으로 스스로 생각하고 모색하는 능력 자체가 퇴화합니다.

원래 새로운 기술이란 게 그냥 영감을 얻어서 완성되는 게 아니고 다 시행착오를 거치면서 나오는 거잖아요. 수많은 실험과 실패, 재도전의 과정을 거치는 거잖아요. 그런데 우리 교육은 어떤가요? '그러면 대학 못 가. 정확하게 습득해서 실수 않고 정답을 맞춰야 해.' 실험과 실패가 용납되지 않으면 창조가 될 수 없습니다.

교육과 연구도 '빨리빨리'가 문제다

권 단기 성과주의가 교육에서도 큰 문제라는 거죠?

유 빨리빨리 기존 지식을 습득하는 것, 이것이 우리 교육의 근간이고 이게 바로 단기 성과주의입니다. 국제 학력비교 테스트에서 우리 학생들이 잘하죠. 그런데 연령대가 올라갈수록 조금씩 성적이 떨어져요. 대학, 대학원, 전문연구자로 갈수록 급전직하로 뒤떨어지죠. 단기 성과주의의 한계를 그대로 보여주는 겁니다. 이건 따라잡기 성장 시대의 산물이죠. 기존 지식 외우는 게 따라잡기 성장 단계에선 도움이 되었지만, 혁신주도 성장을 위해서는 별로 가치가 없는 거예요. 더구나 요즘은 인터넷에서 찾으면 다 나오는데 뭐하러 억지로 외워요?

사실 국민들이 다 알고 있잖아요. 우리 교육 바꾸어야 한다는 거. 2017년에 헤츠키 아리엘리(Hezki Arieli)라고 하는 이스라엘

분이 한국을 방문했는데 이 분이 창의·영재교육의 대가라고 하더라구요. 이 분이 뭐라고 했느냐면, '지난 20년 동안 수많은 한국 사람들을 만났는데 모두 교육을 바꿔야 한다고만 외칠 뿐, 변한 게 하나도 없다'는 거예요.

우리 아이들은 학원 뺑뺑이나 돌고 정말 불행한 청소년기를 보내고 있죠. 그런데 그렇게 열심히 공부한 결과가 별로야. 세계무대에서 경쟁력이 별로 없어요. 익숙한 문제유형을 푸는 데만 훈련이 돼 있어서, 새로운 것을 생각해내는 기능이 퇴화된 거죠. 우리나라처럼 대학원도 많이 가고, 박사도 많고, 연구개발 투자 비중도 높고, 논문도 많이 쓰는 나라가 또 있습니까. 다 속빈 강정입니다. 양적 성과주의에서 벗어나질 못해서 그런 겁니다.

이것은 사회적 신뢰와도 관계가 깊습니다. 질적 평가를 하려면, 평가자의 권위에 대한 신뢰가 없으면 안 되는 거잖아요. 그런데 사회적 신뢰가 부족하니까 뭐든지 명확하게 수치화되지 않는 기준에 의해 판단을 하면 불공정 논란이 가시지 않습니다. 억지로 수치화하는 건 왜곡을 낳죠. 사지선다형 시험이 대표적입니다. 원천적으로 얄팍한 지식을 평가하게 되거든요. 얄팍한 평가는 얄팍한 공부를 유도하죠. 깊이 있는 공부하자면 시간이 걸리고 느리게 가야 하는데, 빨리빨리 문제 풀어야 하거든. 그래서 우리 교육을 주마간산 교육이라 하죠. 공자 하면 인(仁)이고 헤겔 하면 변증법이고, 이런 식으로 단편적 지식은 척척 외우죠. 하지만 『논어』나 『정신현상학』을 읽는 건 아예 생각도 안 하는 거예요. 깊이 있는 공부를 안 하면, 흥미도 없고 감동도 없고, 그러니까 새로운 창조의 바탕이 형성되지 못하고.

한국에서 노벨과학상이 하나도 안 나왔잖아요. 한국에서 이렇다 할 원천기술이 단 하나도 나온 게 없어요. 이제까지 말한 교육에 근본 문제가 있고요. 우리 연구개발 시스템도 뭔가 고통 속에서 새로운 걸 찾아내는 것보다는, 남의 것 공부하고 베껴서 조금 응용해서 빨리 돈 벌어보자 하는 쪽으로 초점이 맞춰져 있거든요. 이렇게 하다 보니 획기적인, 단절적인 기술혁신, 획기적 진전(breakthrough)을 이루는 신기술이 한국에서 나오기 어렵게 되어 있어요.

권　일반기업 경영도 마찬가지 아닌가요?

유　마찬가지입니다. 획기적 진전을 이루려면 미래를 내다보고 장기적으로 연구개발하면서 불확실한 것에 도전할 수 있는 여건이 되어야 하는데, 이런 시스템이 전혀 아니죠. 우리나라는 다 단기 성과주의니까요. 금방 돈 되는 것 아니면 허용이 안 되니까. 왜? 한국인이 특별해서, 한국인 유전자가 급해서가 아닙니다. 박정희 시대에 고도성장을 하면서 생긴 버릇인 겁니다.

압축성장 시대에는 '빨리빨리'가 됐어요. 정부가 5개년 계획 세우고 투자를 밀어붙였고, 기업들은 선진국 따라하기, 따라잡기가 기본이었으니까 불확실하고 어려운 도전을 하면서 시행착오를 거듭하는 일은 외면했습니다. '왜 저러고 있느냐, 빨리 돈 버는 게 있는데'라고 지탄받습니다. 이런 풍토에선 획기적인 혁신, 획기적 진전이 이루어지기가 힘든 거예요.

김대중 정부 이후 연구개발을 강조하면서, 현재 우리나라가

GDP에서 R&D에 투자하는 비중이 세계 톱 수준입니다. 물론 여기에는 R&D 투자에 대한 세제혜택을 노리고 기업에서 연구개발 비용을 과대 계상한 부분도 있을 겁니다만, 어쨌든 놀라운 속도로 늘어났어요. 또 세계적으로 특허도 많이 내는 나라입니다. 미국에 특허 등록을 제일 많이 하는 나라는 당연히 미국이고요, 그다음이 일본이고, 별 차이 나지 않는 3등이 한국이고, 중국이 4등입니다. 우리보다 기술력이 훨씬 좋고 혁신을 많이 하는 독일, 프랑스, 스웨덴 등은 새로운 기술개발을 안 해서 미국에 특허 등록 못 하는 걸까요?

성과급제도나 연구원 평가 등에 '국제특허 한 개 몇 점' 식으로 되어있습니다. 그래서 특허 하나로 내도 될 것을 세 개로 쪼개서 내기도 하고, 상업적 가치도 없는 특허를 잔뜩 내는 거예요. 특허 등록하려면 돈 내야 하는데, 나라 전체로 보면 손해 보면서 하는 거예요. 개인은 평가 기준에 맞춰서 자기 점수 올리는 거고.

과학논문 숫자도 10여 년 새 놀랍게 올라갔어요. 상당히 상위 국가로 올라갔는데, 문제는 임팩트 있는 논문은 별로 없다는 거예요. 다 양으로 하는 거지, 질에서는 별로다. 새로운 실험방법을 고안해내고, 그에 따른 새로운 장비를 만들어내고, 이런 게 임팩트가 있는 거고 획기적 진전인 거죠. 우리나라에서 이런 거 거의 없어요. 대신 한국은 선진국에서 새로 나온 고가의 실험장비를 구매하는 큰손입니다. 새 장비를 이용해 거기서 나온 데이터를 정리해 논문을 내는 데 열심인 거죠.

이게 다 단기 성과주의의 문제죠. 깊이 있는 공부를 하고, 비판적이고 창의적인 사고를 할 수 있어야 새로운 개념, 새로운 이론

2015년 한국의 GDP 대비 R&D 투자 비중은 4.23%로 세계 1위. 국내 민간기업의 R&D 투자액은 50조 원을 돌파했다. 정부 R&D 예산도 19조 원이다. 2017년 1월 17일 블룸버그가 발표한 '2017 혁신지수'에서 우리나라는 4년 연속 세계 1위에 올랐다. 하지만 혁신지수 7개 항목 중 우리나라는 R&D 지출액 등 3개 항목에서 1위였지만, 생산성은 32위였다.(《중앙일보》 2017년 1월27일, 'R&D 세계1위인데 생산성은 32위……한국도 혁신의 역설' 중)

이 나오고, 불확실성을 무릅쓰고 장기적인 연구를 할 수 있어야 획기적 혁신기술이 나오는데, '빨리빨리 마약' 때문에 그게 잘 안 되는 거예요. 그렇게 R&D 투자 많이 하고, 특허 많이 냈다는데, 실제 돈 번 걸 기준으로 보면 성과가 형편없었던 근본 이유입니다.

문재인 정부의 관료들도 정책의 제목만 바꿔서 낼 것인가

권 단기 성과주의는 우리나라 모든 조직에 해당되는 것 아닌가요?

유 성과를 많이 내는 사람을 대우해 주는 건 정의로운 거죠. 하지만 이걸 장기적으로 해야 돼요. 시간이 지나면 조직에서 누가 봐도 성실하고 역량 있고 공헌이 많은 사람이 자연스럽게 부각되거든요. 그런데 단기 성과주의로 가면, 성과를 객관적으로 측정하는 방법이 있어야 될 것 아녜요? 그러면 정량적인 지표를 기준으로 해야 하고, 결국 양적인 성장 위주로 가게 되죠. 불가피하게 주관이 개입할 수밖에 없는 직종에서는, 사실 대부분이 그렇지만, 상급자에게 잘 보이기 경쟁을 유발한다든가 평가가 편파적이라고 불만이 발생한다든가 여러 부작용이 생기죠.

게다가 지나친 성과주의로 압박을 가하면 자신의 성과를 올리기 힘들 때, 동료의 성과를 깎아내리는 쪽으로 가는 일도 생깁니다. 그래서 경영컨설팅업체 맥킨지에서도 '성과급은 부정적인 효과가 더 크다'고 결론을 내린 거예요.[3] 그런데 박근혜 정부에서 갑자기 성과주의를 한다고 난리를 치는 걸 보고 어이가 없었죠. 무슨 정책을 그렇게 무식하게 밀어붙이는지.

'까라면 까', '하면 된다', '안 되면 되게 하라'는 군대식으로, 너무도 무식하게 밀어붙여서 성과를 내는 게 옛날에는 어느 정도 가능했습니다. 양적 성장, 따라잡기 성장의 시대에는. 적어도 90년대 이후에는 달라졌어야 했는데, 변화가 미흡했습니다. 저급한 일은 압박으로 성과를 올리는 게 가능해요. '하루 8시간 자서는 못 따라간다면, 잠을 줄여서 5시간 자고 더 많이 공부해', 이런 거잖아요. 한때 '4당5락'이라고, 5시간 자면 안되고 4시간만 자야 한다는 말도 있었죠. 주입식 암기 위주 공부에서는 그 방식이 통해요. 그런데 고급 과제일수록 그러면 될 것도 안 됩니다. 혁명적 창조의 세계에서 고민을 하고 있는데, '하면 된다, 안 되면 되게 해'라고 압박하면 잘 되겠습니까? '유레카'가 나오겠습니까?

제가 80년대 초반에 군 복무를 했는데요, 포병이라 외워야 하는 게 제법 많았어요. 그런데 잘 외우지 못하는 병사들을 기합주고 구타하고 그러는 거예요. 저는 '머리가 나빠서 못 외우는데, 저걸 때린다고 되나'라고 생각하면서 군대식 사고방식과 관행에 회의를 느꼈습니다. 그런데 병사들이 맞고 나면, 실제로 외우는 게 좀 나아지더라구요. '아, 저게 바로 '하면 된다'로구나' 하면서 속으로 실소를 금치 못했죠. 하지만 그렇게 압박해서 되는 게 따로 있지, 고급노동일수록 될 수가 없습니다. 그 사병에게 몇 줄 외우는 것 말고, 때려가면서 미분방정식을 풀라고 했으면 그게 되겠어요? 압박하고 때리면서 영감에 가득 찬 시를 쓰라고 하면 그게 되겠습니까?

우수한 자질을 지닌 한국 사람들이잖아요. 이젠 고급노동으로 가야 되는데, 단기 성과주의로 압박하는 건 계속 저급노동에 머물자는 거예요. 엄청난 노력에도 불구하고, 성과는 별로 신통치 않고. 그런데도 '잠 안 자고 죽어라 하면 된다'는 식으로 접근하고 있어요. '하면 된다'가 아니라, '되는 걸 하자'로 이젠 바꿔야 합니다. 이제는 스마트해져야 합니다. 압박해서 성과를 내는 문화가 지속되면 창의적인 생각을 못합니다. 지금 맘이 급한데, 이걸 획기적으로, 새로운 방식으로, 창의적으로 할 수 있는 방법이 없을까 탐색할 여유가 없어지는 거예요.

'과거에 이렇게 해서 고도성장했었는데'라고 하는 인구과잉 시대에 생겼던 버릇과 사고방식, 이런 것들이 마약인 거죠. 더구나 지금도 단기적으로는 효과가 조금은 나올 수 있으니까요. 하지만 이 마약 때문에 올바른 해법을 제대로 찾지 못하고 있습니다. 그래서 혁신주도 성장으로의 변화가 너무 느린 겁니다.

자본중심에서 사람중심으로, 수출중심에서 수출과 내수의 균형 있는 확대로, 이게 소득주도 성장이잖아요. 그리고 요소투입 위주의 양적 성장에서 혁신 주도로 질적 성장을 이루는 시대로 이행을 서둘러야 합니다. 무대뽀 정신[4]으로 성과를 내려던 시대를 넘어서 진정 새로운 지식과 아이디어, 기술혁신이 풍부하게 일어나는 혁신성장의 시대를 열어야 됩니다. 이런 전환을 위해서는 물론 경제가 공정해져야 하고, 포용적이 되어야 하는 거구요. 그렇지 않으면 젊은이들이 공무원 시험에만 매달리고, 어떻게든 기득권체제의 일원이 되려고 하고, 이래선 안 되는 것이죠.

박정희 망령 때문에 박정희의 아바타인 이명박, 딸인 박근혜가 차례로 대통령이 되었습니다. 그들이 70년대식 사고방식으로 나라를 다스리다가 파탄을 맞이했고, 촛불항쟁으로 문재인 정부가 등장했습니다. 저는 문재인 정부의 선의를 믿고, 현재 방향 설정은 옳다고 봅니다. 그런데 과연 잘 해낼 것이냐? 우려가 없지 않습니다. 정권 차원의 정책 방향은 새롭게 나오지만, 과연 제대로 변화를 만들어낼 만큼 충분히 유능한지 의문이 있습니다. 관료들은 옛날 하던 방식을 답습하면서 제목만 바꿔 내놓는 경우도 많아요. 정책을 세부적으로 다듬는 일도 필요한 것 같아요. 어떤 경우에는 증거에 입각한 정교한 정책보다는 일단 지르고 보는 게 아닌가 싶기도 하거든요.

네 번째 : '찍기'라는 마약 –
'선택과 집중'을 넘어 '백화제방, 백가쟁명'으로

누구나 외치는 혁신, 대체 왜 안 될까?

권 혁신성장 이야기를 계속 이어갔으면 합니다. 왜 우리나라가 혁신이 부족한지부터 다시 한 번 정리해 주시면 어떨까요.

유 기술 수준이나, 인적자본 수준이 일정한 상태에서 자본이 계속 축적되면 수확체감의 법칙 때문에 성장을 계속 못 합니다. 선진 국들은 혁신성장 체제로 전환이 돼서 자본축적과 더불어 인적자 본과 기술의 발전이 계속 일어나거든요. 그래서 자본이 축적에 따른 자본의 생산성 하락을 막아줍니다.

하지만 우리나라는 사람중심으로 전환이 늦었고, 또 따라잡기 시대의 교육과 연구개발 그리고 산업정책 등의 방식이 별로 달라 지지 않았죠. 그래서 인적자본이 약하고 혁신이 충분히 일어나지 않으니, 자본이 축적될수록 자본의 생산성이 떨어지는 현상이 일 어났습니다. 거기다가 인구성장률이 떨어지니 경제성장률도 떨 어질 수밖에 없었던 거죠.

혁신이 중요하다는 건 다 압니다. 역대 정부에서도 생산성주도 성장, 지식경제, 창조경제 등 표현을 달리했을 뿐 모두 혁신성장 을 추구했죠.

권 노무현 정부 때도 혁신을 강조했죠.

유 그땐 키워드였죠. 청와대에 혁신비서관도 있었고. 이명박 때 지식 경제부, 박근혜 때 창조경제도 다 비슷한 개념이에요.

어찌 보면 우리나라는 전 세계에서 혁신을 위한 노력을 제일 많이 하는 나라입니다. 어렸을 때부터 공부 엄청나게 하고, 대학 이랑 대학원 가는 비중도 엄청나게 높고, 전체 고용인원 중 연구

인력 비중도 크고, R&D투자 비중 일등이고, 정부도 열심이고.

그런데 왜 혁신이 부족하냐? 교육부터 공공과 민간의 연구개발 시스템, 기술창업 생태계 등을 총체적으로 혁신체제라 하는데, 이게 낙후되어 있습니다. 이 근본 원인을 제대로 짚어서 개혁을 해야 혁신성장의 물꼬가 트이는데, 그건 제대로 하지 않으면서 돈만 쏟아 붓는 식으로 해왔기 때문에 성과가 충분히 나타나지 않는 것이죠. 우리나라에서 단 하나의, 산업적으로 의미 있는 원천기술이 나오지 못했어요. 자잘한 개선은 있었지만 비약적 혁신은 하나도 없었다는 거죠. 유일하게 가능성이 보였던 건 '황우석의 줄기세포'였는데, 알고 보니 사기였다는 것입니다.

권 우리나라는 삼성, 현대자동차 등이 연구개발 투자도 많이 하고, 다들 공부도 열심히 하는데, 왜 혁신의 성과가 안 나타나는 거죠?

유 근본적으로는 따라잡기 고도성장 시대에 형성된 혁신체제의 관성 때문이죠. 우리나라의 교육, 연구개발 시스템, 산업구조 등이 박정희 시대에 따라잡기 성장을 하면서 굳어졌다는 겁니다. 그때는 선진국 기술 습득이 중요했기에, 교육이 다 주입식이었어요. 새로운 걸 만들기보다는 이미 확립된 지식체계와 진리가 있는 거예요. 있는 걸 수용하고, 외우고, 이해하는 게 중요했어요. 그것에 대해 문제제기하고, 비판적으로 생각하고, 때려 부수고 새로 짓고 하는 걸 전혀 안 했잖아요.

지금도 거의 안 하죠. 최대한 나가는 게 조금 응용하고, 약간 개선하는 거죠. 지금도 교육과 연구개발이 대체로 이런 데 한정돼 있거든요. 이런 것들은 성과가 빨리 나요. 그러니 단기 성과주의, '빨리빨리 마약'에 취하게 되죠. 그러나 완전히 새로운 걸 해보려고 하면 예기치 못한 수많은 난관에 부딪치고, 수많은 시행착오를 겪을 각오를 해야 합니다.

과거의 시스템을, 한번 길들여진 것을 바꾸는 게 얼마나 어려운지는 우리나라 교육을 보면 알 수 있죠.

권 우리나라 교육 수준이 성적은 매우 높다고 하지만, 하위층이 높은 것이지, 상위층은 외국보다 낮아서 상하위층 편차가 크지 않고, 그래서 평균은 높지만 상위층이 많지 않다고 합니다.

유 미국, 영국이랑 비교하면 그 얘기가 맞을 것 같은데요. 그러나 북유럽과 비교하면 꼭 그럴지는 모르겠습니다. 우리나라 학생들의 성적편차가 적은 게 꼭 좋은 건지도 모르겠어요. 하위층이 상대적으로 잘하는 건 좋은 거지만, 잘하는 학생들이 뻗어나가기 힘든 구조라는 건 큰 문제예요.

권 그게 혁신성장과 연결되는 것인가요?

유 결정적이죠. 혁신이라는 게 누군가 창의적 생각을 해야 하는 거고, 가장 우수한 인재들이 이걸 해줘야 하니까요. 우리 교육은 주입식 학습과 시험을 통해 서열화를 하잖아요. 교육 시스템의 기능이 학생의 진정한 실력을 키우는 것보다 서열화, 줄 세우기에 초점이 맞춰져 있단 말입니다.

이 서열화가 노동시장에서 활용되죠. 최근 어떤 은행에서 SKY 대학 가산점 부여로 물의가 빚어지기도 했는데, 꼭 그렇지 않더라도 서열화에 따라 네트워크 자본이 형성되는 거죠. 어느 대학 출신이냐에 따라 인적 네트워크가 형성되잖아요. 그래서 진짜 실력을 키우는 것보다도 시험성적 올리는 걸 중시하는 서열화 경쟁을 계속 하는 겁니다. 게다가 대학 입시 전형방법이 갈수록 복잡해지면서 기득권층은 더 유리해졌어요. 그래서 이 서열화 시스템이 바뀌지 않는 거예요.

저는 아이들을 키울 때 '학교 성적은 중요하지 않다' 이렇게 교육했어요. 학원도 안 보냈어요. 강력한 확신을 가지고 거부했지요. 그런 주입식 교육은 아이를 바보로 만드는 거라고 생각했으니까요. 저는 국내가 아닌, 국제적으로 경쟁력 있는 아이로 키우고 싶었어요. 그러려면 신나게 놀고, 자유롭게 하고 싶은 것 하고, 책 많이 읽고, 그런 것들이 학교성적 잘 받는 것보다 훨씬 더 중요하다고 봤습니다.

재밌는 소설책에 빠져서 밤새 읽다가 다음날 시험 망치는 게 시험공부만 하다가 시간이 없어 소설도 못 읽는 것보다 교육적으로 100배 낫다는 거죠. 성적을 올리기 위한 주입식 공부는 공부의 재미를 앗아가고 깊은 탐구에 관한 호기심을 없애버리죠.

권 정답 찾는데 주력하게 되죠.

유 그렇죠. 호기심을 채우는 공부를 하는 게 아니라, 실수 안 하고 문제 푸는 게 관건이 되니까 공부가 재미없어지거든요.

권 그러면서 성실과 인내를 키우는 것이죠.

유 그게 얼마나 재미가 없겠어요. 원래 새로운 걸 배우는 건 엄청나게 기쁜, 흥분되는 일입니다. 아이들이 계속 '그건 왜', '그건 왜'라고 물으면서 엄마, 아빠들을 지치게 만들잖아요. 아이들은 모두 호기심 천국이죠. 배움에는 원래 경이가 있고, 엄청난 극치의 기쁨을 주는 것인데, 주입식 공부와 시험은 이 기쁨을 다 앗아가고 스트레스만 줍니다.

　이런 공부 열심히 해서 설사 성적이 좋다고 하더라도, 그게 무슨 의미가 있겠어요. 그런 공부는 아이들의 뇌로 깊이 들어가지 않거든요. 뇌로 깊이 들어가야 여러 분야의 지식과 다양한 아이디어와 사상이 서로 연결되고 융합되면서 성숙하고 창조적인 형태로 성장하는데, '시험 때까지만 외우자'는 생각에 뇌 속 깊숙이 들어가지 않고 표피에 머무는 거죠. 재미없는 반복학습을 하는 것에 뇌가 저항하는 거예요.

권 교수님도 그런 시스템에서 자라온 것 아닙니까?

유 저야 60~70년대에 학교를 다녔으니, 지금보다 더한 주입식 교육을 받으며 자랐죠. 솔직히 제가 이룰 수 있는 게 100이었다면 50은 주입식 교육으로 파괴됐다고 봅니다. 한국에서 고강도 주입식 교육을 받으면 받을수록 인간의 창조능력이 퇴화하는 것 같아요. 제가 그래서 한국교육은 '뇌세포 파괴 교육'이라고 해요.

　예전에 폴란드 과학협회장 하셨던 분 얘기가 생각납니다. 10년도 넘은 얘긴데, 하도 인상 깊어서 제가 여기저기서 인용도 여러 번 했습니다. 이 분은 뭐라고 했느냐면, '아인슈타인도 한국에서 영재교육 받으면 별 볼일 없이 되고 말 거다,' 이런 거예요. 제 생각하고 똑같더라고요. 폴란드에서는 영재학습이 가끔 주말에 와서 놀듯이 탐색하고 가는 건데, 한국의 영재교육은 선행학습이잖아요.

결국 정답 찾기 훈련을 남보다 더 일찍 시작해서 반복훈련을 많이 하자는 거잖아요. 먼저 하고, 또 하고, 또 하고. 얼마나 지겨워요. 이래선 숨어있는 창조성을 키우기는커녕 오히려 공부에 흥미를 잃기 십상이라는 거죠.

권 공부를 잘하는 아이들도…….

유 못하는 아이들에게는 사실 인권탄압이 자행되는 것이지만, 잘하는 아이들에게도 실력을 키우는 데는 재앙이죠. 고급인재로 성장하기 어려워져요. 미국 교육을 보니까 웬만큼 개념을 이해하고 원리를 터득하고 적용할 줄 알게 되면, 그다음 단계로 바로 나가더라구요. 반복훈련하지 않고 계속 단계를 올라가는 거예요. 새로운 걸 배우니까 잘하는 아이들은 재미있잖아요. 그래서 잘하는 아이들은 우리보다 진도가 훨씬 빨리 나가요. 앞서가려면, 새 것을 창조하는 데까지 나가려면, 일단 지식의 최첨단까지 끌고 가야 하잖아요. 그리고 정해진 답 찾기가 아니라 배우는 과정에서부터 탐구하고, 비판적으로 생각하고, 토론해 보고, 이런 과정이 있어야 합니다.

그런데 우리 교육은 딱 범위를 정해놓고, 시험범위 안에서 정답 맞추기로 줄 세우기나 하고 있는 거예요. 범위가 한정되어 있으니까 잘하는 아이들 사이에서 소위 변별력을 만든답시고, 어떻게 문제를 비비꼬아서 학생들을 함정에 빠뜨릴까, 이런 식으로 시험 출제하는 게 우리 현실입니다. 그 안에서 일등 해봤자 국제적으론 별 볼일 없는 겁니다. 따라잡기 성장 시기에는 국제적으로 앞서나갈 필요가 없으니까 주입식 교육도 통하고, 그 속에서 인내심을 키우는 것도 의미가 있었죠.

권 국가가 그런 인간형을 원한 것 아닌가요?

유 따라잡기 산업화에 딱 맞는 거였죠. 규율을 잘 지키고, 인내력으로 힘든 일을 열심히 하는 인간형이. 하지만 21세기 대한민국이 필요로 하는 인간형이 이건 아니잖아요. 바뀌어야 한다는 건 다들 아는데, 기득권자들이 서열화 시스템을 절대 놓지 않으려 하는 거예요.

권 그런데 교수님은 그런 말씀을 하고, 또 자식을 통해 실천할 수도 있지만, 다른 사람들은 우리 교육 시스템의 잘못을 알면서도, 이를 따를 수밖에 없는 것 아닌가요.

유 사실 많은 학부모들이 이 시스템을 벗어나고 싶어 하는 것 같아요. 하지만 대부분의 학부모들은 현실적으로 그럴 방법이 없기도 하고 자신감도 없으니까 이 시스템의 희생양이 되고 마는 거죠.

결국은 정부와 교육자들이 나서서 시스템을 바꿔줘야 하는데, 교육계도 기존 시스템에 길들여진 사람들이라 혁신적으로 바꾸는 게 어렵습니다. 예를 들면, 토론식 수업을 받아보지 않은 사람들이 토론식으로 가르치는 게 쉽고 편하겠어요? 그래도 제가 아이들 키우면서 보니까 제가 학교 다닐 때보다는 좋아졌더라구요. 그러나 너무 변화가 더디죠. 무엇보다 학년이 올라갈수록 서열화, 주입식 교육이 서슬 퍼렇게 살아있고. 이건 결국 대학입시제도 때문에 그런 거죠. 그게 서열화의 핵심이니까.

　　우리 교육시스템은 불평등과 경쟁력 악화를 동시에 만들어내는 시스템이에요. 평준화 때문에 수월성이 희생되었다는 얘기를 많이 하고, 그래서 온갖 특목고니 자사고니 만들었는데요. 제가 보기에는 이건 완전히 방향착오입니다. 정답 찾기 교육 내용이 안 변하는데, 뭘 만들어도 입시학원밖에 안 되잖아요. 기득권자들에게 유리한 제도만 만들어주는 거지, 아이들 진짜 실력 키우는 데는 소용이 없어요. 어찌 보면 평준화 때문에 경쟁력이 없어진 게 아니라, 평준화를 제대로 안 해서 경쟁력이 없어진 거예요.

　　핀란드의 교육이 뛰어나다고 하잖아요? 핀란드 교육의 최고 원칙은 평등입니다. 두 번째, 세 번째 원칙도 다 평등이에요. 어느 정도냐면 지능발달이 낮은 학생들도 일반학생들과 같은 교실에서 교육해요. 그리곤 이들에게 별도로 교사가 붙어서 따라갈 수 있도록 도와줘요. 독일 경제의 경쟁력, 기술력, 학문적 수월성은 누구도 부정하지 못하죠. 독일의 학교교육을 보세요. 점수 경쟁 없습니다. 우리 학생들 공부하는 거에 비하면 그냥 노는 거죠.

　　우리는 고급교육을 하지 않고 저급교육을 가지고 서열화시키는 것만 하고 있어요. 내생적 혁신의 역량을 갖추고 혁신성장 제대로 하려면 교육 시스템이 확 바뀌어야 해요. 그리고 연구개발 시스템도 마찬가지입니다. 기초적인 연구, 장기적인 연구, 모험적인 연구, 이런 것들이 충분히 되어야 합니다. 하지만 우리의 연구개발 시스템은 '돈 안 되는 것 하지 마', '빨리 결과 나오는 것만 해'라고 하거든요. 이게 다 따라잡기 고도성장 시대에 형성된 관행이에요.

나카무라 슈지(中村 修二)[5]라고 몇 년 전에 청색 LED 개발로 노벨물리학상 받은 일본 사람이 있어요. 이 분은 박사학위도 없는 사람이에요. 일본에서 명문대학도 아니고 그저 그런 지방대학에서 석사하고, 교수 소개로 형광등 회사에 연구원으로 취직했어요. 형광등 제조라는 게 무슨 첨단산업도 아니고 사양산업이잖아요. 청색 LED를 개발하겠다고 하니까 다들 비웃었어요. '20세기 이내에 청색 LED는 불가능하다'고 했을 때니까요. 그런데 회사 설립자가 연구를 보장해줘서 대박을 친 거죠.

제가 노벨 과학상 받은 사람들 인터뷰를 꽤 여럿 읽어보았는데요, '야, 이거 하면 빨리 연구성과 낼 수 있겠다' 또는 '이것 하면 노벨상 받을 수 있겠다', 이렇게 접근한 사람 아무도 없어요. 대부분은 남들은 쳐다보지도 않을 때 집요하게 한 사람들입니다. 창조적 업적이 나오려면 어떤 것에 미쳐야 됩니다. 그런데 따라잡기 시스템에서는 될지 안 될지 모르는 걸 할 능력도, 여유도, 그럴 필요도 없었던 거죠. 문제는 아직도 예전 방식에서 벗어나지 못하고 있다는 겁니다.

'찍기 마약'이란 '선택과 집중'의 폐해

권　공공부문은 관료적이니까 그럴 수 있겠지만, 기업은 돈과 직접적
　　으로 연결돼 있으니까 '이런 식으로 계속해선 장래가 없다'고 생
　　각할 테니, 바꾸지 않을까요?

유　말로는 바꾸자고 해요. '마누라와 자식만 빼고 다 바꿔라.' 이 말
　　기억하시죠? 이건희 씨가 1993년에 신경영 선언하면서 한 말입
　　니다. 바꾸자는 말들 수도 없이 했죠. 알파고 쇼크 때도 소통 부족
　　과 수직적 문화, 단기 성과주의의 문제점, 다들 얘기했어요. 그러
　　나 조직문화가 바뀌는 건 정말 어려운 일입니다. 특히 큰 조직은
　　더 그렇구요.

　　신생기업, 젊은 기업은 다르죠. 이런 기업이 자꾸 커 나와야 기
　　존 대기업도 자극을 받아 조금이라도 바뀔 텐데, 우리 산업은 재
　　벌이 꽉 잡고 있어서 이런 변화와 역동성이 억눌려 있어요. 나이
　　먹은 사람 바뀌는 거 보셨어요? 좀처럼 바뀌지 않습니다. 나이 든
　　기업의 변화는 더 어렵죠. 기업에는 우선 돈 벌어야 된다는 지상
　　명령이 있잖아요. 단기 성과주의를 벗어나기 정말 어려워요.

　　우리 경제에서 혁신성장을 방해하는 또 하나의 문제는 재벌중
　　심 산업구조입니다. 결정적인 문제라고 하는 게 더 정확하겠지
　　요. 이 재벌중심 구조라는 게 '선택과 집중'의 산물인데요, 과도
　　한 '선택과 집중', 이것도 우리 경제의 마약 중 하나입니다. 저는
　　이걸 '찍기 마약'이라고 하죠. '투자 마약', '환율 마약', '빨리빨리
　　마약'에 더해서 '찍기 마약'까지 해서 제가 4대 마약이라고 부르
　　는 겁니다.

제가 몇 년 전에 버스 안에 붙어있는 광고에서 '시나공'이라는 책 선전을 봤어요. '어? 손오공도 아니고 시나공이 뭐지?'하고 들여다봤더니, 이게 '시험에 나오는 것만 공부하기'더라구요. 기가 찼습니다. 시험에 안 나오는 걸 공부하는 게 진짜 공부인데. 아무튼 이게 '찍기 마약'을 상징하는 거죠.

권 김대중 정부 때 과잉투자와 관련해 '선택과 집중' 얘기를 특히 많이 했던 것 같은데요.

유 당시 30대 재벌의 반이 무너졌는데요, 부실화의 이면에는 문어발식 확장이 있었던 것으로 봤죠. 그래서 경영의 투명성, 책임성, 부채비율 축소 등과 함께 핵심역량에 집중하라는 게 재벌개혁의 원칙으로 합의된 것입니다. 이건 당연한 일이지요. 지나친 다각화, 이른바 문어발 경영은 분명히 잘못된 행태였습니다. 물론 기업은 다각화를 해야 할 때도 있고, 핵심역량에 집중해야 할 때도 있어요. 김대중 정부 때는 위기에 따른 구조조정 시기였기 때문에 당연히 '선택과 집중'이 필요했죠.

개인도 마찬가지예요. 이것저것 시도하면서 모색하는 시기가 있고, 갈 길을 정하고 매진하는 시기가 있습니다. 너무 마구잡이로 일을 벌이는 건 언제라도 현명한 일은 아니겠지요. 이런 관점에서 보면 '선택과 집중'이라는 건 경우에 따라선 매우 필요하고 현명한 전략이에요. 그런데 왜 이게 문제라고 하느냐? 두 가지 이유가 있습니다.

첫째는 '구성의 오류(fallacy of composition)' 문제예요. 개개인

에게 적용되는 원칙이 전체 시스템에는 적용되지 않는 걸 말하는 건데요, 비근한 예로 케인즈가 얘기한 '절약의 역설(paradox of thrift)'이 있습니다. 개인들이 부자가 되려면 소비를 줄이고 저축을 해야 하지만, 모든 개인이 소비를 줄이면 수요 부족으로 경기침체가 오고 오히려 사람들의 소득이 줄어든다는 겁니다.

개인이나 개별 기업은 '선택과 집중'을 하는 것이 옳다고 하더라도, 경제 전체가 그렇게 하는 것은 옳지 않다는 거지요. 우리가 소수 재벌에 너무 의존하고 있는 것이나 중국 시장에 너무 의존하고 있는 것 등이 문제라는 건 모두 인식하고 있잖아요. 전체 시스템은 다각화, 다변화되어야 안정성이 높아지기 때문입니다.

둘째는 성공확률에 따라 전략이 달라져야 한다는 겁니다. 유전탐사를 한다고 칩시다. 여길 찍으면 성공확률이 높다는 확신이 있으면 선택하고 집중하는 게 맞죠. 하지만 그런 확신이 없으면 여기저기 뚫어봐야겠죠. 따라잡기 성장 시대에 '선택과 집중' 전략을 택한 것은 괜찮았어요. 그때는 실패할 확률이 별로 없었어요. 선진국에서 과거에 다 한 걸 보고서 우리에게 맞는 걸 찾아서 하는 거니까. 정부가 산업을 육성하면서 '어떤 산업을 키운다, 어떤 기업에게 맡긴다'는 식으로 선택하고 집중 지원해서 키웠어요.

그런데 더 이상 따라잡기가 아니라 스스로의 힘으로 내생적 혁신을 해야 하는 상황에서는 어떤 걸 찍으면 성공할지 알 수가 없잖아요. 이런 상황에서는 '선택과 집중'이 아니라 다양한 실험과 시도가 일어나도록 해야죠. '백화제방, 백가쟁명'을 해야 됩니다. 대세에 추종하지 않는 괴짜들이 있어야 합니다. 연구도 그렇고, 창업도 그렇고.

권 그렇게 되면, 성공하는 데도 있고 실패하는 데도 있지 않겠습니까.

유 실패한 곳에서 자원과 인력을 회수해서 다른 곳으로 옮기면 돼요. 시장경제는 그렇게 발전하는 거예요. 실패를 두려워하면 과감한 시도를 못 하고, 그러면 혁신성장은 못 합니다. 사실 이게 우리 경제의 큰 문제예요. 사회안전망이 부실하고 한 번 실패하면 재기가 어려워서 모두 실패를 두려워합니다. 부실기업은 신속하게 정리하고, 그 기업이 사용하던 자원과 인력이 더 생산적인 곳으로 쉽고 빠르게 재배치되어야 하는데, 이걸 영 잘 못하잖아요. 부실한 사회안전망 때문에 구조조정이 여간 어려운 게 아니죠.

아무튼 '선택과 집중'에 대한 관성적 집착이라고 할까, 이게 문제인데요. 우리나라에서 이 문제가 드라마틱하게 드러난 게 '노벨상 받기 프로젝트'입니다. 이명박 정부에서 기초과학원이라는 걸 만들었는데, 여기서 노벨상에 근접한 연구자 50명을 연구단장으로 뽑아 막대한 지원을 하기로 했어요. 노벨상을 올림픽 준비하듯이, 대표선수 선발해서 선수촌에서 집중 훈련한다는 거죠. 그래서 노벨상 나왔습니까. 이런 식으로 노벨상이 나올까요.

사실 노벨상이야 뭐가 중요하겠어요. 노벨상을 목표로 삼는 것도, 이를 위해 선택과 집중을 하는 것도 구시대적 발상입니다. 이런 발상이 오히려 혁신성장을 더디게 만듭니다. 그보다는 기초과학의 토대를 튼튼히 하고 그 결과 노벨상이 나와야겠죠.

권 노벨상을 받기 위한 선택과 집중…….

유 이게 사실 부작용이 커요. 막대한 자금지원 받으면 좋을 것 같지만, 돈 쓰는 것도 일이잖아요. 우수한 연구자가 연구단장이 되어서 정부 돈 쓰면서 관료화되기도 합니다. 물론 더 큰 문제는 '선택과 집중'의 폐해입니다. 곳곳에서 다양한 연구를 진행하는 연구자들에게 적절한 기준에 입각해서 지원이 이뤄져야 하는데, 한 곳에 돈을 집중적으로 쏟아 부으면 어떻게 되겠어요.

실제로 학계에서는 이 사업이 '연구비 블랙홀'이 되어 일반 연구자에게 연구비 씨를 말렸고, 오히려 기초과학 연구를 방해하는 역할을 했다는 비판이 많았지요.

과도한 '선택과 집중'의 논리는 우리 사회 온갖 군데에 퍼져있습니다. 비근한 예로 스포츠를 들 수 있습니다. 모든 학생들이 스포츠를 즐기면서 체력을 키우고 협동심과 리더십을 키우는 게 주가 되고, 그중에서 일부 잘하는 학생들이 발탁되어 방과 후 활동으로 훈련과 시합을 좀 더 체계적으로 하고, 그중에 정말 뛰어난 소수 학생들이 엘리트 선수나 프로선수의 길을 가고, 이런 게 기본이고 정상일 텐데요.

우리나라 현실은 어떻습니까? 어릴 때부터 소수의 학생을 선택해서 학과공부도 제대로 안 시키면서 집중적으로 훈련시키고 시합에 나가서 이기는 법을 가르칩니다. 이런 식으로 하니까 어릴 때는 상대적으로 앞서나가지만, 저변과 기본이 없이 '선택과 집중'에 의해 키운 엘리트만으로는 최고 수준에 이르기가 힘들지요.

단적으로 리틀야구에서는 어린 학생들이 세계 챔피언도 하고 그러지만, 우리나라 최고의 프로야구 선수들이 미국 메이저리그에 가서 살아남기가 힘들잖아요. 축구의 경우에도, K리그는 부실한데 대표팀에만 관심을 쏟아봤자 한계가 있다는 것은 누구나 아는 얘기죠.

사실 모든 영역에서 '잘하는 사람만' 뽑아서 집중 지원한다는 논리가 팽배해 있는데, 될수록 많은 사람들에게 기회를 주고 저변을 넓히는 것의 중요성을 깨달아야 합니다.

'선택과 집중' 논리의 폐해가 가장 심각하게 드러난 건 재벌중심 경제구조입니다. 재벌이란 게 박정희 시대에 '선택과 집중'의 논리에 따라 키운 겁니다. 그런데 재벌은 따라잡기 성장의 화신이죠. 선진기술 습득하고 응용하는 능력을 바탕으로 경쟁력을 창출한 거예요. 내생적 혁신에 의해 기업이 고유한 기술경쟁력을 가지고 발달한 선진국의 경우에는 어떤 기업은 뭐하는 회사인지 금방 알 수 있잖아요. 벤츠는 자동차, 구글은 컴퓨팅, 화이자는 의약품, 이런 식으로 주력기업이 정해져 있잖아요.

그런데 우리나라 재벌은 '따라잡기'가 주특기인데, 이건 범용기술이란 말이에요. 그러니까 이것저것 잔뜩 한 거예요. 삼성 보세요. 전자, 건설, 금융, 광고기획, 놀이동산, 패션, 호텔, 커피숍, 온갖 걸 다 해요. 90년대 초에 현대는 미국 잡지에 'From Chips to Ships'라는 광고를 하더라구요. 아주 작은 반도체부터 거대한 유조선까지 다 만든다고 과시하는데, 제가 보기에는 마치 우리는 고유기술이 없다고 민낯을 드러내는 것 같았죠.

따라잡기 성장이 조직문화로 굳어져 있는 재벌기업에서 내생적 혁신의 문화로 변화하는 건 하늘에서 별 따기처럼 어려운 일입니다. 일례로, 삼성이 야심차게 신사업추진단을 출범했다가, 2013년에 접었습니다.

유 네. LED, 자동차용 전지, 태양전지, 바이오제약, 의료기기 등에
2020년까지 막대한 투자를 해서 5만 명 가까운 고용을 창출하
고 매출을 50조 원 올리겠다고 했거든요. 그런데 뭐 나온 거 있어
요? 되는 일이 별로 없으니까 일찌감치 사업을 접어버린 거예요.
수만 명 고용을 창출한다고 했거든요. 그런데 뭐가 나왔나요? 실
패로 돌아간 거예요. 예전처럼 선진국 기술 적당히 베끼고 응용
해서 되는 단계는 아닌데, 그렇다고 새로운 분야에서 혁신기술을
만들어내기에는 역량이 부족하고 조직문화가 너무 안돼 있는 거
예요. 그나마 성과를 조금이라도 거뒀던 건 M&A 해서, 시장에서
기술력 있는 신생기업 인수해서 성과를 낸 겁니다.

재벌기업들은 우수한 인재들이 모이고, 자본시장에서도 우대받
잖아요. 최고급 자본과 두뇌를 가졌지만, 옛날에 해오던 방식으로
사업을 계속 하는 거죠. 재벌기업들이 한국에서 돈 많이 번다고
해서, 할 일을 제대로 하고 있는 게 아닙니다. 오히려 혁신성장에
방해가 되고 있어요. 결국 큰 변화, 단절적인 변화는 새로운 기업
에서 나올 수밖에 없는데, 재벌이 산업을 지배하면서 새로운 기
업들이 커 나올 여지가 상당히 제한되는 겁니다. 과거에 벤처기
업을 한 안철수 씨가 이걸 '삼성 동물원, LG 동물원'이라고 표현
했죠.

재벌은 또 기업가정신을 죽이는 역할을 하고 있어요. 창업주 세
대는 비록 따라잡기 성장일망정, 당시 상황에선 나름 혁신기업가
적인 측면이 있었어요. 그런데 2대로 가니까 현저하게 줄어들었

어요. 그래도 2대는 아버지 하는 것을 본 게 있습니다만 3대, 4대로 가면 어렸을 때부터 완전히 별세계에서 큰 사람들입니다. '땅콩 회항'이나 '술집 폭행' 사건 등을 보면 알 수 있듯이 사회에 대한 이해와 책임감이 결여되어 있어요. 사회에 대한 이해 없이 의미 있는 혁신이 나오기는 어렵습니다.

기업이 돈을 어떻게 법니까. 사회가 인정하는 가치를 생산해야 돼요. 사회의 욕구를 충족시켜 주는 것, 뭔가 사회문제를 해결하는 일을 해야 되는 거예요. 엘론 머스크(Elon Musk)[6] 같은 혁신 기업가를 보면 끊임없이 사회문제의 해결을 추구하잖아요. 대기오염을 줄이기 위해 전기자동차 테슬라 만들었죠, 전기 만들면서 어차피 화석연료 태운다고 비판하니 태양광 발전 사업 벌였죠, 최근에는 LA의 교통체증이 심각하다고 하니까 획기적인 공법으로 터널을 뚫어서 해결해 보겠다고 나선 거예요. 우리나라 재벌가 3, 4세 행태를 보면, 골목상권 진출이나 하고 면세점 사업 등 이권사업에나 열을 올리고.

권 면허가 있어야 하는 것들이죠. 진입장벽이 있는.

유 혁신적인 기술, 획기적인 미래 산업 분야를 개척하려는 기업가정신이 너무 안 보여요. 별세계에서 살았는데 문제의식과 도전의식이 나오겠어요? 혁신성장을 잘하려면, 재벌개혁이 필요합니다. 더 중요한 것은 새로운 혁신 주체의 육성입니다.

진정한 '경제민주화'는 어떻게 이루어지는가

권 혁신주체를 육성하려면 벤처를 지원해줘야 한다는 것이죠?

유 지원은 해야겠지만, '벤처 퍼주기'는 안 됩니다.

권 벤처를 키워야 재벌을 조금이라도 견제할 수 있는 것 아닌가요?

유 정부의 벤처 지원정책은 당연히 필요합니다. 하지만 현재 우리 산업 생태계가 재벌 대기업의 시장지배력이 너무 강하고, 벤처가 커나가기 위해 필요한 구성요소들이 미흡합니다. 그래서 정부는 한편으로는 대기업의 불공정 행위나 내부거래 등을 철저히 규제하고, 다른 한편으로는 벤처 생태계의 부족한 점을 찾아내어 지원해줘야 됩니다. 정부가 직접 자금을 투자하는 건 자제하고, 가급적 민간 시장기능이 활성화되면서 문제가 해결될 수 있도록 해야 합니다. 그 과정에서 시장의 실패 부분, 정부가 도울 수 있는 건 뭐가 있는지를 찾아서 해줘야 합니다.

　이런 식으로 접근하면 단기적으로 성과를 낼 수가 없어요. 민간에서 역량을 키워서 성과를 내려면 시간이 쌓여야 됩니다. 사람을 키워야 하고, 네트워크가 형성되어야 하고, 신뢰가 축적되어야 하고. 벤처 생태계는 시행착오 과정이 쌓여가면서 점진적으로 커나갈 수밖에 없습니다. 그런데 정부는 항상 급해요. 정치권력은 빨리 유권자에게 성과를 보여주고 싶어 하니까. 정권 임기 내에, 자신이 장관 하는 동안 '벤처기업 몇 개를 만들었다' 이런 걸 보여주고 싶은 거잖아요. '빨리빨리 마약'이죠. 그래서 자금을 투하하고, 정부는 '이렇게 많이 지원하고 이렇게 많은 일을 했다'고 자랑해요.

김대중 정부 때 벤처 육성정책을 과감하게 했습니다. 긍정적인 면과 부정적인 면이 다 있었습니다. 하나는 처음으로 재벌회사를 그만두고 나와서 벤처를 해보겠다 하는 사람들이 많이 생긴 거예요. 이게 일상적으로 일어나야 되거든요. 비즈니스 하는 방법도 알고, 아이디어도 있는 사람들이 벤처를 해야 성공 확률이 높은 거지요. 이렇게 뭔가 새로운 기운을 일으키고 새로운 주체를 키웠다는 점은 높이 평가합니다. 하지만, 내용을 자세히 들여다보면 건실한 벤처기업으로 큰 경우도 많았지만, 정부의 지원 열풍을 타고 이른바 '묻지마 투자'라고 하는 투기 바람이 일면서 머니게임에 빠져든 회사들도 많았어요. 정부 지원금은 항상 부작용을 낳을 소지가 큽니다.

정부 지원금이 뭐가 문제냐? 개인도 돈을 쓸 때는 '가성비'를 따지잖아요. 돈을 쓰면 그만큼 성과가 났는지 따져보고, 성과가 좋은 부분은 확대하고 좋지 않은 부분은 축소하고, 이렇게 해야 되잖아요. 정책서민금융 관련해서도 얘기했습니다만, 우리 정부는 성과 평가를 거의 안 해요. 자금 지원 액수를 적어놓고, 그게 성과라고 주장합니다. 그러니까 '눈먼 돈'이 되는 거예요. '일단 받고 보자.' 당연히 낭비와 자원배분의 비효율을 초래합니다. 또 정부 지원금을 받기 위해 여기저기 부탁하게 되면서 부패가 발생할 소지도 있습니다.

그래서 민간 역량을 키우자고 정부가 지원하는 건데 오히려 지원금 때문에 민간 역량이 크지 못하는 역설이 발생합니다. 전 세계에서 우리나라만큼 중소기업 지원정책이 많은 나라도 찾아보기 힘들어요. 예전에 파악해보니까 정책이 3천 개가 넘더라구요. 그렇게 해서 우리나라 중소기업이 강해졌습니까? 농업 지원정책도 수도 없이 나왔죠. 돈을 얼마나 뿌렸습니까? 그 결과 지금 농업이 경쟁력 있습니까?

제가 협동조합에 관심이 많습니다. 지식협동조합을 직접 운영하고 있기도 하구요. 정부가 협동조합 발전을 위한 기본계획을 세우는 데 조금 관여하기도 했는데요, 저는 정부가 함부로 지원하지 않는 것이 가장 중요하다고 강조했습니다.

예전에 정부가 협동조합을 백안시했을 때, 악조건 속에서 스스로 커 나왔던 협동조합들은 건강했어요. 협동조합 정신도 살아있고, 시장에서 경쟁력도 갖추고 있고. 그런데 2012년에 협동조합법 발효되고 나서는 우후죽순처럼 매년 수천 개씩 협동조합이 설립되었지만, 그중에 제대로 운영되는 곳은 별로 없습니다. 정부 지원을 은근히 바라고 협동조합을 만들어서는 협동은커녕 내부 분란만 일으키는 곳도 많아요. 서울시가 협동조합 홍보를 대대적으로 한 후에 아이러니컬하게도 강남구에서 신생 협동조합이 가장 많이 생겼죠. 거기서 모범적인 협동조합이 나왔다는 얘길 아직 못 들었어요.

민간의 역량이 커 나오고 시장기능이 활성화되면서 본질적으로 문제를 해결하도록 돕는 방식으로 정책을 펴야 되는데, 급한 마음에 우선 돈을 뿌리는 정책에 치중해왔습니다. 나쁜 의미의 정치적 접근이죠.

저는 벤처 육성한다면서 청년들의 창업을 지원하는 정책에 대해서도 우려합니다. 성공할 확률이 낮은데 창업 지원을 자꾸 하면 어떻게 되겠어요? 정치인이나 공무원들이 자기 자녀들한테 창업하라고 하겠어요?

권 취업 안 되니까 창업하는 경우가 많죠.

유 맞아요. 그게 우리나라 현실입니다. 제가 우리나라에서 크게 성공했다는 한 젊은 벤처기업가를 만났을 때 그가 한 말이에요. '저 사실 취업 못 해서 창업했어요.' 이런 해피 엔딩은 사실 매우 드물어요. 몇 년 전에 OECD에서 발표한 내용인데 우리나라의 창업은 대부분 생계형 창업이었고, 뭔가 사업 기회를 포착하고 사업을 시작하는 기회형 창업의 비중이 꼴찌로 나타났습니다. 생계형 창업을 하면 5년 내에 80% 정도는 망하는 것이 현실이고요, 기술을 가지고 창업을 해도 생존율이 그다지 높지 않습니다. 벤처기업의 생존율에 대해서 정확한 통계는 없지만, 창업 후 3년 내에 60% 이상은 망하는 것으로 알려져 있어요. 소위 '대박'이 나는 경우는 드물고요.

창업해서 성공하기 어려운 상황인데 돈만 자꾸 퍼부으면 부작용만 커집니다. 자원낭비와 부패도 문제지만, 창업 지원정책은 자칫 젊은이들에게 빚만 남기는 수가 있어요. 그리고 생계형 창업의 경우에는 지원을 받지 못하는 기존 사업자들과 불공정 경쟁, 과당 경쟁이 벌어지는 부작용도 있어요. 벤처 지원도 '퍼주기' 식의 지원은 부작용이 큽니다.

권 벤처라는 건 원래 성공확률이 낮은 것 아닌가요? 구체적으로 어떻게 지원하는 것이 좋을까요?

유 물론입니다. 벤처가 모험이라는 뜻이잖아요. 성공확률이 높으면 그건 벤처가 아니죠. 높은 실패 가능성에도 불구하고 혁신형 창업이 활발하게 일어나도록 하려면 두 가지 방법이 있을 겁니다.

하나는 '퍼주기' 벤처 지원이죠. 지원을 많이 할수록 당연히 '한 번 해보자'는 사람이 많아지겠죠. 그러나 이건 혈세낭비, 시장기능 위축, 부패, 그리고 망하고 난 후의 부채 등 부작용이 많다는 겁니다.

다른 방법은 우리 경제의 시스템 차원에서 창업 여건을 개선하는 겁니다. 이게 시간은 더 걸리겠지만 효율적이고 효과적인 정책이라는 겁니다. 구체적으로 어떻게 하라는 거냐? 제가 벤처 정책 전문가도 아니고 자세한 것은 잘 모릅니다만, 기본적인 방향은 분명하게 말 할 수 있습니다.

첫째, 벤처는 원래 실패 가능성이 높은 거니까 한 번 실패해도 재기할 수 있는 사회 시스템을 만들어서 좀 더 마음 놓고 도전할 수 있도록 해줘야 합니다. 사회안전망을 제대로 갖추고, 과거의 실패가 낙인이 되기보다는 자산으로 여겨지는 분위기를 조성해야겠죠. 더 직접적으로 중요한 것은 융자 중심이 아닌 투자 중심의 펀딩입니다. 벤처 하다가 망해도 투자자들이 책임을 나눠서 지고, 창업자에게 부담이 남지 않도록 해야 한다는 거죠. 엔젤투자나 크라우드 펀딩 등을 활성화해야 하는데요, 이를 위해서는 기업 경영의 투명성을 확립하는 것도 중요합니다.

둘째, 벤처의 성공확률을 조금이라도 높일 수 있도록 산업생태계를 조성하는 겁니다. 한편으로는 대기업의 횡포, 벤처기업을 협력의 대상이 아닌 하청의 대상으로 취급하고 심지어 기술 탈취까지도 자행하는 일들이 근절되어야 하고요, 다른 한편으로는 벤처가 창업 후 성장해나가서 회수에 이르는 단계별로 필요로 하는 각종 지원 기능이 민간 시장에서 충족될 수 있도록 되어야 합니다. 투자는 물론이고 마케팅, 회계, 컨설팅 등 벤처기업에 특화된 사업서비스를 제공하는 민간 주체들이 성장해야 하고요, 정부는 이들의 성장을 돕는 일을 하면서 교육이나 네트워크 구축 등 시장에 맡기기 어려운 부분에 집중해야 합니다. 정부가 지원 기능을 너무 나서서 하면 오히려 민간 생태계 발달을 저해합니다.

셋째, 사업 기회를 확장하고 혁신 창업을 고취하기 위해서 규제완화가 필요한 부분이 있습니다. 제가 앞서 규제완화에 대해 비판적인 얘기도 했습니다만, 그건 시장이 보호하지 않는 사회적 가치를 보호하기 위해 필요한 규제를 완화하는 것에 대해 문제를 제기한 것이고요, 나쁜 규제들을 완화하거나 없애야 한다는 건 당연한 거죠. 최근 정부가 신산업, 신기술 분야의 규제혁신 방안을 내놓았는데요, 자세한 검토는 못 해보았습니다만 이런 방면의 노력은 필요한 것 같습니다. 과거의 규제 틀이 혁신을 저해하도록 방치해서는 안 되는 거니까요.

그런데 사실은 이보다도 더 규제완화가 필요한 부분이 여러 분야에 존재하는 과도한 진입규제입니다. 신규 사업자가 혁신적인 아이디어를 가지고 뛰어들려 해도 기존 사업자들의 기득권을 보호하기 위해 진입장벽을 치는 경우가 곳곳에 많이 남아 있거든요.

박근혜 정부가 왜 '규제는 암덩어리'라면서 규제완화 드라이브를 걸었잖아요. 이게 사실 제가 항상 비판하는 마구잡이 규제완화, 재계 소원수리하는 규제완화를 추진한 거였는데, 한편으론 규제완화를 한다고 난리를 치면서 다른 한편으로 어떤 일이 있었느냐면, 온라인 중고차거래 서비스업체에게 주차장 구비 등 시설요건을 갖추도록 법을 개정해서 업체 문을 닫게 한 거예요. 오프라인 중고차거래업체들이 로비한 결과였죠. 이 경우는 여론의 뭇매를 맞고 다시 법을 고치기는 했지만, 아직도 금융, 통신, 항공, 전문직 서비스 등 곳곳에 기득권 보호를 위한 진입장벽이 쳐있는 것이 현실입니다. 이런 규제들은 과감하게 풀어야 합니다.

권   그러면 소득주도 성장이 혁신성장을 뒷받침할 수 있을까요?

유   소득주도 성장이 혁신성장과 직접적으로 관계되는 건 아닐 겁니다. 혁신은 전체적 평균 수준보다는 앞서있는 창조적 소수의 역할이 중요하잖아요. 평균이 받쳐주지 않아도 혁신이 이뤄질 수는 있죠. 미국처럼. 미국의 경우를 보면 분명 소득주도 성장이 아닌데, 혁신성장은 하고 있어요. 바람직하진 않지만.

우리나라는 그동안 너무 자본 중심이었으니까, 소득주도 성장이 제대로 되면 혁신성장에도 시너지 효과를 주지 않을까 생각합니다. 혁신은 사람이 하는 거라서, 혁신성장을 잘하려면 자본 중심에서 사람 중심으로 무게중심이 이동해야 하겠죠. 소득주도 성장은 그러한 이동을 도와줄 수 있습니다.

소득주도 성장과 혁신성장, 둘 모두를 뒷받침하는 게 '경제민주화'입니다. 박정희 시대의 따라잡기 성장체제에서 정부가 주도적으로 자원배분을 하고 국민을 동원했죠. 재벌은 거기에 협력하면서 컸고. 국민은 '조국 근대화'에 군사처럼 동원되었어요. 어렸을 때는 시험공부하고, 어른이 돼선 직장에 몸 바치고, 은퇴 후에는 노인빈곤이 기다리죠. 고도성장이 끝난 후엔 정년퇴직도 못 하고 버림받기 일쑤죠. 명퇴하고, 남은 퇴직금으로 자영업하다 털어먹고.

경제민주화는 국민이 주체가 되는 겁니다. 국민주권, 그게 민주화잖아요. 동원 시스템의 잔재에서 벗어나서 사람들이 누구나 자기의 꿈과 잠재력을 좇아서 개성을 발휘하고, 자기의 호기심과 관심에 따라 도전적 실험과 창의적 연구를 신나게 할 수 있게 되어야 하는 겁니다. 그게 활발한 혁신 창업으로 이어지는 산업 생태계가 이뤄져야 하고요. 경제민주화가 재벌의 횡포를 막고 골목상권 보호하는 것만이 아니고, 이런 것이 다 경제민주화의 중요한 요소입니다. 경제민주화가 뒷받침돼야 혁신성장을 제대로 할 수 있게 된다는 거죠.

1 **한계고정자본계수(ICOR, incremental capital output ratio)** : 투자 대비 효율성을 측정하는 지표. 한 단위 산출을 늘리기 위해 필요한 자본의 단위. 이 계수가 높을수록 자본의 생산효과가 낮다는 것을 뜻한다.

2 **『분노의 포도』(1939)** : 존 스타인벡의 소설. 1930년대 경제 공황 속에서 캘리포니아의 한 농부 일가가 겪은 힘든 삶을 그렸다. 단순히 1930년대 미국 사회 문제의 사실적 반영 차원을 넘어 인간 삶의 보편적 문제를 추구하고 있다.

3 맥킨지앤컴퍼니가 발행하는 계간《맥킨지 쿼털리》2017년 5월호에 실린 '성과관리제의 미래'라는 제목의 글에 상대평가제를 폐기하고 협력을 장려하도록 대안을 모색하고 있는 제너럴일렉트릭(GE), 마이크로소프트(MS) 등의 사례가 실려있다. "성과관리 상대평가제가 평가에 시간만 잡아먹고 지나치게 주관적이다. 동기를 부여하기보다는 동기를 잃게 하고 궁극적으로 도움이 안 된다는 것에, 평가하는 관리자나 평가받는 직원 모두 공감하고 있다"는 것이다.(《헤럴드경제》 2017.7.3., "'출산·육아휴직, 내근직이라…' 성과연봉제의 그늘' 중)

4 **무대뽀 정신** : '무대뽀'의 어원은 일본어 無鐵砲에서 왔다. 철포(鐵砲)는 일본말로 소총이라는 뜻이어서, '전쟁터에 나가는 군인이 총도 없이 무조건 돌격하는 식'이라는 뜻과, '방향을 보지 않고 마구 내달린다'는 뜻이 담겨 있다.

5 **나카무라 슈지(中村 修二, 1954~)** : 2014년 노벨 물리학상을 받았다. 일본 니치아 화학공업에서 근무할 당시 실용적으로 제공하는 수준의 고휘도 청색 발광 다이오드를 개발해 니치아 화학공업의 청색 LED 제품화에 기여했다. 2000년 캘리포니아 대학교 샌타바버라 캠퍼스 재료물성공학과 교수로 부임해 2007년 세계 최초로 무극성 청색반도체 레이저 개발에 성공했다.

6 **엘론 머스크(Elon Musk, 1971~)** : 미국의 기업가, 엔지니어, 발명가, 투자자. 온라인 결제 서비스 회사 x.com, 로켓 제조회사 스페이스X, 전기자동차 회사 테슬라 모터스 등을 설립했다. 영화 〈아이언맨〉의 주인공 토니 스타크 역의 모티브 인물이기도 하다.

4장

문재인 정부의
성공조건

소득주도성장 –
노동이 존중받는 사람 중심의 경제를 위하여

이마트 노동자들이 불만을 터뜨린 이유, 그러나……

권 이제 마지막 순서가 되었습니다. 문재인 정부가 추진하는 경제정
책의 각론으로 들어가서 문제점들을 짚어보았으면 합니다. 먼저
소득주도 성장을 위한 방법으로 최저임금, 정규직 전환, 노동시간
단축 등이 있고, 여기에 모두 재정을 투입하는 형태로 하고 있습
니다. 최저임금 인상에도 올해 3조 원을 투입하려 합니다. 그래서
이게 소득주도가 아니라 재정주도 성장 아니냐, 재정으로 주도하
는 성장이 지속가능하겠느냐는 비판도 있습니다.

유 재정의 역할은 중요합니다. 지금까지 우리나라에선 재정이 너무
나 제 기능을 안 했어요. 심지어 다른 어느 기관보다 재정건전성
을 중시하는 IMF가 "한국정부는 재정을 너무 소극적으로 운영하
고 재정의 역할을 제대로 하지 않는다. 훨씬 더 확장적인 재정 정

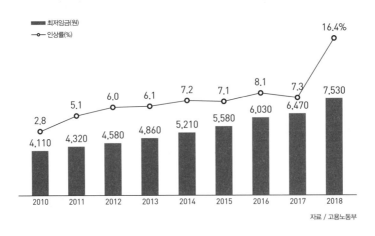

■ 최저임금(원)
─○─ 인상률(%)

16.4%

2.8   5.1   6.0   6.1   7.2   7.1   8.1   7.3

4,110   4,320   4,580   4,860   5,210   5,580   6,030   6,470   7,530

2010   2011   2012   2013   2014   2015   2016   2017   2018

자료 / 고용노동부

책이 필요하다. 소득 불균형을 완화하기 위해 사회보장 지출을 늘려야 하고, 교육이나 적극적 노동시장 정책 등에도 더 노력을 기울여야 한다"는 식으로 매년 권고하고 있을 정도입니다.[1] 재정이 지금까지 해왔던 것보다 훨씬 적극적인 역할을 해야 합니다. 재정이 할 일을 제대로 안 하다 하려니까 재정의 역할을 확대시켜야 되잖아요. 그래서 그 변화 과정은 재정 주도로 이끌어야 할 수도 있겠죠. 그건 잘못된 건 아닙니다. 물론 앞으로도 계속 재정의 역할로만 주도하려는 건 안 되겠지만.

하지만 공무원 수 늘리는 것을 일자리 창출의 정책수단으로 삼는 건 개념이 잘못된 것 같습니다. 우리나라는 소득수준에 비해 공공서비스가 부족해 삶의 질이 떨어지니 공공서비스를 확충해야 됩니다. 경찰이나 소방대 등 안전 서비스, 요양이나 상담 등 여러 복지 서비스, 환경보호나 인권보호 등 여러 공공서비스가 많이 부족하죠. 인구 대비 공무원 수[2]가 다른 선진국에 비해 매우 적은 나라입니다. 그래서 국민의 삶의 질을 높이기 위해 공공서비스를 확대해야 하고, 그러기 위해서 불가피하게 재정을 투입한다고 말해야 되는 것이지, 일자리 만들기 위해서 재정을 투입한다고 말해선 곤란하죠. '우리 세금 걷어서 공무원 늘리는 게 말이 돼?' 당연히 이런 반응이 나오게 되죠. 사실 복지, 공공서비스 확대는 그 자체로서 필요할 뿐 아니라, 결과적으로 소득주도 성장에 도움이 되는 측면도 있습니다.

최저임금 인상과 노동시간 단축 문제는 이것과는 조금 다른 것 같습니다. 전환 과정에서 재정이 조금 지원하는 것은 필요한데, 정책 자체가 좀 더 세심하게 설계되고, 집행이 됐으면 하는 아쉬움이 있습니다. 그랬으면 재정지원에 대해서도 사회적 합의를 끌어내기가 보다 쉬웠을 텐데.

권 노동시간 단축 논의를 보면, 노동자들이 이를 원치 않는 측면이 있습니다. 결과적으로 실질임금이 줄어드니까요.

유 임금이 보전되면서 시간이 단축되는 방식이 아니면 저항이 있을 겁니다. 이게 노동시간을 단축할 때 일반적으로 쓰는 방법입니다. 생산성 향상 부분이 있으니까, 생산성 향상을 임금 늘리는 데 다 쓰지 않고 노동시간 단축에 일부 쓰면, 임금을 줄이지 않고도 점진적으로 노동시간을 단축시켜 나갈 수 있죠.

과거에는 10시간 일해서 100을 생산했는데, 이제는 생산성 향상으로 110을 생산할 수 있게 됐다고 합시다. 만약 노동자가 과거에 20을 받았다고 하면, 이걸 25 정도로 늘릴 수도 있겠죠. 하지만, 이젠 9시간만 일하면 100을 (정확히는 99를) 생산할 수 있게 됐잖아요. 그럼, 예를 들어, 9시간 반으로 노동시간을 줄이면 생산이 105 정도 되고, 임금을 25가 아닌 22정도로 올리고, 이런 식으로 생산성 향상으로 임금인상이 될 부분을 일부 희생해서 노동시간 단축으로 갈 수 있겠죠. 점진적으로 말입니다.

이것도 노동자들이 의지가 있어야 돼요. 임금을 늘리는 것보다 노동시간 단축을 해야 되겠다는. 이 부분이 아직은 좀 약한 것 같아요.

권 아직까지도 자신의 임금으로 기본생활이 충족이 안 되니까요. 다 맞벌이를 하고. 생산성 향상이 있어야 노동시간이 단축돼도 임금이 보전될 수 있을 텐데, 우리나라는 생산성 향상 부분이 없으니 노동시간을 단축해도 임금이 보전되려면 사용자가 자신의 이득을 줄여야 하는데 그렇게 하지 않고, 노동자들에게 전가하죠.

그러니 노동자 입장에선 노동시간 단축이 임금감소로 이해될 수밖에 없겠죠. 이마트에서 노동시간 단축해서 처음에는 사회적으로 박수를 받았지만, 정작 이마트 노동자들은 불만을 터뜨리듯이 말입니다.[3]

유 저임금 노동자에게는 그게 현실일 거예요. 임금이 너무 적으니까. 이를 두고 정부가 이래라저래라 강제하기는 힘든 거죠. 기업보고 단번에 임금은 줄이지 않으면서 노동시간만 줄이라고 할 수도 없고, 그런 식의 노동시간 단축은 지속가능하지도 않고. 그래서 점진적으로 할 수밖에 없어요. 노사정을 포괄하는 사회적 대화가 잘 이뤄져 서로 조금씩 부담을 분담하면서 점진적으로 새로운 시스템으로 이전하는 방안을 논의해야 하는데요. 지금은 상호 소통, 사회적 대화가 미진한 것 같아요.

이 대목에서 우리나라 노동운동에 대해서 쓴소리를 좀 해야 할 것 같아요. 원래 기업은 장시간 노동을 선호합니다. 설사 연장근로수당 듬뿍 주더라도 사람 뽑는 것보다는 낫다는 생각을 해요. 고용이 늘어나면 사회보험료 등 여러 부대비용이 늘어나고, 또 경기가 안 좋을 때 고용조정이 부담되기도 하니까요. 그리고 취업한 노동자는 장시간 노동으로 돈을 많이 벌고 실업자는 그만큼 많아지면 노동자 다루기가 쉬워지죠. 취업자와 실업자 간의 소득격차가 커지고 또 일단 해고를 당하면 재취업을 위해 더 많은 실업자들과 경쟁해야 하니까, 노동자 입장에서는 잘리는 게 그만큼 더 무서워지고 따라서 고용주에게 그만큼 더 잘 보여야 하니까요.

이게 자본이 노동을 지배하는 이른바 분할통치(divide and rule) 방식입니다. 취업자와 실업자, 내부자와 외부자, 정규직과 비정규직, 원청과 하청, 이런 식으로 노노 갈등을 유발하는 거죠.

이런 상황에서 노동자 개인은 대부분 연장근로하고 돈 더 버는 걸 선호하게 되지만 노동자 전체의 이익을 보면 '과연 그게 삶의 질을 높이는 건가'라는 문제가 있죠. '자본의 분할통치에 이용당하지 말고, 힘을 합쳐서 조금 덜 벌더라도 노동시간을 줄이자. 그래야 삶의 질도 높아지고 고용도 늘어나서, 노동자 전체에게 이익이고 결과적으로 나에게도 이익이다'라는 게 서구에서 노동조합이 취한 태도입니다. 그래서 노동조합이 강한 나라일수록 노동시간이 많이 단축된 경향이 나타나는 거예요.

서구의 노동조합은 노동시간 단축뿐 아니라 사회복지의 확대 등 사회적 진보를 위해서 중요한 역할을 했죠. 그런데 우리나라 노동조합은 이런 면에서 많이 부족한 것 같아요. 기업별 노조로 조직되어 있다 보니 조직이기주의가 심하고, 게다가 대기업, 정규직 위주로 조직되어 있어서 저임금 노동자들의 이해를 충분히 대변해주지 못하고 있는 것 아닙니까. 노조가 이 시대가 요구하는 사회적 진보의 역할을 제대로 못 하고 있는 것 같아서 안타깝습니다.

사실 저임금 문제도 노동조합이 활성화되어서 스스로의 교섭력을 바탕으로 개선해 나가면 좋은데, 그렇지 못한 상황이니까 정부가 최저임금을 무리하게 올리는 상황이 벌어졌죠. 저는 예전부터 최저임금 인상을 주장하는 입장이었지만, 한꺼번에 급격한 인상을 하는 건 바람직하지 않다는 것도 함께 주장했거든요. 최근 몇 년간 최저임금이 많이 올랐던 것도 있고요.

너무 서둘렀던 최저임금 1만 원 정책

권 박근혜 정부 때도 많이 올랐죠.

유 그랬습니다. 최저임금 수준을 국제적으로 비교할 때 보통 중위임금 대비 몇 퍼센트인지 보는데, 박근혜 정부 막판인 2016년에는 이게 50%까지 올랐어요. 이 기준으로는 그때 이미 적정수준이 되었다는 것이죠. 물론 우리나라 임금 분포가 워낙 불평등해서 저임금 노동자가 워낙 많다 보니, 중위임금 자체가 낮은 건 사실입니다. 저임금 노동자 비중이 OECD국가에서 미국과 함께 가장 높은데, 이게 정말 문제지요.

바로 이런 우리나라 노동시장의 현황을 감안할 때 최저임금을 너무 급격하게 올리는 건 무리한 일입니다. 이번에 16.4%를 올린 거죠? 이건 좀 무리한 인상 같아요. 무엇보다 최저임금 올리기 전에도 전체 노동자의 15%는 최저임금도 못 받고 있었는데, 이런 사각지대의 문제가 더 악화되지 않겠어요?

그리고 저임금 노동자의 고용에 미치는 영향도 걱정을 안 할 수가 없어요. 미국에서 최저임금 인상이 고용에 나쁜 영향을 미치지 않는다는 카드와 크루거의 연구[4]도 있습니다. 여러 반론도 제기되기는 했지만요. 그런데 우리는 미국과는 상황이 또 다릅니다. 영세자영업자가 차지하는 비중이 너무 높기 때문입니다. 자영업자 가운데 손익분기점 근처에서 살아남기 위해 사투를 벌이고 있는 사람들이 많죠.

권　최저임금 인상으로 소득이 마이너스가 되는 자영업자를 말씀하시나요?

유　영세자영업자들이 몹시 어렵죠. 어제오늘 일이 아닌데요. 워낙 자영업 비중이 높고 시장이 과포화되어 있으니까. 매년 자영업자의 15% 정도가 폐업을 하고 있어요. 최근에는 자영업 상황이 더 나빠지고 있는데, 여기다가 최저임금 충격까지 가하니까 반발이 많은 거죠.

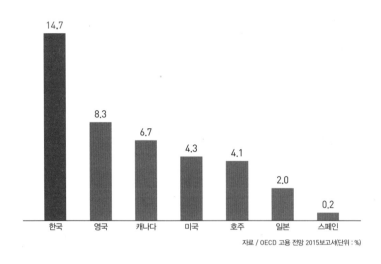

14.7

8.3

6.7

4.3

4.1

2.0

0.2

한국 영국 캐나다 미국 호주 일본 스페인

자료 / OECD 고용 전망 2015보고서(단위 : %)

'최저임금 1만원'이라고 할 때, 그건 슬로건이지 정책은 아니죠. 그것이 가져올 부작용을 감안하지 않고, 의욕만 앞서서는 곤란하다는 생각입니다. 시장경제는 시장의 힘을 잘 이해하고 존중하면서 끌어가는 게 좋습니다. 행정력으로 끌어올리기보다는 가급적 시장의 힘 자체가 저임금 노동자의 임금상승 압력을 만들도록 해주는 것이 최선이라는 것이죠. 그러려면 시장의 힘과 조응해 나가면서 좀 더 점진적으로 인상했어야 하는 게 아닌가 생각합니다.

시장의 힘을 활용하는 것에는 외국인노동자 문제도 포함돼 있습니다. 지금 산업연수생 제도를 통해서 외국인노동자가 들어옵니다만 이 제도가 본래 취지에서 벗어나 저임금노동 확보 수단으로 남용되고 있습니다. 하루아침에 외국인노동자들을 다 쫓아내자는 건 물론 아닙니다만, 이 제도를 원래 목적에 맞도록 운영하고 개혁해야죠. 3D 업종에서 사람을 구하기 힘들다고 하잖아요. 너무 임금을 적게 줘서 그런 거예요. 일이 힘들고 미래 전망도 시원치 않다면 임금이라도 많이 줘야 할 거 아닙니까? 그게 시장 원리죠. 만약 임금 많이 주면 경쟁력이 없고 회사가 망한다? 그런 회사는 없어져야 되는 거예요. 그러면 시장에서 공급이 줄어드니까 값이 올라가고, 그러면 남아있는 회사들은 임금을 더 줄 수 있게 되죠. 시장은 이렇게 작동하는 겁니다.

최저임금이 올라가니, 물가가 올라간다고 하잖아요? 그러니까 물가단속 하겠다는 얘기도 있던데, 웃기는 이야기에요. 최저임금 인상하면 물가가 올라가야 돼요. 지금 수출 기업은 세계시장에서 가격이 결정되고 정부가 환율 관리도 해주니까 가격을 어느 정도 보장받고 있는 건데요, 우리나라에서 서비스 부문은 가격이 엄청 낮잖아요. 이제 서비스 요금이 좀 올라가야 돼요. 이 과정에서 중산층이 일부 손해를 감당해야 합니다. 최저임금 올려서 저임금 노동자들에게 돌아가는 몫을 늘리자면 누군가는 양보를 해야죠. 나는 아무런 손해도 안 보고 남은 도와준다, 그런 게 어디 있어요.

시장의 힘이 작동하면서 정리되어 나가도록 하는 겁니다. 퇴출되는 기업이 있더라도, 살아남은 기업들이 더 좋은 가격을 받고 그러면서. 사람을 보호해야지 기업을 보호하는 건 시장 원리에 어긋나는 거예요. 그러려면 복지제도가 지금보다 훨씬 충실해야 되죠. 노동시장에 과잉공급된 인력이 일부 철수를 해야 되는 거예요. 투잡 뛰고 이런 사람들이 많잖아요. 그러니까 서비스 요금이 오를 수가 없죠.

권 그렇게라도 하지 않으면, 생활이 안 되는 사람이 많이 있잖아요.

유 그러니까 복지 혜택이 좋아지면, 줄어들 수 있다는 거예요. 그리고 주거비와 교육비가 너무 부담이 되고 있는 것도 문제죠. 이 문제를 해결해야 합니다.

누가 을 대 을 의 갈등을 부추기는가?

권 박용만 대한상의 회장이 지난해(2017년) 중소기업 영업이익률이 4%인데, 올해 최저임금 인상률이 16.4%라면서, 자신도 최저임금 인상해야 된다고 생각하지만, 이렇게 해선 영세중소기업이나 자영업자들이 견디기 힘들다고 말했습니다. 최저임금 관련해 몇 가지 비판 지점이 있는데, 그중 하나는 너무 빠른 속도로 진행한다는 것이죠.
　하지만 정부 입장에서 보자면, 최저임금이 최저생계비보다 아직 많이 낮으니까, 이 정부가 조금 무리를 하더라도 좀 많이 올려놓아야 되겠다고 한 것 아닐까요?

유 저임금 노동자들이 생활이 어려운 경우도 많습니다만, 가계 단위에서 보면 한 가구에 몇 사람이나 벌이가 있느냐에 따라 살림 형편이 많이 영향을 받습니다. 올해 오른 최저임금 기준으로 주 40시간 노동을 하면 한 달 소득이 160만 원 조금 못 미치는데요, 올해 도시가구 4인 가족의 최저생계비는 180만 원을 조금 넘어요. 그러니까 4인 가족 중에 한 명만 최저임금을 벌어오면 생활이 안 되는 거죠. 그런데 만약 두 명이 벌어온다면 사정은 확 달라집니다.

여하튼 저임금 노동자들의 임금을 올리는 건 누가 봐도 좋은 일입니다. 정부의 선의는 인정한다니까요. 더군다나 촛불항쟁의 결과 탄생한 정부이기 때문에 당장 국민을 위해 뭔가 보여줘야 하는 부담이 있었을 걸로 이해합니다. 문제는 선의로만 정책이 성공하는 건 아니라는 거죠.

영업이익률과 최저임금 인상률을 비교하는 박용만 회장의 논리는 좀 이상합니다. 임금이 비용에서 차지하는 비중이 그렇게 큰 것은 아니니까요. 중소기업에서 노동비용이 차지하는 비중이 업종에 따라 다른데, 제조업에선 크지 않고 서비스업에서는 상대적으로 크기는 합니다.

어쨌든 최저임금 인상률이 지나치게 높았다는 말에는 동의합니다. 그럼 중소기업이 최저임금 때문에 다 망하느냐, 그렇지 않습니다. 일부 기업에선 어려움이 나타날 수도 있지만, 전체적인 영향은 크지 않을 거로 봅니다. 타격은 영세자영업자에게 집중될 겁니다. 일부는 가격 상승으로 혜택을 받기도 할 거예요. 최저임금이 인상되면, 지금보다는 누군가가 손해를 봐야 하는데, 그게 가격 조정으로 나타나는 거죠.

권 최저임금 인상으로 누군가가 그 대가를 치러야 하겠죠. 그러니 일부 한계기업이나 영세자영업자 중에는 문 닫는 곳이 생길 것이고, 그렇게 시장에서 일부가 솎아내지고 나면, 남은 기업이나 가게의 수익은 지금보다 늘어나겠지요. 그러면 가격협상력이 생겨서 가격을 올리고, 물가인상이 될 수도 있고. 또 이 과정에서 문닫는 기업이나 가게의 인력들은 직장을 잃는 어려움을 겪을 수도 있고. 결국은 최저임금 인상을 이루기 위해 우리 사회가 전반적으로 부담을 조금씩 함께 떠안아야 된다는 것이지요?

유 바로 그런 얘기를 하고 있는 겁니다. 그런데 정부는 그런 이야기는 안 하죠. 누군가한테 '당신이 좀 양보해라' 하는 건 정치적으로 부담이 되니까.

권 결과적으로 을 대 을의 전쟁으로 만들어버린 측면이 있는 것 같습니다.

유 '재분배를 한다'고 하면, 누군가는 자신의 것을 희생해야 되는 거예요. 여유 있는 사람이 내고, 어려운 사람이 받고. 이걸 하는 하나의 중요한 메커니즘이 가격 조정이고, 이는 결국 물가상승을 낳는 거죠. '물가에 영향을 미치지 않을 거다'? 아무도 비용을 감당하지 않고도 최저임금 인상을 할 수 있는 것처럼, 그렇게 말해선 안 된다는 겁니다.

권 최저임금 관련해 올해는 3조 원 보조를 해주는데, 내년에는 어떻게 될지 모르고, 게다가 4대보험 비용부담이 있으니 고용주들이 기금신청을 안 한다는 거잖아요. 올해 조금 받아도, 앞으로 계속 부담이 늘어나니까. 또 아르바이트생들은 어차피 부모님한테 의

료보험이 얹혀 있는데, 별도로 자신도 4대보험을 부담해야 한다
고 하니, 양쪽 다 환영하진 않는 것이죠.

유 정부가 최저임금 인상에 대해 너무 안이하게 생각했던 것 같습니
다. 정치적으로는 촛불항쟁의 영향인데, 정책 당국자는 정책의 영
향이나 부작용에 대해서 심도 있는 검토를 했어야 하죠. 반발이
많으니까 서둘러 재정에서 보조해주는 대책을 만든 건데, 그것도
정책효과에 대해 제대로 시뮬레이션도 안 해보고 나온 것 같아
요. 신청자가 너무나 없으니 당황하는 것 보면. 제가 앞에서도 얘
기했던 건데, 객관적 근거에 입각한 정책(evidence-based policy)이
다시 한 번 아쉬운 대목입니다.

권 지금은 자영업자들을 힘겹게 하는 주요한 원인이 임금이 아니라,
임대료라는 측면에서 정부가 임대료 단속에 나서겠다고 하지 않
았습니까.

유 임대료를 통제하겠다는 생각 자체는 대찬성이에요. 돈이 돈을 버
는 현상이 심각해졌고, 젠트리피케이션 문제도 심각하고. 열심히
장사해서 건물 가치 올려놨더니, 건물주가 임대료 왕창 올려서
다 강탈해가고. 이런 현상을 그냥 두고 보면 안 되죠.
　건강한 시장경제의 발달과 경제성장을 위해서는 땅 주인한테
가는 소득, 경제학에서 지대(rent)라고 합니다만, 이게 커지면 안
된다는 건 데이비드 리카도(David Ricardo)나 존 스튜어트 밀(John
Stewart Mill)과 같은 고전경제학자들도 강조했던 겁니다. 경제적

서울 종로구 서촌에서 한 부부가 '궁중족발'을 9년째 운영하고 있다. 처음 장사를 시작할 때는 동네 가게였으나, 서촌 지역에 관광객들이 몰리면서 젠트리피케이션 현상이 일어났다. 2015년 새 건물주가 들어서면서, 2016년 1월 가게 주인에게 보증금 1억 원, 임대료 1,200만 원을 요구했다. 이전까지는 보증금 3,000만 원, 임대료 297만 원이었다. 이에 가게 주인이 저항하자, 건물주는 명도소송을 통해 법원으로부터 인도가처분 집행 명령을 받아냈고, 2017년 11월 9일 집기를 들어내는 강제집행을 실시했다. 이때 저항하던 가게 주인 김아무개 씨를 강제로 끌어내는 과정에서 김씨의 손가락이 부분 절단되기도 했다. 2018년 1월 현재까지 시민들이 나서서 강제집행을 막고 있다.

가치를 창조하는 사람한테 보상이 가야 그러한 활동이 확대되면서 성장이 일어나는 것이지, 공급이 한정된 토지 소유자에게 보상이 가서는 토지소유자들의 사치나 도와주고 말 거라는 거죠.

그런데 정부의 임대료 단속 얘기는 좀 실효성이 떨어지는 것 같아요. 우선 요즘 전반적으로 장사가 잘 안되잖아요. 장사가 신통치 않은데 임대료가 올라가는 경우는 거의 없어요. 건물주 입장에서는 세입자가 나갈까 봐 걱정하는 형편이 되니까. 최근 전국적으로 임대료의 평균 인상률은 연평균 1% 정도밖에 안 돼요. 그래서 임대료 단속해서 어려운 자영업자 도와주겠다는 건 좀 설득력이 떨어지죠. 문제는 잘나가는 상권, 잘나가는 점포의 경우인데요, 이런 데서 건물주의 횡포가 빈번합니다. 한 달에 300만 원이던 임대료를 갑자기 1,200만 원 내라고 해서 난리가 난 서촌의 가게 같은 경우죠.

그래서 '조물주 위에 건물주 있다'는 말이 나오는데, 나라를 망하게 하는 말입니다. 열심히 장사한 사람이 혜택을 받아야지, 그게 포용적 경제 시스템이죠. 그런데 이런 경우에도 정부가 임대료 단속으로 해결할 수 있는 건 별로 없어요. 시행령 개정해서 매년 9%로 정해져 있던 임대료 인상률 상한을 5%로 낮춘 건데요, 그게 처벌 규정도 없고, 무엇보다 계약기간이 5년 이상 경과하면 임대료를 무한정 올려도 되도록 되어 있어요.

상가건물임대차보호법이 2001년인가 민주노동당의 노력으로 제정되었고, 그 후에 몇 번 개정되면서 조금 나아지기는 했는데요, 아직도 구멍이 많아서 건물주의 횡포를 막지 못하고 있는 거죠. 법을 개정해서 보호기간을 확 늘려야 해요. 독일이나 일본 같은 경우는 실질적으로 무기한으로 세입자를 보호해줍니다. 건물이 무너지기 직전이 아닌 한에는 세입자가 나가지 않겠다면 쫓아내는 게 거의 불가능하게 되어 있어요.

임대차보호 대상을 확대하고 허점을 보완하는 것도 필요하죠. 법제도를 제대로 만들고 나서 이게 실질적 관행으로 정착될 수 있도록 단속도 하고 행정지도도 해야 효과가 있지, 건물주에게 일방적으로 유리하게 되어있는 현행 법제도하에서 정부가 할 수 있는 건 별로 없어요.

정규직 전환 – 엉킨 실타래를 풀기 위해서는 섬세한 손길이 필요하다

권 정규직 전환 문제는 어떻게 보고 있나요?

유 비정규직의 정규직화도 걱정을 많이 하는 부분이에요. 저도 비정규직 남용에 대해선 반대를 많이 했고, 분노했죠. 사실 비정규직

문제는 IMF 이후부터 본격적으로 시작된 거예요. 노동시장 유연성이라는 미명하에. 그 후에 비정규직 보호한다고 법을 개정했는데, 결과적으로는 기간이 되면 내보내는 걸로 되고 말았잖아요.

권 애초 취지는 비정규직으로 고용해 2년이 지나면 정규직으로 채용하라는 거였죠.

유 그러려면 충분한 인센티브를 줘야죠. 저는 사실 과거에 비정규직 노동자에게는 의무적으로 '고용안정수당'을 주도록 해서 같은 업무를 비정규직으로 채우면 임금비용이 더 들어가도록 하자고 제안했습니다. 해고가 쉬우니까 그 대신 임금을 높이자. 그러면 장기적이고 고정적으로 필요한 업무는 정규직으로 채우고, 변동성이 있어서 유연한 고용이 바람직한 업무는 당장 임금은 높더라도 비정규직으로 채우고, 이런 식으로 합리적인 노동시장이 될 거라고 본 거죠. 그냥 2년이라는 기간만 정해주니까 다들 편법으로 2년 되기 직전에 내보내고, 그러고 나서 다시 뽑기도 하고, 그렇게 된 거죠.

법의 취지가 정말로 그랬다면 적어도 공공부문에서는 상시적으로 필요한 업무에 대해서는 정규직 티오(TO)를 만들어줬어야 되는 것 아닙니까. IMF 후에 공공기관부터 정규직 TO를 줄여 그 자리를 비정규직으로 채웠습니다. 그리고 정규직 TO를 안 늘려주는데, 어떻게 비정규직을 정규직으로 전환시킵니까. 그러니 멀쩡한 사람을 2년만 지나면 내보내야 하는 겁니다.

저는 모범적인 고용관행을 앞장서서 실천해야 할 정부가 오히려 비정규직을 남용하는 걸 보고 분노했습니다. 노동자의 지위가 악화되고, 전체 소득에서 자본에 돌아가는 몫은 커지고, 노동에 돌아가는 몫은 작아지고, 내수시장은 줄어들고, 수출에 더욱 목매달고, 이렇게 된 원인 중의 하나인 거예요.

저는 가급적 정부부터 상시적인 업무를 담당하고 있는 비정규직은 정규직화하는 것이 좋겠다고 오래전부터 주장해 왔습니다. 하지만 최근 문재인 정부의 정규직 전환 정책은 너무 과도한 시그널을 주고, 과도한 기대를 조성하고, 무리한 정책을 추진하는 건 아닌지 겁이 났어요.

모든 비정규직 노동자들이 큰 기대를 갖게 됐을 텐데, 현실에 있어서는 산업별로, 직종별로, 사업장별로 비정규직이 활용되는 방식이나 처우나 조건들이 너무 다르거든요. 여러 가지 노동시장의 불합리한 요소들과 결합되고, 다양한 형태로 진화되고 변환돼 왔기 때문에 이를 단칼에 해결하는 건 불가능할 겁니다.

현실에서 이걸 바꾸는 건 얽혀있는 실타래를 푸는 것과 같기 때문에 한꺼번에 확 풀려고 하면 오히려 더 얽히기 십상이죠. 굉장히 정교한 정책이 필요합니다. 우리나라는 임금체계도 매우 복잡하고 불합리한 면이 많은데, 임금체계와 고용 시스템의 전반적인 합리화라는 관점에서 주도면밀하게 접근을 해야 된다고 생각합니다. 갈등관리, 사회적 대화, 이런 것도 중요하죠. 이 과정에서 상당한 갈등이 유발될 수밖에 없으니까요.

권 프레스센터에서도 청소 아주머니들이 시위를 하더라구요. 누구는 정규직 전환을 해주고, 어떤 곳은 안 해주고 하니까.

유 어떤 곳은 정규직 전환을 반대하는 곳도 있어요. 예순이 넘으면 퇴직해야 되니까. 촛불정부니까 기대에 부응하려다 보니 정부가 과도한 약속을 하고 서두르게 된 측면도 있겠지만, 좀 우려가 됩니다. 어쨌든 별 문제없이 성과를 내고 진전을 이뤘으면 하고 간절히 바라고 있습니다.

권 정부 입장에선, 임기는 5년으로 한정돼 있고, 앞으로 선거가 있고, 그러면 이 모멘텀을 잃을 수도 있으니까, 그러니 일부 부작용이 있더라도 초기에 구축을 해놓아야 된다는 절박성, 그리고 지금은 경제가 그나마 괜찮은데, 앞으로 어떻게 될지 모르니, 지금 이 시기에 하지 않으면 다음엔 기회를 잃어버리지 않을까 하는 생각도 있지 않았을까요?

유 가장 큰 압력은 촛불이었겠죠. 어떻게 세운 정권인데, 기대에 부응해야 된다는. 그러나 과연 뒷감당이 가능하냐는 건 다른 문제죠. 사실 그런 기대가 있다 하더라도, 일부러 기대를 좀 낮추고 가는 것도 방법인데요.

　거꾸로 보면, 지금 정부에 대한 기대도 높지만 지지와 호의도 매우 높잖아요. 모든 걸 한꺼번에 쾌도난마로 풀 수 없다는 걸 이해해 달라, 사회적 대화를 제대로 해가면서 천천히 가자, 이런 식으로 접근할 수도 있겠죠.

권 노동시간 단축, 정규직 전환으로 인해 물가인상이 불가피하다고 할 때, 일반인들은 '나는 임금이 안 늘어났는데, 최저임금 오른다고 하니 내 임금이 실질적으로 깎이는구나. 내가 보기에는 임대업자나 대기업이 우리 사회 부의 상당 부분을 다 가져가고 있는 것 같은데, 나도 어려운데, 왜 내 호주머니에서 돈을 빼가나', 이런 불만을 갖게 되지 않을까요?

유 그래서 사회적 대화를 해야 된다는 거죠. 이를 바탕으로 분배를 조정해야 합니다. 말씀하신 대로 임대업자와 대기업에게 돌아가는 몫은 줄여야겠죠. 조물주 위에 건물주 있는 나라가 돼서는 안 됩니다. 임대소득 과세 제대로 하고, 임대차보호 확실하게 해야 합니다.

그리고 지난 20년 동안 우리 대기업들의 이윤이 말도 못 하게 폭증했습니다. 세계에 유례가 없을 정도입니다. 국민소득에서 이들이 가져가는 비중이 확 늘어난 만큼 사회에 공헌을 해야 됩니다. 그중 하나가 법인세 인상입니다. 법인세가 더 걷히면, 아동수당, 건강보험 보장성 확대 등의 형태로 국민들에게 혜택이 돌아가도록 하는 것이고요.

그리고 중산층도 조금은 부담을 져야 한다고 생각합니다. 바로 서비스 요금 인상이에요. 우리나라 서비스 생산성이 너무 낮다고 하잖아요. 그래서 서비스산업 생산성을 높이려면 규제완화 해야 한다고 하는데, 넌센스예요. 서비스 생산성이 낮게 나오는 건 서비스 요금이 낮기 때문이에요. 미장원에서 머리 깎고 1만 원 내면, 미장원의 부가가치가 1만 원이에요. 소모품, 감가상각 등 빼고 나면 그보다 더 낮겠지만, 이런 건 일단 무시하고요. 그런데 미장원에서 머리 깎고 2만 원 내면, 미장원의 부가가치가 2만 원이에요. 생산성이 두 배로 뛰는 거죠. 서비스 요금이 낮아서 서비스 생산성이 낮으니까, 요금 올리면 생산성이 올라가요.

제가 잘 아는 사람이 캐나다에 살 때, 열쇠를 분실해서 열쇠수리공을 불렀다고 합니다. 우리나라에서는 이런 경우 얼마나 내야 할까요? 2만 5천 원이라고 칩시다. 무슨 첨단 디지털 자물쇠를 여는 게 아니고 옛날식 보통 자물쇠라서 열쇠구멍에 맞추어 적당히 깎으면 되는 거니까 아마 그 정도 하지 않을까 싶은데요. 예시를 하는 거니까 정확한 액수가 중요한 건 아니구요. 아무튼 캐나다에서는 250달러 내라고 하더랍니다. 우리 돈으로 환산하면 대략 25만 원. 똑같은 일을 하고 10배 받는 거죠. 그러면 열쇠수리공 서비스의 생산성이 우리보다 10배 높게 나오는 거예요. 아마 객관적이고 물리적으로 서비스의 생산성을 측정한다면 우리나라가 더 높을 겁니다. 왜냐면 똑같이 잠긴 열쇠 열어주는 일을 하는데, 시간은 우리가 더 빨리빨리 하잖아요. 그러니 시간당 물리적 생산성은 우리가 높겠죠.

사실 외국에 살아본 사람은 한국이 얼마나 서비스가 좋은지 잘 압니다. 친절하고, 싸고, 빠른 측면에서 한국의 서비스는 세계 최고입니다. 그런데 대부분의 서비스는 물리적으로 측정하기가 어려우니까 생산성을 계산할 때 부가가치를 기준으로 해요. 받는 돈에서 중간재 비용을 뺀 것이 부가가치죠. 그렇기 때문에 우리나라의 서비스가 정말 좋은데도 불구하고 생산성이 낮다는 통계가 나오는 겁니다.

우리나라는 국제적으로 비교해 보면 명목 소득에 비해 구매력이 높은 나라예요. 자동차, TV 등 제조품은 국제 시장가격이 있어서 터무니없이 비싸거나 싸게 팔 수 없어요. 너무 비싸면 외국 것을 선택할 거고, 너무 싸면 외국 사람들이 다 사가겠죠. 무역의 대상이 되는 교역재의 경우에는 그래서 각국의 가격이 비교적 유사합니다.

하지만 서비스는 비교역재여서 가격이 나라마다 크게 달라요. 예를 들어, 열쇠수리 한 번 하는 데 캐나다에서는 25만 원, 한국에서는 2만 5천 원, 그리고 아마 인도라면 2,500원이나 될까요? 가난한 나라일수록 임금이 낮고, 그래서 서비스 가격이 낮고, 그래서 같은 명목 소득을 갖고 실제로는 더 많은 소비를 할 수 있게 됩니다. 그러니까 나라 간 소득 격차에 비해 구매력 격차는 줄어듭니다. 이건 국제경제학의 기본 법칙이죠.

그런데 우리나라의 경우는 국제적으로 소득 수준이 높은 편인데도 소득에 비해 구매력이 훨씬 커요. 이건 워낙 서비스 가격이 상대적으로 낮기 때문이에요. 중산층에 유리한 구조입니다. 그동안 혜택을 많이 봤으니까 이제 중산층이 조금 양보해서 최저임금도 좀 올리고 서비스 가격도 좀 올리자, 이런 사회적 합의가 필요하다고 봅니다.

권 한국의 서비스가 좋다는 것도 저임금 노동력을 대거 투입하니까 그런 것 아닙니까.

유 한국의 한 사람 한 사람의 서비스 노동자가 일하는 것을 자세히 보면, 대부분의 경우에는 어느 나라 노동자 못지않게 친절하고 유능하다고 봅니다. 특히 빨리빨리 하는 것은 세계에서 단연 최고지요. 그런데 임금을 적게 주니까 그게 생산성이 낮은 것으로 나오는 거예요. 미국에서 자동차 수리 한번 맡겨 보세요. 인건비 (labor charge)가 엄청나잖아요.

권 부품 가격은 그리 비싸지 않은데.

유 한국은 거꾸로죠. 서비스 가격을 싸게 매기니, 부품값이라도 비싸게 받으려고 하니까요. 한국에서는 물건, 하드웨어에 돈 내는 건 별로 아까워하지 않으면서, 서비스, 소프트웨어에 돈 내는 건 엄청 아까워하는 경향이 있어요. 그러니 노임을 조금만 계상하고 이윤은 부품 가격 올려서 만들어낸다는 거죠. 서비스업 생산성이 낮은 걸로 나올 수밖에요. 이런 기본적인 현실을 보지 않고, 걸핏하면 '규제완화를 안 해서 서비스 생산성이 낮다'고 하는데 도대체 무슨 논리인지 모르겠습니다.

결국 우리 경제에서 비용은 조금만 치르면서 많은 걸 누려왔던 사람들이, '당신들이 가져가는 몫이 지금보다 좀 늘어나는 것이 좋겠다'고 생각한다면, 자기들 몫을 그만큼 줄일 자세가 되어있어야 한다는 겁니다. 그래서 정부가 솔직해야 됩니다. 복지의 경우에도 마찬가지예요. 복지를 늘리려면 재원을 마련해야 됩니다. 복지를 늘리는 게 포퓰리즘이 아니고, 복지를 늘리면서 재원 마련을 안 한다는 게 포퓰리즘입니다.

보편증세에 대한 저항, 그래도 해야 한다

권 문재인 정부도 건강보험 서비스를 확충하면서 기존의 건보재정

흑자분을 쓰는 등 가급적 국민부담을 늘리지 않는 형태로 하려 하지요.

유 물론 정치인들로선 '세금 올리는 것'에 대한 부담을 많이 느끼죠. 박정희 정권이 무너진 진짜 이유는 부가가치세 도입이라는 말도 흔히 하잖아요. 그만큼 증세는 인기가 없는 정책입니다. 그러나 역사를 길게 보면 꼭 그런 건 아니에요. 세금을 공평하게 걷어서 필요한 데 잘 쓴다는 인식이 전제되면 세금 올려도 정권 안 무너집니다. 뉴딜정책을 실시한 프랭클린 루즈벨트는 대공황 시절, 소득세 최고세율을 25%에서 63%로 올리고 사회주의자라는 비난까지 들었죠. 2차대전 중에는 심지어 94%까지 올렸습니다. 하지만 대중의 인기를 누렸고, 전무후무한 대통령 4선에 성공했잖아요.

　문재인 정부는 단기적 평가에 너무 연연해하지 말고, 촛불정부답게 솔직하게 국민과 소통하고, 사회적 대화를 진지하게 진행하면서 문제를 풀어나가야 합니다. 세상에 공짜는 없습니다.

권 그러면 법인세, 소득세 다 올려야 된다는 말씀이시죠?

유 다 올려야죠. 사실 작년(2017년) 정기국회에서 이미 올렸습니다. 고소득자와 대기업에 대해서. 비과세 감면이 워낙 많으니까 앞으로 이걸 줄여서 실제 납부하는 세금을 기준으로 따지는 실효세율을 올리도록 해야겠죠. 실효세율을 따져보면 대기업이 중견기업보다 세금을 더 조금 내는 것으로 나오는데, 이건 말이 안 되잖아요.

아무튼 조세부담률을 올려서 재정을 확충해야 재정이 할 일을 제대로 할 수 있을 겁니다. 그리고 재정을 너무 보수적으로 운용하고 있는데, 이것도 바람직하지 않아요. 적극적인 공공임대주택 공급이나 공교육 강화, 복지확대 등 과감하게 재정을 투입할 필요가 있습니다.

권 그러나 기획재정부 관료들은 재정건전성 악화에 대해선 알레르기 반응을 느끼지 않습니까?

유 그게 참 이상해요. 우리나라 경제관료들이 재정건전성에 관해 과도한 집착을 하는 전통이 있거든요. 이것이 옳은지 진지하게 재검토해봐야 합니다.

예를 들면, 이런 게 있어요. 통합재정수지[5]가 재정 상황을 판단하는 국제적 기준이에요. 그런데 우리나라는 이걸 안 보고, 통합재정수지에서 국민연금 등 사회보장성 기금을 제외한 관리재정수지를 항상 보거든요. 우리가 아직은 사회보장 납부금이 지출보다 훨씬 많잖아요. 그러니까 통합재정수지를 보면 흑자거든요. 이건 아예 언급을 안 하고, 적자인 관리재정수지만 보면서 건전성에 문제 있다고 외치는 거예요.

아무튼 재정건전성을 과도하게 강조할수록, 공적 서비스 강화에는 장애가 되죠. 그래서 재정건전성이라는 게 보수세력에겐 매우 유용한 이데올로기가 될 수 있습니다. 보수세력 입장에선 복지를 잘하면, 노동시장에서 노동자의 협상력, 바게닝(bargaining) 파워가 생겨요. 그래서 복지를 싫어하는 거예요. 기업 입장에선

'이런 대접받고 일하느니 차라리 관두고 말겠다' 하는 사람들보다 '뭐든지 시키는 대로 다 하겠습니다' 하는 사람들이 많아야 좋잖아요.

정부 사이즈가 커지는 것도 싫은 거예요. 철도든 공항이든 공공에서 운영하는 게 싫은 거예요. 이윤창출 기회로 삼고 싶으니까. 미국에선 심지어 감옥도 민영화시킨 데가 많아요. 재계와 보수세력은 정부 확대를 막고 시장의 지배를 강화하기 원하는데, 여기에 재정건전성 이데올로기를 이용해 먹는 겁니다.

권 그런데 시장지배를 내버려두지 않고, 오히려 관치는 하잖아요.

유 예리한 지적입니다. 그런데 여기서 관치라는 게 뭘까요? 대자본에 의한 시장지배를 못 하게 하고 이래라저래라 간섭하는 걸까요? 관치라는 말이 원래 관치금융에서 왔죠. 관치금융의 역사적 배경을 보면 박정희 시대에 은행을 국유화하고 경제개발계획을 추진하는 수단으로 삼은 거잖아요. 정책금융이라는 이름으로 정부가 여기 대출해라, 저기 대출해라, 지시한 거죠. 만약 관치금융을 하지 않았다면 경제개발계획은 어떻게 추진했을까요? 재정을 투입해서 했어야 되었겠죠. 대만처럼 공기업을 세우든지, 아니면 민간에게 보조금을 주면서 투자를 유도하든지. 이게 정석입니다, 관치금융은 정석이 아니고.

그런데 나라가 가난하기도 하고, 세금 걷는 게 정치적으로 부담이 되기도 하니까, 재정이 해야 할 일을 금융의 팔을 비틀어 대신하도록 시킨 게 바로 관치금융입니다. 재정이 자기 역할을 제대로 안 한 것이 관치의 근원이라는 다소 역설적인 사실이죠.

유사한 사례를 하나 더 들자면, 학교 설립입니다. 박정희 시대에 인구가 빠르게 성장하고 교육수요가 폭발적으로 증가했어요. 학교를 많이 지어야 했는데, 재정을 확대하는 게 부담되니까 민간으로 넘긴 거예요. 민간의 학교설립을 유도하기 위해 특혜를 잔뜩 줬고요. 세계 어디를 가도 우리나라처럼 사립학교 비중이 높은 나라를 찾아보기 어려운데, 중등교육과 고등교육을 막론하고 말이죠. 이건 재정이 자기 할 일을 민간에 넘겨서 그런 거예요. 그 대가로 특혜를 주니까 순수하게 교육사업에 뜻이 있는 사람들보다도 학교를 통해 돈 벌려는 사심이 가득한 사람들이 많이 뛰어들었고, 그 결과 지금 우리가 보는 황당한 사학비리가 생겨난 거죠.

권 우리나라에서 재정건전성 문제는 걱정 안 해도 되는 건가요?

유 당분간 걱정할 일은 없다고 봅니다. IMF도 한국은 재정여력(fiscal space)이 있으니 적극적으로 재정을 사용한 정책을 펴라고 권고하고 있습니다. 그러나 중장기적으로는 저도 걱정을 합니다. 경제관료들의 걱정을 인정하는 부분이 있어요. 그것은 복지제도예요. 우리나라는 세계 최고속도의 고령화가 진행되고 있기 때문에, 지금의 부실한 복지제도를 유지하기만 해도 갈수록 복지비용이 엄청나게 늘어나게 돼 있어요.

그래서 한편으로는 재원마련을 위한 대책을 충실히 이행해야 하고, 다른 한편으로는 복지제도를 효율적으로 설계해야 합니다.

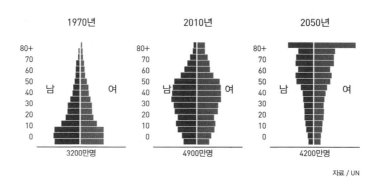

물구나무 서는 한국의 인구 피라미드

| 1970년 | 2010년 | 2050년 |

남 여 (1970년) 3200만명

남 여 (2010년) 4900만명

남 여 (2050년) 4200만명

자료 / UN

사실 선진복지국가에서 복지병이 별로 생기지 않는 이유는 복지 제도를 효율적으로 설계하기 때문이에요. 그러나 제도를 잘못 만 들면 복지병이 생기게 되고, 그러면 재정 압박도 커지고 정치적 반대도 커지게 돼요.

복지제도의 효율성이라는 게 예를 들자면 이런 거예요. 박근혜 정부에서 기초생활보장제도 개편을 했을 때 제가 칭찬했어요. 아 무리 박근혜가 해도 잘한 건 잘한 거다, 저는 이런 식이니까요. 그 랬다가 어떤 시민단체로부터 항의를 받기도 했습니다만. 김대중 정부가 도입한 기초생활보장제도가 우리나라 복지에서 획기적인 것이기는 하지만 문제가 많았습니다. 기초생활보장 관련 지출이 세 배가 늘어나는 동안 빈곤율은 오히려 증가했고 사각지대도 여 전했거든요. 그리고 기초생활보장제도 수급자가 되면 이런저런 복지 혜택을 다 받고, 기준보다 단돈 만 원이라도 더 벌어서 수급자가 안 되면 아무것도 못 받는 현실이 되다 보니 수급자들은 일해서 돈 벌 생각을 안 해요. 일종의 복지병이죠.

박근혜 정부에서 욕구별 급여체계, 선정기준의 다층화 등을 도입한 건 이런 문제들 때문이었어요. 문제를 해결한 건 아니지만 완화하는 방향으로 간 건 맞죠. 미흡한 점이 있지만 개선은 했다고 봐요. 건강보험, 장기요양보험, 보육료 지원 등 여러 복지제도에 효율성 문제가 상당히 존재합니다. 앞으로 이런 미시적인 부분의 개혁이 중요합니다.

'보편적 복지냐, 선별적 복지냐' 하는 논란도 마찬가지예요. 제가 보편적 복지를 아마 경제학자 중에서는 우리나라에서 가장 먼저 강력하게 주장한 사람인데, 이제는 효율적 복지를 더 강조합니다. 보편적 복지를 그만두자는 게 아니라, 이걸 추구하되 복지제도의 효율성을 확보하기 위해 세심한 주의를 기울여야 한다는 겁니다.

제가 이해하는 보편적 복지는 보편적 인권으로서 복지를 보장하는 것입니다. 무조건 모든 사람에게 똑같이 줘야 하는 건 아니죠. 보편적 복지가 곧 획일적 복지는 아니라는 거죠. 그리고 모든 복지 프로그램을 보편적으로 해야 하는 건 아니라는 거죠. 국민연금, 건강보험 등을 보편적인 제도로 하는 건 당연하고 바람직한 일입니다. 그러나 장애인복지나 주거복지를 보편적으로 할 수 없잖아요. 아무리 복지선진국이라도 그런 부분은 계층을 한정해서 수혜 대상으로 합니다.

보편복지가 이데올로기화돼서 무조건 다 똑같이 해야 된다고 해선 곤란합니다. 무상급식으로 논란이 많았을 때는 저도 선별적으로 하는 것 반대했어요. 아이들에게 낙인효과 생기는 건 정말 안 좋은 거니까. 예산도 그리 많이 드는 게 아니고.

그런데 최근 아동수당 가지고 모든 사람에게 주자, 상위 30%는 제외하자, 이런 논란 끝에 상위 10% 제외하는 걸로 타협이 되었죠. 그러자 낙인효과 운운하면서 보편복지에 어긋난다는 비판이 많이 제기되었는데요, 전 차라리 행정비용 문제라면 몰라도 이런 비판은 설득력이 없다고 봐요. 소수 가난한 사람이 혜택을 받으면 낙인효과가 있지만, 소수 부자를 제외하는데 무슨 낙인효과가 있겠습니까?

이데올로기적으로 접근해서 '무조건 보편적 복지를 해야 된다', '어떻게든 보편적 복지는 막아야 된다', 그럴 필요는 없어요. 프로그램에 따라 사안별로 실용적으로 접근하면 돼요.

제가 효율적 복지, 실용적 접근을 강조한다고 해서 복지제도 확대에 소극적인 건 절대 아닙니다. 그동안 우리나라가 복지를 제대로 안 해서 저출산 고령화 수렁에 빠졌고 또 거기서 헤어나지 못하는 거잖아요. 이 인구절벽이야말로 경제성장에 최대의 걸림돌인데, 지금이라도 이 현상을 완화시키려면 복지 제대로 해야 합니다. 그래야 무서운 고령화 열차가 조금이라도 늦춰질 수 있습니다. 그런데 복지를 확대할수록 효율성에 더 신경을 써야 한다는 것입니다.

권 복지를 늘리려면 증세는 불가피하지 않습니까? 문재인 정부가 법인세, 보유세 인상 등을 검토 중인데, '근로소득자의 48%가 면세인데 증세도 보편증세를 해야 된다'는 주장은 어떻게 보십니까?

유 보편증세 해야죠. 하지만 근로소득자의 반이 소득세를 안 낸다는 건 그만큼 저임금 근로자가 많다는 의미이기도 합니다. 그리고 우리나라는 간접세가 많아요. OECD 국가 중 간접세 비중이 매우 높은 나라입니다. 그러니까 근로소득세 면세점 이하의 사람들이 세금을 아예 안 내는 게 아니에요. 직접세는 안 내도 간접세는 누구나 냅니다. 그리고 우리나라는 간접세 비중이 크기 때문에 사실 저소득층이 상대적으로 세금 부담을 많이 지고 있는 겁니다. 이걸 마치 세금을 안 내는 것처럼 이야기해선 안 됩니다.

어쨌든 앞으로 증세 과정에서 보편증세는 있어야 됩니다. 부자증세만으로는 조세부담율을 높이는 데 한계가 있으니까요. 하지만 과연 정치적으로 할 수 있을지 의문이 듭니다. 상당한 정치적 자산을 갖고, 국민들의 신임을 받는 지도자가 사회적 대화를 잘 조성해서 이끌어내야 할 텐데요.

권 박근혜 대통령이 탄핵되기 전에 사과한 게 두 번인데, 그게 세월호 참사와 연말정산 파동 때였죠. 연말정산 파동이 날 때, 진보지들은 '박근혜 정부가 하는 일이 맞다'고 했고, 오히려 보수지들이 박근혜 정부를 공격하는 상황이 벌어지기도 했습니다.

그걸 보면서 증세도 아닌 연말정산에도 이렇게 반대가 심하니, 보편증세는 정말 쉽지 않겠구나라는 생각이 들더라구요. 그때와 지금은 상황이 달라졌습니다만.

유 그러게 말입니다. 그때 기본적으로 소득공제를 세액공제로 바꾼 건데요, 소득이 높을수록 높은 세율이 적용되니까 소득공제가 유리한 거고, 반대로 소득이 낮은 사람에게는 세액공제가 유리한 거예요. 이것만 보면 사실 올바른 방향으로 간 겁니다.

그런데 공제항목을 줄여 사실상 세금을 더 많이 걷어가면서도 '증세가 아니다'라고 강변하는 것에 대한 반감이 퍼졌고, 특히 법인세는 손대지 않으면서 만만한 근로소득자만 봉으로 삼았다는 기류가 퍼지면서 여론이 극도로 악화되었었죠.

그래서 부자증세를 보편증세보다 먼저 해야 한다는 겁니다. 그동안 나라에서 받은 혜택으로 보나 담세능력으로 보나 대기업과 고소득층에게 먼저 부담을 지웠어야 했던 거죠. 그리고 복지와 세금의 또 다른 기본 전략은 먼저 복지를 체감하고 고마워하게 만들어야 한다는 것입니다. 복지에 대해 우리나라 사람들의 생각이 많이 바뀌게 된 큰 계기가 건강보험인 것 같아요. 누구나, 적어도 한 다리 건너면, 혜택받아본 경험이 있거든요. 이런 경험이 축적되면 복지에 대한 인식이 바뀌죠. 국민들이 체감하는 복지 혜택을 위해서는 처음에는 적자재정으로 하는 것도 방법입니다.

권 '선복지 후증세'를 말씀하시는 겁니까?

유 그렇죠. 실제 현실 정치에선 어떻게 구현될 수 있을지 정확하지 않습니다만. 정치인들은 '선복지'는 얼른 수용하고 '후증세'는 모르쇠 할 것 같아요. 그동안 여야, 진보, 보수를 가리지 않고 복지를 확대하는 쪽만 신경 썼지 세수를 늘리는 데는 별로 신경을 안 썼어요. 복지제도를 효율적으로 개혁하는 일도 그렇고요. 그래서 복지제도 늘어나는 걸 보면 저도 걱정이 됩니다.

공정경제 – 소득 재분배와 공정경쟁, 어떻게 이룰 것인가

사회적 규범의 변화도 공정한 분배의 조건

권 혁신성장이든 소득주도 성장이든 재정이 뒷받침돼야 하는 것이고, 그러려면 자원의 재분배 효과가 있어야 될 것 같습니다. 결국 재벌들이나 경제력을 갖고 있는 사람들이 얻는 이득이 지금보단 좀 줄어들어야 하는 것 아닌가요?

윤 시장경제에서 분배를 결정하는 데에는 여러 가지 요소가 작용합니다. 가장 기본적인 것은 생산성입니다. 생산성이 높을수록 더 많이 번다는 것이죠.

경제학에서는 이를 한계생산성 이론이라고 하죠. 하지만 이 이론으로 분배가 다 설명되지는 않습니다. 한계생산성 이론은 경쟁적인 시장에만 적용이 되는데, 즉 내가 제공하는 노동 서비스와 본질적으로 동일한 서비스를 제공할 수 있는 사람이 무수히 많아야 되는데, 현실에서는 이와 다른 경우가 많거든요. 나만의 고유한 특성이 있거나, 소수만이 할 수 있는 일이거나, 그렇게 공급이 제한되면 협상력이 생깁니다. 나만이 알고 있는 정보 같은 것도 마찬가지 효과를 발휘하죠.

만약 경쟁적 시장에서 한계생산성에 의해 가격이 결정된다면 누구도 이에 대해 이의를 제기하기 어렵습니다. 그 결과 불평등이 너무 심하고 분배가 너무 안 좋다면, 조세와 정부지출을 통해서 재분배를 해야 합니다.

우리나라의 소득불평등이 OECD국가 중에서 가장 심한 편이고요, 그 중요한 이유 중 하나가 재분배를 가장 조금 한다는, 사실상 거의 하지 않는다는 겁니다. 그러니 조세개혁과 재정개혁을 통해서 재분배를 강화하는 것이 시급한 과제입니다.

그런데 재분배 이전에 시장에서 형성되는 분배 자체를 좀 더 공정하게 개선하는 것이 그 못지않게, 아니 어쩌면 더 중요한 일입니다. 완전경쟁과 거리가 먼 현실 시장에서는 생산성 외에도 다양한 요소가 작용하니까 정책적 개입의 여지가 있거든요. 예를 들어, 단결에 의해 협상력을 높일 수 있게 제도를 개선하는 것을 생각해 볼 수 있습니다.

권 노동조합 활동 말이죠?

유 노동조합이 그렇고, 가맹점 연합이라든가 납품업체 연합 등이 모두 단결에 의한 협상력 제고를 목표로 하죠. 인위적으로 공급을 통제하고 제한해서 협상력을 높이려고 하는 거예요. 만약 수요 쪽에 무수한 수요자가 있다면, 예를 들어 나를 원하는 기업이 무수히 많이 있다면 내 노동 서비스의 수요자인 기업은 협상력이 전혀 없을 겁니다. 하지만 현실에서 그런 경우는 별로 없어요. 이미 나는 특정 기업이 필요로 하는 기술과 노하우, 정보, 인간관계 등을 열심히 익혀놓았는데, 예외적인 경우를 제외하면 다른 기업으로 옮기면 그 가치가 떨어질 수밖에 없거든요.

특정 기업에 납품하기 위해 온갖 투자와 노력을 기울여온 납품업체의 경우, 원청 기업에게 '네가 아니더라도 얼마든지 납품할

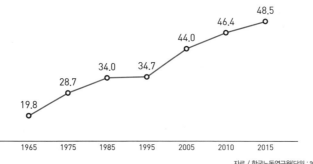

우리나라의 소득불평등

소득 상위 10% 소득집중도

48.5
46.4
44.0
34.7
34.0
28.7
19.8

1965 1975 1985 1995 2005 2010 2015

자료 / 한국노동연구원(단위 : %)

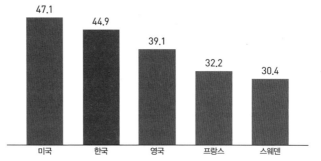

소득 상위 10%가 국민소득에서 차지하는 비중

47.1
44.9
39.1
32.2
30.4

미국   한국   영국   프랑스   스웨덴

자료 / 세계 부와 소득 데이터베이스, 2012년 기준(단위 :%)

데는 많아'라고 할 수 있으면 좋겠지만 그런 경우는 거의 없잖아요. 수요가 제한되어 있으면 수요자들이 힘을 누리게 되고 이른바 '갑질'을 할 수 있는 겁니다. 그래서 고용주, 가맹본부, 원청 기업 등의 '갑질'에 대항해서 자신들의 이익을 지키려면 노동자, 가맹점, 납품업체 등의 공급자들이 단결해서 공급을 제한하고 협상력을 높이는 겁니다. 저는 '을'들의 단결을 보다 용이하게 만들어주는 게 아주 중요한 분배 개선 정책이라고 봅니다.

완전히 경쟁적인 시장이 성립하는 경우는 별로 없기 때문에, 대개는 생산성뿐만 아니라 넓은 의미의 협상이 가격결정에 영향을 미칩니다. 수요자와 공급자가 얼마나 제한되어 있는지, 얼마나 단결되어 있는지, 이게 협상력의 기본이 되는데요, 이 과정에서 정보력도 중요합니다. '아는 게 힘'이라는 말도 있지만 상대방은 모르는 걸 내가 알고 있으면 협상을 보다 유리하게 이끌어갈 수 있잖아요. 이른바 정보력이죠.

사실 생산성이라는 게 100% 객관적으로 측정된다면 협상의 여지가 별로 없지 않겠어요. 그러나 경제학에서 말하는 정보 불완전성, 실제로는 생산성을 객관적으로 정확히 측정할 수 없고 관련 정보를 모두가 완전히 알고 있는 것이 아니기 때문에 협상이 벌어지고 정보력이 영향을 미치는 것이죠. 바로 이런 맥락에서 중요한 게 사회적 규범, 사회적 통념, 이런 겁니다. 협상의 중요한 기준이 되니까요.

예를 들어 대학교 청소 아줌마들도 문제가 됐고, 압구정동 현대아파트 경비원들도 문제가 됐습니다. 최저임금을 올리니, 사람을 잘랐잖아요. 이분들 생산성이 정확히 얼마의 가치인지 측정이 되나요? 최저임금이 6,500원이면 괜찮고, 7,500원이면 생산성을 넘는 건가요? 이런 건 상당부분 사회적 규범이 작용합니다.

한때 금융지주회사 회장이나 은행장 연봉이 20~30억 원까지 올라갔었죠? 2001년에 금융지주회사 출범하기 전에 비해 열 배가 올랐던 건데, 정부가 지주사체제에 걸맞게 회장 연봉의 '품격'을 높여야 한다고 강조하면서 급증했던 겁니다. 그런데 글로벌 금융위기 이후에 여론의 질타를 받으면서 확 내려갔다가, 다시 슬금슬금 올라 요즘은 10억 원 정도거든요. 이렇게 연봉이 오르락내리락한 게 생산성으로 결정된 건가요? 사회적 규범이 크게 작용했음이 분명합니다.

권 최저임금과 은행 CEO 연봉을 비교해보면 어마어마한 차이가 있네요.

유 일부 대기업 CEO 연봉은 훨씬 더 차이가 나죠. 상하 격차가 10배여도 큰 건데, 이게 100배~200배씩 차이가 나는 게 과연 바람직한 일인가, 정당한 일인가 생각해보아야 합니다. 이게 상당 부분 사회규범에 의해 결정된 거고, 그러니까 사회규범을 조정해서 고쳐야 할 필요가 있다는 겁니다. 규범이라는 게 사회적 합의에 의해 조금씩 바뀌는 것이니까요.

　청소부, 경비원 같은 경우 우리 사회가 이들을 어떻게 대해야 할 것인가에 관해 생각해봐야 합니다. 화장실에서 휴식하고, 식사하고, 이런 처우를 우리 사회가 계속 용납할 일인가. 경비원에게 아랫사람 대하듯 막말을 한다든지, 사실 아랫사람에게도 그러면 안 되죠. 그래서는 안 된다고 생각한다면, 바꿔야 합니다. 여론도 압박을 가해야겠지만, 정부에서도 기준을 만들 필요가 있습니다. 이렇게 사회적 규범을 바꾸는 것도 분배를 보다 공정하게 만들기 위해 중요한 영역입니다.

노동권이나 '을'들의 단결권을 강화하는 것, 최저임금 인상이나 사회적 규범을 보다 약자 친화적으로 변화시키는 것, 이런 식으로 분배를 변화시키는 것은 조세와 재정에 의한 재분배와 마찬가지로 누군가의 소득을 줄여서 다른 누군가의 소득을 올려주는 겁니다.

저는 이걸 강조하고 싶어요. '내 주머니는 건드리지 말고, 다른 사람 주머니만 채워줘라' 하는 수는 없다는 거예요. 우리가 누군가에게 잘해주려면, 우리가 양보해야 합니다. 그런 자세가 돼 있어야 합니다. 비정규직 처우를 개선하고 싶다, 그럼 고용주와 정규직이 조금씩 양보해야 돼요. 소비자가 부담할 부분도 있을 수 있고요. 하루아침에는 안 되고 점진적으로, 성장하는 부분에서 먼저. 하후상박 원칙에 입각해서 격차를 줄여나가는 노력을 우리 사회가 다 함께 해야 됩니다.

우리는 부자증세를 많이 얘기해왔습니다. 이명박 정부에서 부자감세를 한 것에 대한 반작용도 있고, 재분배가 너무 안 되고 있으니까. 사실 명목적인 세율은 누진적으로 되어 있는데, 고소득층에게 혜택이 많이 돌아가는 비과세 감면이 너무 많아서 실효적인 세율은 그렇지가 못해요. 간접세 비중이 큰 것도 문제고요.

그래서 비과세 감면을 축소해 나가야 하는데, 그러면 중산층도 지금보다 세 부담이 늘어날 거예요. 적어도 이 정도는 중산층이 받아들여야 합니다. 더 공정한 경제, 공평한 분배를 원한다면 중산층도 조금 양보할 생각을 하고 사회적 합의를 만들어가야 합니다.

사교육비, 주거비 문제 해결 없는 소득주도 성장은 신기루

권 저는 '중산층 증세가 필요하다'고 생각합니다. 하지만 대부분 중산층들은 '나도 겨우 집 한 채 있는데 주택담보대출 갚기 힘들고, 애 과외 시키느라 허덕이는데, 잘 먹고 잘 사는 재벌, 임대주들 많은데, 그 사람들에게 돈을 더 걷어야지, 왜 없는 나한테 돈을 더 걷으려 하느냐'고 할 거란 말이에요.

유 그 얘기도 맞아요. 정부도 그렇게 방향을 잡고 고소득자와 대기업 위주로 증세를 했습니다. 하지만 부자증세만으로는 한계가 있어요. 부자들이 돈은 많이 벌지만 그 숫자가 소수여서 (부자증세로) 재원마련에 한계가 있습니다.

또 우리나라는 국민소득에서 대기업 이윤으로 가는 몫이 매우 큰데, 국제적인 조세경쟁도 마냥 무시할 수는 없으니까 법인세를 마구 올릴 수는 없습니다. 충실한 복지, 보편적 복지를 원한다면 재원 마련도 좀 더 보편적으로, 더 많은 국민이 기여하는 방식으로 할 필요가 있습니다.

중산층의 불만도 이해합니다. 웬만큼 벌어도 살림이 빠듯하다는 거죠. 교육과 주거의 비용부담이 너무 커서 그래요. 학원비, 월세 때문에 조금이라도 더 벌어야 한다는 압박을 느끼는 사람이 많죠. 전셋값 뛰면 대출받아야 하고, 다행히 내 집 마련했어도 대출금 갚아야 하고. 그래서 소득주도 성장이 성공하려면, 교육비와 주거비 문제를 해결해야 됩니다. 답은 어디 있느냐, 정부가 제 역할을 해줘야 합니다.

우리나라가 사교육비 지출이 굉장히 높은 건 교육 시스템의 문제도 있지만, 기본적으로 공교육 지출이 낮은 탓입니다. 공교육 지출을 늘리면 사교육 수요를 상당히 줄일 수 있습니다. 예를 들어 우리나라와 덴마크는 똑같이 GDP의 7.2%를 교육비로 지출하고 있는데요, 덴마크는 공교육비가 6.9%고 사교육비가 0.3%예요. 우리나라는 공교육비가 4.4%에 사교육비 3.8%입니다. 유럽 복지국가들은 다 덴마크와 유사한 패턴이고, 미국이나 일본 등이 사교육비 비중이 높은 편인데 한국이 그중에서도 월등히 높은 겁니다.

이건 부자증세만으로 해결하기는 어렵죠. 교육과 같은 기본적인 서비스는 공적 시스템을 거쳐 지출하는 게 더 효율적일 수 있습니다. 비용 컨트롤이 잘 되고, 공평하게 쓸 수 있기 때문입니다.

제가 영국에 있을 때 인상 깊었던 기억이 있는데요, 돈도 없는 유학생 자녀가 바이올린을 배우고 있다고 하더라고요. 바이올린이 비싸잖아요. 한국에선 돈 없으면 음악 못 시키잖아요. 그런데 따로 돈 들여서 배우는 게 아니고, 학교에서 바이올린 레슨을 해준다는 거예요.

권 미국 학교에서도 1인 1기로, 학교에서 악기를 가르칩니다.

유 미국은 어떤지 모르겠는데, 제가 영국에서 놀랐던 거는 학교에서 악기까지 빌려준다는 거예요. 집에 가져가서 연습도 할 수 있고.

권 미국보다 영국이 더 낫네요. 미국은 악기는 자기가 사야 되던데.

유 아마 지역마다 차이가 있을 겁니다. 미국에서는 공교육 시스템이 재정적으로 지방세에 의존하고, 지역에서 교육 자치를 하니까 지역에 따른 편차가 큽니다. 영국도 제가 있던 곳이 캠브리지였으니까 사정이 좋은 편이었을 겁니다. 어쨌든 이런 것들까지 공교육에서 사교육비를 흡수해 줘야 됩니다. 물론 입시학원이 사교육의 가장 큰 부분인데, 이 부분은 여전히 남는 거죠.

권 서울대를 가야 되니까요. 아니면 '인 서울'이라도 해야 되니까요.

유 입시경쟁이 워낙 치열하기 때문이긴 한데, 저는 학교에서 진짜로 교육을 잘하면 사교육이 필요 없다고 보는 편입니다. 한국개발연구원(KDI) 연구를 보면, 사교육 해봤자 실력향상에 큰 도움이 안 되고 자기주도적 학습이 중요하다는 평가가 나오기도 했습니다. 저는 객관적 평가보다도 주관적 확신으로 아이들 학원 안 보냈지만.

주입식 서열화 교육의 폐해를 극복하고, 혁신성장을 뒷받침할 질 높은 교육을 하려면 대학입시 자체를 획기적으로 바꿔버려야죠. 객관식 찍기 시험은 없어져야 합니다.

권 정답 찾는…….

유 얄팍한 평가는 얄팍한 공부를 낳죠. 깊이 있는 평가를 해야 깊이 있는 공부를 하게 됩니다. 학교에서부터 그렇게 해야 하는데, 우리는 내신에 대한 불신과 부작용도 만만치 않고 대학입시에 모든 게 맞춰져 있으니까 입시를 바꿔야죠. 전 프랑스식으로 논술형 시험[e]을 보는 게 좋다고 봅니다.

권 사교육이 더 극성을 부리지 않을까요?

유 전환 과정에서 그럴 수 있어요. 그래서 쉽지 않은 문제이기는 합니다만……. 큰 방향은 사교육이 효과를 발휘할 수 없는 시험을 치르게 해야 된다는 거죠. 깊은 평가를 하게 되면, 책 읽고, 생각하고, 토론하고, 이런 걸 해야 준비가 되죠. 학원에 가서 선행학습하고 반복훈련하고, 문제풀이 기계가 되는 게 아니라.

권 교육 문제의 해법에 대해선 잘 들었습니다. 서민들뿐 아니라, 중상층까지도 힘겹게 하는 것 중에는 교육 문제 외에 주거비 문제가 있습니다. 주거비 문제를 해결하기 위해선 어떻게 접근하는게 좋을까요?

유 가장 중요한 건 공공주택 공급입니다. 시장경제에서 가격은 수요와 공급에 의해서 결정되잖아요. 한편으로 투기수요를 차단해서 실수요 이상으로 수요가 늘어나는 걸 막아줄 필요도 있지만, 다른 한편으로는 공급을 확대할 필요도 있습니다. 일각에서는 공급확대가 오히려 투기를 부추긴다며 반대하기도 하는데, 옳지 않은생각입니다.

투기 억제는 보유세 인상과 철저한 개발이익 환수 등을 통해원칙적으로 접근해야 합니다. 공급규제나 이런저런 규제를 통해서 시장과 힘겨루기하고, 집값을 당국에서 규제를 조였다 풀었다 하면서 조정하려고 하는 건 바람직하지 않아요. 중장기적으로 공급의 확대가 가격을 안정시킨다는 건 너무나 당연한 것이고요, 특히 필요한 것이 공공주택의 공급입니다.

우리나라는 공공주택의 비중이 너무 작아요.[7] 최근 통계에 의하면 장기 공공임대주택 재고율이 6.3%인데, OECD 평균인 9%에 크게 못 미칩니다. 주택은 기본적인 재화라는 점에서 그러면 안 됩니다. 공공주택의 비중을 높이면, 주택 시장에서 정부가 큰 손이 되고 따라서 가격에 영향력을 미칠 수 있는 겁니다.

권 공공주택 건설이 제대로 안 된 건 그게 건설사들의 이해를 침해하기 때문 아닐까요?

유 당연히 건설사들은 안 좋아하겠죠. 이제까지 한국 정부는 건설사 이익을 위해 주거 안정을 희생시킨 거죠. 이미 주택보급률이 100%를 넘었다는데, 인구도 더 이상 성장하지 않는데, 왜 공급을 더 해야 한다는 거냐? 서울과 수도권은 아직도 100%가 안 되고요, 그보다 훨씬 중요한 건 살고 싶은 집, 살 만한 집의 공급이죠.

일인 가구의 증가나 젊은 층의 취향 등에 따른 수요변화에 대응할 필요도 있습니다. 공공임대주택이라고 하면 우리나라도 그렇고 미국의 퍼블릭 하우징[8]도 그렇고 저소득층만을 위한 걸로 생각하는데, 앞으로는 보통의 중산층 시민들이 살 수 있는 주거 공간이 되어야 합니다.

권 공공임대주택이라고 하면, 학군도 안 좋고, 저소득층이 사는 곳이
란 이미지 때문에 웬만하면 사람들이 잘 안 들어가려고 하지 않
습니까.

유 그러면 안 된다는 거예요. 저소득층 주거복지는 다른 차원에서
접근해야 하고요. 중산층이 만족할 수 있는 주거환경을 갖춘, 교
통이나 교육여건 등이 괜찮은 공공임대주택이 필요합니다. 꼭 새
로 짓는 것이 아니더라도 기존 주택을 매입해서 개량하는 것도
좋고요.

　중산층에서 보편복지를 반대하는 경우가 있습니다. 중산층은
어차피 복지 혜택도 못 받는데, 세금은 내야 된다고 생각하니까
요. 지금 건강보험의 혜택은 누구나 느낍니다. 앞으로 교육과 주
택 분야에서 공공의 부담을 늘려서 중산층의 교육비와 주거비 부
담을 줄여주는 정책을 추진한다면, 복지에 대한 지지가 더 공고
해질 겁니다.

　거듭 강조하지만 사교육비와 주거비 문제를 해결하지 않으면
지금 문재인 정부가 추진하는 소득주도 성장도 성공하기 어려울
것입니다.

세습자본주의를 막는 두 지렛대 – 자본과세와 공교육 강화

권 교수님께선 많이 버는 사람들이 사회 전체의 이익을 위해 약간의
희생을 감수해야 한다고 하셨지만, 얼마 전 비급여 부분에 대해
문재인 케어를 한다고 했을 때, 의대 예과 1학년들이 반대 시위에
나왔더라고요. 그들은 말은 그렇게 하진 않았지만, '의사들은 계

속 어려워지고 있고, 급여 부분에서 제대로 수가를 쳐주지 않으니까 비급여로 이를 벌충했는데, 정부가 이제 비급여를 축소한다고 하니, 그러면 이젠 앞으로 뭐 먹고 사느냐'고 하는 거나 마찬가지였어요.

그런데 이때 의사들이 '뭐 먹고 사느냐'고 할 때, 그들은 자신들이 마땅히 벌어야 되는 소득 기준을 대략 연소득 기준으로는 1억~2억 원 정도를 생각할 거라구요. 급여 부분에서 비정상적으로 낮게 책정된 부분을 올려주겠다고 해도, 정부가 지금 보험 적용이 안 되는 비급여 부분에서 의사들이 버는 만큼의 소득을 올려주지는 않을 거잖아요.

유 시위하고 항의하는 학생들도 이해는 합니다. 그 정도를 기대하고 의대를 선택했는데, 소득 전망이 갑자기 바뀐다면 화가 나겠죠.

그런데 소득주도 성장이라고 하는 건 현재의 분배를 재편하는 겁니다. 문재인 케어는 의료비를 줄여서 가계의 소비지출 여력을 키워주는 것이고, 이건 국민경제에서 의사들이 가져가는 몫을 지금보다 조금은 줄여야 한다는 걸 의미합니다.

권 정부가 지금까진 그렇게 분명하게 얘기를 하진 않았죠.

유 정부가 그렇게 말하기는 부담스럽겠죠. 국민들 입장에서는 이렇게 말할 거예요. '의사가 그렇게 많이 받는 게 합당한 거냐, 그보다 조금이라도 덜 받고는 못 하겠다는 사람은 관둬라, 그래도 의대 갈 사람은 많다'고. 기득권을 줄이는 게 쉽지 않다는 건 저도 이해합니다. 하지만 현재의 분배를 고치려면, 많이 받는 사람이 양보해야 됩니다. 이런 대전제를 갖고 나가야 사회적 합의가 가능합니다. 좀 더 골고루 사람답게 사는 세상을 만들려면, 그리고 소득주도 성장으로 경제를 활성화시키려면, 여기에 동참해야 됩니다.

권 의사, 변호사들은 이렇게 항변할 수도 있을 듯합니다. '내가 열심히 공부해서 체득한 것에 대해 이만큼의 보상을 받아야 하겠다'는 생각도 있겠지만, '자본으로 세습된 계층은 견제받지 않고, 어쨌든 노력해서 얻은 것은 빼앗기는' 것에 대한 상실감이 클 겁니다.

이제는 결혼시장에서도 서울대 프리미엄이 많이 떨어지고, 아버지 프리미엄이 점점 늘어나고 있습니다. '너거 아버지 뭐 하시노'의 세상인 것이지요. 예전에는 비록 집안이 크게 보잘 것 없어도 서울대 출신이라 하면, 앞으로 잘사는 게 어느 정도 보장이 되니까, 결혼시장에서 값을 높게 쳐줬었는데, 이제는 그 전망이 예전 같지 않은 거죠. 그보다는 아버지 재산이 향후 경제적 삶에 더 영향을 미치니까 당연히 '서울대 졸업생'보다 '돈 많은 집안 출신'이 결혼시장에서 더 높은 대우를 받게 되는 거죠. '아버지'가 최고의 스펙이 됐습니다.

유 정말 그런가요? 서울대 프리미엄보다 아버지 프리미엄이 더 크다는 게 놀라운 얘기인데, 현실을 굉장히 정확하게 반영하는 것 같아요. 하지만 이건 정말 망국병입니다. 도전하고 노력하는 사람보다 아버지한테 물려받는 사람이 더 잘나가는 세상에서 무슨 공정함을 찾을 수 있고 무슨 혁신성장을 할 수 있겠습니까. 그게 바로 앞서 소개한 토마 피케티의 세습자본주의죠.

지금 한국경제가 세습자본주의로 가고 있는 모습이 여러모로 나타나고 있습니다. 무엇보다 세대 간에 계층이동성이 약화되고 있어요. 40~50대 중년 세대를 기준으로 위로는 할아버지 세대와 아버지 세대, 그리고 아래로 자식 세대까지 4대에 걸친 교육수준과 사회경제적 지위를 평가해보면 매우 흥미롭고도 비극적인 결과가 나옵니다.

한국경제가 본격적인 성장을 하기 이전에 할아버지 세대와 아버지 세대 사이에는 계층대물림이 매우 심했어요. 그런데 고도성장 덕분에 사회적 이동성이 많이 증가했고, 그 결과 아버지와 본인 세대 사이에는 계층 대물림이 현저하게 줄어들었습니다. 문제는 최근이죠. 본인과 자식 세대 사이에는 계층 대물림이 다시 급격하게 증가하고 있습니다. 부의 대물림, 빈곤의 대물림 현상이 심화되고 있다는 뜻이지요.

또한 국제적으로 비교해 봐도 자수성가한 부자는 별로 없고 상속부자가 많은 상황이에요. 여러 자료가 있는데, 가장 간단하면서도 극적인 게 세계 400대 부자, 진정한 억만장자들의 경우입니다. 여기에 속하는 다른 나라 부자들의 경우, 미국, 일본, 중국, 유럽을 막론하고 상속부자보다 자수성가한 부자가 훨씬 많아요. 그런데 우리나라의 억만장자들은 예외 없이 모두가 상속부자인 겁니다. 범위를 확대해서 보더라도 우리나라는 상속부자의 비율이 압도적으로 높게 나옵니다.

김낙년 동국대 교수(경제학)가 2018년 1월19일 한 심포지움에서 통계청 자료 등을 분석해 우리나라의 소득불평등 구조를 설명하면서 "1990~2000년대에는 근로소득의 격차가 소득 불평등을 주도했지만, 2010년대 이후에는 소득 불평등 심화의 원인이 근로소득보다는 금융자산에서 나오는 이자 및 배당, 부동산 임대료, 영업이익 등 비근로소득 격차에서 발생한다"고 말했다.(《한겨레》 '소득 불평등 양태, 2011년부터 변했다. 근로소득보다 비근로소득 격차로 심화'(2018.1.19.))

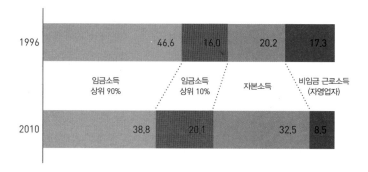

| 1996 | 46.6 | 16.0 | 20.2 | 17.3 |

| 임금소득 상위 90% | 임금소득 상위 10% | 자본소득 | 비임금 근로소득 (자영업자) |

| 2010 | 38.8 | 20.1 | 32.5 | 8.5 |

자료 / 한국노동연구원(단위 : %)

　　전체 국민소득에서 자본에 돌아가는 소득의 비중도 세습자본주의의 중요한 지표인데, 이게 갈수록 커지고 있고 이미 OECD 국가 중에서 가장 높은 편입니다. 자본의 소유가 대단히 편중돼 있는 것은 두말할 필요도 없고요. 그래서 과거에는 노동소득의 격차가 소득불평등의 주된 원인이었는데, 근래에는 자본소득이 불평등 심화의 더 큰 원인이 되고 있습니다. 세습자본주의가 되면 소득주도 성장도, 혁신성장도 공염불이 됩니다. 민주주의 자체가 위협을 받게 되겠지요. 그래서 세습자본주의로 가는 길을 차단하기 위한 강력한 정책들이 필요합니다.

피케티는 두 가지 정책을 강조했습니다. 하나는 자본과세고 다른 하나는 공교육 강화예요. 자본과세는 부에 대해 직접 과세함으로써 부가 더 큰 부를 낳는 부익부 현상과 부의 집중 현상을 완화하자는 것이고, 공교육 강화 정책은 교육을 통한 계층의 대물림을 막고 누구에게나 공평한 교육기회를 제공하자는 것입니다.

자본과세라고 하면 좀 생소할 텐데요, 재산세나 종부세(종합부동산세) 같이 매년 발생하는 소득과 무관하게 소유하고 있는 부에 대해 과세하는 겁니다. 상속세나 증여세 같은 것도 자본과세로 볼 수 있죠.

권 종부세 도입 당시 '세금 폭탄'이라고 엄청난 반발이 있었잖아요. 자본과세 정책에 대해서는 부자들의 저항이 굉장히 클 텐데요.

유 그렇겠죠. 종부세에 대해 반발이 많았습니다만 종부세 대상은 소수잖아요. 사실 종부세는 대부분 기업이 내고 있고요, 개인의 경우는 주로 강남 3구의 얘기죠. 자본과세라는 게 소수 부자에게나 해당되지 보통 사람들과는 관계가 없어요. 그런데 큰 부자일수록 부동산이 아니라 주식을 갖고 있어요. 거기에 대해서도 종부세 내듯이 세금을 내야 한다는 게 피케티가 강조한 부분입니다.

부자의 조세저항에 대해 좀 생각해볼 필요가 있어요. 그들은 이 사회의 혜택을 가장 많이 받은 사람들이잖아요. 또 자신들의 부를 지키기 위해서도 이 사회의 건강한 발전에 누구보다 관심을 가져야 하잖아요. 그래서 워렌 버핏처럼 '부자들이 세금을 더 내야 한다. 나부터 더 내겠다'고 하는 부자들도 있는 거잖아요. 우리 사회가 성숙해지려면 버핏 같은 부자들이 많아져야죠. 자본주의가 건강하게 계속 발전하기 위해서라도 세습자본주의화는 차단해야 합니다.

그리고 부자들이 기꺼이 세금을 더 내야 할 중요한 이유가 또 하나 있어요. 더 건강하고 행복해지기 위해서입니다. 사회적 건강 불평등의 문제를 깊이 연구한 영국의 사회역학자 리처드 윌킨슨(Richard Wilkinson)의 『평등해야 건강하다』라는 책은 불평등이라는 사회적 환경이 스트레스성 질병과 우울증 같은 병을 불러오고, 사회적 갈등과 폭력을 증가시킨다는 주장을 실증적으로 전개하고 있는데요, 이게 불평등의 희생자인 저소득 계층에 한정된 얘기가 아닙니다. 고소득층까지 포함해서 불평등이 심한 사회에서 살아가는 모든 계층이 이런 문제에 노출되고 불행해진다는 거예요.

우리나라는 이런 문제가 특히 심한 것 같아요. 경쟁이 엄청나게 심하고, 물질만능주의가 만연해 있죠. 제가 미국이나 영국 등 서구 사회에 살면서 느꼈던 것보다 우리나라 사람들이 훨씬 더 물질만능주의에 빠져있는 것 같아요. 그 나라들도 다 자본주의다 보니 소비지향 사회고 물질주의적입니다만, 한국에 비해선 덜합니다. 개인마다 각자가 추구하는 라이프스타일이나 가치가 한국에 비해 훨씬 다양하죠.

이렇게 된 배경과 원인이 여럿 있겠지만 극심한 불평등이 중요한 역할을 했다고 봅니다. 격차가 크지 않으면, '너는 돈 많이 벌어라, 나는 작은 집에 살고 작은 차 타고 그 대신 더 여가를 즐기

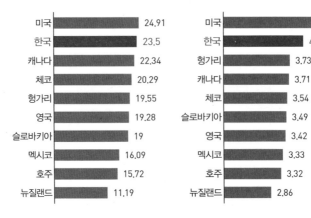

OECD 회원국 저임금 노동자 비율 · 임금 격차 현황

저임금 노동자 비율

임금소득 불평등도를 나타내는 핵심지표, 전체 임금근로자 중 월임금 중위값의 3분의 2 미만을 받는 임금근로자의 비율(단위 : %)

국가	비율
미국	24.91
한국	23.5
캐나다	22.34
체코	20.29
헝가리	19.55
영국	19.28
슬로바키아	19
멕시코	16.09
호주	15.72
뉴질랜드	11.19

임금 상하위 10%의 격차

경제수준 상위 10%의 소득이 하위 10%의 몇 배인지 보여줌(단위 : 배)

미국	5.05
한국	4.5
헝가리	3.73
캐나다	3.71
체코	3.54
슬로바키아	3.49
영국	3.42
멕시코	3.33
호주	3.32
뉴질랜드	2.86

자료 / OECD, 2016년 기준

면서 사는 게 좋아', 이런 식의 선택이 어렵지 않습니다. 하지만 그 격차가 크면 압박이 심하고, 비교하게 되고, 경쟁하게 되고, 불행의 씨앗이 되죠. 우리나라는 격차가 너무 큽니다. 직장인들 가운데 월 200만 원 못 받는 사람들이 거의 절반 정도[9] 되죠, 아마. 과거 못살던 시절에 비하면 월 200만 원도 결코 작은 돈이라 할 수는 없습니다. 하지만 500만 원, 1,000만 원 받는 사람과 비교하게 되고, 나는 절대적으로 밀렸다는 생각에 스트레스 엄청 받으면서 아등바등하지 않을 수 없게 되는 겁니다. 또 상당히 많이 버는 사람들도 자신이 어렵게 산다고 생각하는 경향이 있습니다. 자꾸 자기보다 더 많이 버는 사람과 비교하는 경향이 있으니까요.

1년에 20만 달러 넘게 받는 시카고 대학의 한 교수가 신문에 "나도 먹고 살기 힘들다. 증세하지 말라"고 썼다가 융단폭격을 받은 적이 있었는데, 한국은 더 하면 더했지, 덜하지 않을 겁니다.

권 미국에서 교수가 20만 달러 받으면, 본인은 먹고살기 힘들다고 생각할 수 있지 않을까요?

유 의사들은 더 그렇겠죠. 어쨌든 좀 더 골고루 잘사는 사회로 가는 게, 우리 사회 전체를 좀 더 행복한 사회로 만드는 데도 매우 효과적입니다.

우리 사회를 물질만능주의로 만든 첫 번째 이유가 심한 불평등이라면, 또 다른 이유는 박정희식 근대화의 영향입니다. 박정희 시대의 구호가 '잘 살아보세'였습니다. 고도성장을 추구하면서 물질적 성장에 모든 가치를 부여했습니다. 과거 조선시대 이래 유교적 질서에서 대접받고 인정받았던 사람들이 지식인 계층인데, 박정희 시대 이후 군인과 장사치의 세상이 된 거죠. 사농공상에서 사농이 별 볼일 없게 된 거죠. 이게 봉건적 계급의식을 타파하는 진보적 측면도 지니기는 했습니다만, 결과적으로 정신문화가 피폐해집니다. '부자되세요'라는 말이 덕담으로 유행하는 나라가 됩니다.

그렇게 지금까지 왔습니다. 이젠 경제적으로도 이렇게 계속 갈 수 없는 한계상황에 다다랐습니다. 젊은이들이 결혼도 안 하고 애도 안 낳죠, 아무리 '노오력'해도 성공하기 어렵다고 하죠, 혁신은 부진하고 4차 산업혁명에 뒤떨어지고 있죠, 가면 갈수록 전망이 어두워지고 있습니다.

경제를 살리기 위해서도 근본적으로 되돌아보고, 방향 전환을 해야 됩니다. 소득주도 성장도 나오고, 공정한 분배 재편도 나오는 게 이 때문입니다. 그런데 '내 것은 다 지키고, 네 것은 바꿔라', 이러지 말고, 조금이라도 누리는 사람이 '나부터 바꾸자', 그런 얘기를 해야 됩니다. 자기보다 더 많이 누리는 사람 쳐다보고 비교하지 말고.

제가 교수 사회를 보고 놀라는 게, 다들 최소 연봉 1억 원 이상은 받는데, 누구도 본인이 고소득층이라는 걸 인정하지 않습니다.

권 1억 받아서, 생활하는 게 그렇게 여유롭지 않을걸요, 아마. 기준점이 다를 테니.

유 '여유롭다, 아니다'는 상당 부분 관점의 문제, 태도의 문제입니다. 마음먹기에 달린 거죠.

권 기본적인 생활규모가 있을 테니.

유 자식 유학 보내는 등 사정이 있는 사람들은 진짜로 빠듯한 경우도 있을 거예요. 하지만 1억 5천~2억 원 받으면 소득이 아마 상위 1~2% 안에 들어갈 거예요. 그런데 그렇게 인정하는 사람을 거의 못 봤어요. '나는 중산층이다, 힘들다', 그렇게 이야기하지.

권 연봉 2억 정도 받는 사람치고, '여유롭다'고 한 사람을 본 적이 없습니다. 대기업 임원이면 대부분 그 정도 이상 받습니다만.

유 연봉 3천만 원 이하 받는 사람이 반 넘는데.

권 비교대상이 다르죠. 본인들은 자신의 노력에 비하면 '더 받아야 된다'고 생각하지 않을까요.

유 다 그렇게 생각하면 공정한 분배가 어떻게 됩니까. 하지 말자는 얘기지.

　저는 사회과학적으로, 객관적으로 봐야 한다고 생각합니다. 소득 상위 5%, 10%, 20% 안에 들어가는 사람들이 조금은 '양보해야겠다'고 해야 합니다. 물론 상위 1%, 0.1%로 가면 비교가 안 될 만큼의 부를 누리겠죠. 그러나 그 사람들한테만 부담을 하라고 하면, 그들은 너무 소수여서 그걸로는 충분하지 않은 거예요. 우리 사회 전반적인 사회규범과 사회적 합의의 재조정이 필요하고, 정부의 정책과 시장의 힘이 다 어우러져서 변화를 만들어내야 합니다. 어느 한 군데에서 변화가 안 되고 충돌하면 이게 어려워집니다.

재벌개혁의 핵심은 이해관계자 자본주의의 도입이다

권 우리 경제에서 공정을 이야기하면 반드시 재벌개혁 문제가 나오는데요, 재벌개혁은 어떻게 돼야 한다고 보십니까?

유 재벌개혁이라 하면, 재벌이라는 독특한 기업집단의 지배구조를 개혁해 그 기업집단의 행태 변화를 유도하여 더 건강하고 경쟁력 있는 기업을 만든다는 것이지, 결코 기업을 못살게 굴고 축소시키는 게 아닙니다. 최근에 주요 재벌들이 박근혜 국정농단 사건에 연루되지 않았습니까? 이런 걸 못 하게 하는 게 기업을 위해 좋겠어요, 마음대로 하도록 놔두는 게 기업을 위해 좋겠어요?

총수에게 좋은 것과 기업에게 좋은 것을 확실하게 구별해야 답이 제대로 나옵니다. 총수가 회삿돈 횡령해서 뇌물 주고, 그 대가로 자신의 지배권을 공고히 했다면, 총수는 자기 돈 한푼 안 들이고 엄청난 이익을 취한 거죠.

하지만 기업 입장에서는, 그러니까 총수 외의 주주나 임직원을 포함한 이해관계자들 입장에서는 결코 좋은 일이 아닙니다. 회삿돈 도둑질당했죠, 능력이 시장에서 검증되지 않은 총수가 회사를 장악했으니 회사의 전망이 불투명해졌죠, 문제가 터지면 회사 이미지에 먹칠하죠, 뭐가 좋겠습니까.

재벌개혁의 요체는 기업이 총수 혼자만의 이익이 아닌 모든 이해관계자의 이익을 위해 운영되도록 하는 겁니다. 이건 기업을 강하게 만드는 일이에요.

권 정경유착을 단절해야 한다는…….

유 그건 잘못된 행태의 한 사례로 든 것이고요, 재벌 지배구조의 핵심은 총수의 황제경영입니다. 총수 마음대로 하는 거예요. 황제의 재가 없이는 큰 결정을 하지도 못하고, 반대로 황제가 하겠다면 감히 뭐라고 못 하고. 총수가 감옥에 있어서 중대한 투자결정을 못 한다는 얘기도 많이 하는데, 사실 감옥에 있다고 결정 못 할 일은 없죠. 이건 아마 석방 로비를 위해 하는 말일 거고요. 황제 경영의 문제를 잘 드러낸 사례가 현대자동차가 삼성동 한국전력 부지 입찰에서 터무니없이 높은 가격을 질러버린 거죠. 감정가의 무려 3~4배 수준인 10조 5,500억 원에 사들였습니다. '그렇게까지 많이 쓸 필요 없을 것 같습니다'는 한마디를 아무도 못해요.

재벌이 보이는 행태의 많은 부분들이 총수의 황제경영에서 비롯됩니다. 기업 지배권, 보통 경영권이라는 표현을 많이 사용합니다만, 이걸 세습하잖아요. 기업의 미래를 위해서 가장 유능한 사람을 CEO로 선임해야 하는데, 이게 황제체제니까 자기 입맛대로 해요. 내 자식 챙기고 보는 거죠. 그러니 능력이 부족하거나 윤리의식과 사회적 책임감이 결여된 사람들이 거대 재벌을 좌지우지하는 일이 벌어집니다.

일감 몰아주기나 회사기회 편취 등이 문제가 되잖아요. 총수 일가가 소유한 회사에게 그룹의 일감을 몰아주거나 사업기회를 제공해서 돈을 벌게 해주는 건, 결국 총수의 이익을 위해서 공정한 경쟁을 파괴하고 기업의 이익을 침해하는 거죠. 비근한 예가 롯데시네마 매점을 신씨 일가가 운영하는 회사에 임대로 넘긴 사건이죠. 법원은 액수를 특정하기 어렵다고 봐주기 판결을 했지만, 검찰은 신씨 일가가 롯데시네마 측에 744억 원의 손해를 끼쳤다고 주장했어요. 이런 식의 잘못된 행태가 다 총수의 황제경영에서 나오는 겁니다.

권 오너경영의 장점도 있다고 하지 않습니까?

유 흔히 오너가 있어야 과감한 투자를 할 수 있고, 그렇지 않으면 주주들 눈치 보느라고 단기수익에 치중하고 장기적 투자를 안 한다고 합니다. 하지만 객관적 근거는 제시된 것이 없습니다. 이런저런 사례를 들죠. 그런데 기업들이 성공한 투자 얘기만 하고 실패한 투자는 얘기를 안 해요. 성공했기에 '과감한 투자'인 거지, 실패하면 '무모한 투자' 아닙니까. 실제로 무모한 투자로 실패한 경우도 많았습니다. 삼성자동차 같은 게 대표적인 경우죠.

　미국에서도 주주 자본주의가 기업들의 근시안적 투자 행태를 초래한다는 비판이 있습니다만, 증거가 확실하지는 않은 것 같습니다. 과감한 투자, 장기투자가 잘못되면서 주주들의 원성을 사기도 하고 효자노릇을 하기도 하고, 그러거든요. 또 우리나라 재벌들도 미국 기업 못지않게, 어쩌면 그 이상으로, 단기 성과주의가 심합니다.

권 과거 디제이 정부에서 재벌개혁을 추진했잖아요. 그 후로 좀 바뀌지 않았나 했는데, 최근에 드러난 일련의 사건을 보면 별로 변하지 않은 것 같아요.

유 그동안 정부가 재벌개혁 한다고 다양한 정책을 폈지만, 총수의 황제경영이라는 핵심은 하나도 변하지 않았습니다. 김대중 정부는 당시 IMF위기였으니까 구조조정에 치중했던 거고요, 지배구조 관련해서도 나름 개선책을 추진했지만 그다지 효과가 없었습니다.

대표적인 게 사외이사제도와 소수주주권 강화였는데요, 이빨이 빠진 제도라고 할까, 본래의 취지를 달성하기에는 너무 허술한 제도였어요. 이사회에서 총수와 그 휘하의 경영진을 견제하라고 만들어놓은 게 사외이사제도인데, 총수가 다 자기 말 들을 사람을 들여놓으니 무슨 소용이 있겠어요. 거수기 역할이나 하고, 오히려 로비 창구가 되고 그런 거죠.

그래서 독립적인 사외이사를 선출하도록 하는 게 중요합니다. 소수주주들이 독립적 이사를 선임할 수 있는 가능성을 높여주는 집중투표제를 의무화하는 상법 개정이 필요한 이유죠. 감사위원 선임절차를 개선해서 독립성을 강화하는 것도 필요하고요. 이런 것들은 사실 박근혜 정부의 법무부가 입법예고까지 했던 것인데, 박근혜가 경제민주화 공약을 저버리고 친재벌정책과 정경유착으로 선회하면서 무산되고 말았던 거죠.

소수주주권한 확대도 거의 효과가 없었어요. 이 부분도 전자투표 의무화, 다중대표소송 도입 등 상법 개정을 통해 실효성을 높일 필요가 있는데요, 하지만 법 개정만으로 충분하지 않습니다. 제도를 만들어놨다고 되는 게 아니라, 사회규범이나 관행이 변해야 하거든요. 소수주주라 해도 일반 개미투자자들은 지분이 워낙 작으니 별 의미가 없고 기관투자자들의 역할이 중요한데, 이들이 그동안 너무 수동적이었거든요. 주주총회에서 안건에 반대한 경우가 거의 없었어요.

그래서 2017년에 스튜어드십 코드(stewardship code)[10]라고 하는 제도를 도입했어요. 기관투자자들은 고객의 돈을 받아서 대신 투자한 거잖아요? 그러니까 수탁자로서 고객의 이익을 위해 책임을 다하라는 거예요. 구체적으로 의결권 행사의 절차와 기준을 마련하고 공개하라는 거죠. 이게 강제적인 법은 아니라서, 또 형식적으로 흐를 수도 있어서, 과연 잘 정착되어서 경영의 책임성을 높일 수 있을지 지켜봐야 할 것 같습니다.

그런데 저는 소수주주권 강화만으로는 충분하지 않다는 생각이에요. 주주 자본주의를 넘어서서 이해관계자 자본주의[11]로 가야됩니다. 주주 자본주의도 총수 마음대로 하는 총수 자본주의보다는 낫겠지만, 총수에 대한 견제나 또 기업이 누구를 위해 존재해야 하느냐는 관점에서 볼 때도 주주 이외의 이해관계자들의 목소리가 지배구조에 반영되는 것이 바람직하다고 보는 것입니다.

소액주주는 물론이고 종업원, 채권은행, 거래처, 소비자, 지역사회 등이 모두 이해관계자죠. 이들은 관점과 이해관계가 조금씩 다르기는 하지만, 모두 기업이 잘되기를 바라는 건 한가지고요, 총수가 사익을 위해서 기업에 손해를 끼치는 걸 반대하지 않겠습니까? 이런 관점에서 요즘 노동이사제도 얘기가 나오는데요, 이건 제가 예전부터 경제민주화 정책의 중요한 고리라고 주장했던 것입니다.

권 재계는 경영권 침해라며 노동이사제를 심하게 반대하잖아요.

유 심지어 '사회주의적이다. 자본주의 시장경제에 어긋나는 것이다'라고 공격을 하기도 하는데, 천만의 말씀입니다. 자본주의의 핵심 브레인이라고 할 수 있는 유펜(펜실베이니아 주립대) 교수들이

'기업은 누구의 것이라고 생각하는가?'는 설문조사를 한 적이 있어요. 그런데 '기업은 주주의 것이다'라는 답이 높게 나온 나라는 미국과 한국 두 나라밖에 없었어요. 심지어 미국보다 한국이 훨씬 높게 나오더라구요.

이게 표준적인 자본주의가 아닌 겁니다. 유럽과 일본 등 다른 모든 나라들은 '기업은 주주의 것이다'라고 응답한 비율이 매우 낮아요. EU는 말할 것도 없고, 영국은 지금 보수당 정부잖아요. 보수당의 테리사 메이 총리가 '이해관계자 자본주의 해야 된다. 노동자가 경영에 참가해야 된다'고 했어요. 노동이사제를 총선공약으로 내걸었거든요.

권 　재벌개혁에 관해서 추가적으로 고려해야 될 점은 없을까요?

유 　두 가지를 추가로 얘기하고 싶은데요, 우선 경제력 집중 문제입니다. 잘 알려진 대로 총수 일가가 지분은 얼마 가지고 있지도 않으면서 막강한 지배권을 행사하는 구조인데요, 이걸 허용하니까 경제력 집중이 자꾸 심화됩니다. 지금은 조금 달라졌을 것 같긴 한데, 몇 년 전에 나온 얘기인데요, 삼성, 현대, LG, 롯데, 이 4대 재벌 가문의 일가가 관여하는 기업의 상장사 시가 총액이 전체의 50%를 넘었다고 했어요. 극심한 경제력 집중이죠. 매우 불건강한 구조입니다. 힘이 너무 세면 통제하기 어렵게 되잖아요. 고도의 경제력 집중은 정경유착의 근본 원인이고, 민주주의를 위협하는 겁니다.

정부가 공정거래법 등을 통해서 나름 노력을 해왔습니다. 상호

출자, 순환출자 제한하고, 지주회사 전환 유도하고. 그런데 과연 총수의 지배권 확대를 막아냈느냐, 경제력 집중을 방지했느냐? 재계의 반대에 밀려 주춤주춤하고, 규제완화하고, 이러면서 제도의 실효성이 떨어지는 겁니다. 순환출자도 기존 출자분은 놔두고 앞으로만 하지 말라고 하고, 지주회사 제도는 규제완화를 거듭하면서 오히려 총수 일가의 지배권을 강화하고 확대하는 데 유용한 제도로 전락하고 말았어요. 이런 부분을 빨리 손봐야 합니다.

그리고 지배권의 상속 과정에서 철저하게 세금을 부과하는 것도 경제력 집중을 억제하기 위해 중요합니다. 세금만 제대로 내도 지분이 많이 줄게 되잖아요. 그러니 모두들 편법 상속을 하는 겁니다. 이재용의 에버랜드 전환사채 사건이 정말 기가 막힌 편법이었고요, 이 문제가 불거진 후에 참여정부에서 상속세 포괄주의[12]를 도입하니까, 일감 몰아주기라는 신종 수법을 만들어냅니다. 그 외에도 공익재단을 이용한다든지, 여러 수법이 있는데요, 편법 상속을 철저히 막고 상속증여세를 확실하게 부과해야 합니다.

마지막으로는 재벌개혁에 못지않게 새로운 경제주체를 육성하는 것이 중요하다는 겁니다. 앞서 얘기했듯이 정부가 돈 뿌리면서 급하게 하려고 하지 말고, 벤처와 중소기업이 성장할 수 있는 생태계와 사회안전망 구축에 힘쓰고, 더 근본적으로 교육과 연구개발 시스템을 개혁하고, 이렇게 해나가면서.

일자리,
무엇이 진짜 문제인가?

노동시간의 단축과 일자리 나누기

권 재벌개혁 외에 일자리 문제에 대해선 어떤 해법이 있을까요?

유 모든 정치인들이 일자리를 강조하죠. 사실 일자리만큼 중요한 게 없습니다. 일자리는 소득의 원천일 뿐 아니라 자아실현의 장이기도 하고, 자존감의 근거이기도 합니다. 그래서 모두들 일자리 창출을 얘기하는데 저는 일자리 문제의 본질은 분배라고 봅니다.

　물론 일자리를 많이 만들어낼 수 있다면, 그건 더없이 좋은 일입니다. 일손이 부족해서 기업끼리 경쟁이 생기면 일하는 사람에 대한 대접이 올라가니까. 그런데 역대 정부가 다들 왜 '일자리'라는 똑같은 노래를 불렀겠어요. 잘 안 되니까. 그래서 문제의 본질을 정확히 파악하고 해법을 찾아야 합니다.

　일자리 분배라고 하면, 먼저 노동시간의 분배예요. 한국이 OECD에서 멕시코 다음으로 노동시간이 긴 나라예요. 연평균 2,100시간이 조금 넘는 것으로 아는데, 네덜란드와 독일 같은 경우는 1,400시간 내외밖에 안 되고. 이렇게 노동시간이 긴 나라니까 산술적으로 계산해도 일하는 시간을 줄이면 그만큼 일자리는 많이 늘어날 수 있어요.

권 그러면 소득이 줄잖아요.

<u>유</u> 개개인은 그럴지 몰라도 경제 전체로 보면 그렇지 않죠. 100명의 노동자가 한국에 있는데, 90명이 일을 하고 10명이 실업자라고 합시다. 각 취업자가 100시간씩 일하면 9,000시간의 노동이 투입되죠. 생산성이 그대로일 때, 90명이 아닌 100명이 일하고 그 대신 각자 100시간이 아닌 90시간만 일하면 똑같은 양을 생산할 수 있겠죠. 이때 시간당 임금이 동일하다면 월급이 10분의 9로 줄어들겠죠. 물론 사회전체로는 생산량도 그대로고 임금소득도 그대로입니다. 취업자가 10% 늘고 각자의 소득이 10% 줄고.

실업자에게 일자리를 주기 위하여 왜 내가 소득 감소를 감수해야 하느냐, 이런 문제가 발생하는 건 사실입니다. 하지만 여기에 두 가지 변수가 있어요. 이전에 10명이 실업자로 있을 때는 어떤 형태로든 이들에게 사회가 도움을 줬을 거고, 그 비용을 누군가는 부담했을 겁니다. 굶어죽으라고 놔둘 수는 없는 거니까. 실업자 일인당 비용이 월급의 50%라고 치고, 90명의 취업자가 그 반을 부담한다고 치면, 취업자가 각각 자기 월급의 2.5% 정도를 부담해야 한다는 얘기입니다.

실업자를 없애면 이 부담도 없어집니다. 또 노동시간을 단축하면, 생산성이 올라가는 효과가 있어요. 생산성이 5% 오르고 그중 반이 임금인상으로 반영된다면, 월급이 2.5% 오르겠죠. 이 두 가지를 감안하면 소득의 감소는 애초 계산한 10%가 아니라 5%입니다. 노동시간은 10% 줄였는데 소득은 5%만 감소한다? 이거 나쁘지 않잖아요.

그래도 어쨌든 임금이 조금이라도 줄어드는 게 싫다면, 소득 감소 없이 매년 생산성 향상 부분을 활용해서 점진적으로 노동시간

노동시간과 노동생산성

우리나라는 경제협력개발기구(OECD) 35개 회원국 가운데 멕시코에 이어 두 번째로 노동시간이 길다. 한국은 통계를 내기 시작한 1980년부터 2007년까지 27년간 노동시간 1위를 차지하다, 2008년부터 멕시코에 1위를 넘겨줬다. OECD 회원국 중 연간 노동시간이 2천 시간을 넘는 곳은 멕시코, 한국, 그리스 등 세 나라뿐이다.

그런데 1인당 국내총생산(GDP)을 총 노동시간으로 나눈 시간당 노동생산성은 한국이 OECD 35개국 중 28위로 하위권에 속한다. 노동생산성은 OECD 회원국 평균의 68% 수준이다

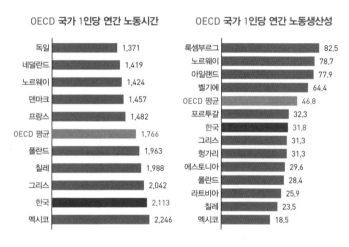

OECD 국가 1인당 연간 노동시간

독일	1,371
네덜란드	1,419
노르웨이	1,424
덴마크	1,457
프랑스	1,482
OECD 평균	1,766
폴란드	1,963
칠레	1,988
그리스	2,042
한국	2,113
멕시코	2,246

OECD 국가 1인당 연간 노동생산성

룩셈부르그	82.5
노르웨이	78.7
아일랜드	77.9
벨기에	64.4
OECD 평균	46.8
포르투갈	32.3
한국	31.8
그리스	31.3
헝가리	31.3
에스토니아	29.6
폴란드	28.4
라트비아	25.9
칠레	23.5
멕시코	18.5

자료 / OECD, 2015년 기준

을 줄여나가는 방법을 택해도 됩니다. 여기에 실업자 축소에 따른 복지비용 감소와 근로시간 단축에 따른 추가적인 생산성 향상 등을 합하면 과격한 조정 없이 점진적으로 일자리 나누기를 진전시킬 수 있습니다. 물론 개별 회사의 경우, 인원을 늘리면 고정비용이 들어가는 부담이 있는 것은 이해합니다. 그래서 점진적으로

하자는 거죠.

권 노동시간 단축이 반드시 생산성 향상으로 이어진다는 보장이 있나요?

유 생산성과 노동시간 통계를 보면 분명하게 드러납니다. 역사적인 에피소드를 하나 얘기하자면, 1914년에 포드자동차의 창업주 헨리 포드(Henry Ford)가 공장 직원들한테 하루 5달러를 지급하는 파격적인 임금인상을 합니다. 한꺼번에 두 배 이상 올린 거예요. 《월스트리트 저널》에서 빨갱이라고 공격할 정도로 충격적인 조치였죠.

포드는 1926년에 하루 8시간 노동도 처음 도입해요. 나중에 포드가 뭐라고 했냐면, '임금인상, 노동시간 축소 등이 최고의 비용 절감 정책이었다'고 말해요. 돈을 많이 주고 노동시간도 줄였지만, 그렇게 해서 생산성이 올랐기 때문입니다. 자동차 만드는 일이 옛날에는 사람들이 다 했으니까, 굉장히 고된 노동이었어요. 그래서 이직률이 엄청 높았어요. 그런데 하루 5달러씩 주니까 아무도 안 떠나잖아요. 그러니까 숙련 노동자들이 늘고, 생산성이 팍팍 오른 거죠. 그리고 노동시간을 줄이니까 덜 피곤하고 더 집중해서 일할 수 있잖아요.

권 자동차 회사가 여전히 고용집약적이긴 합니다만, 지금은 과거와 달리 기계에 의존하는 부분이 많고, 또 현대자동차의 경우 이미 상당한 고임금 직종이어서, 포드의 사례가 지금도 유효할까 싶은 의문은 있습니다.

유 제가 현대자동차 임금 올리라고 얘기하는 건 아니고요, 노동시간
단축하고 일자리 나누기 하라는 거죠. 어쨌든 효과가 얼마나 강
력할지, 정도의 차이는 있겠지만, 임금인상과 노동시간 단축 등
처우 개선이 생산성 향상을 낳는다는 것은 의심할 여지가 없이
확인된 사실입니다.

　　현대차 얘기를 꺼내셨으니까 제가 현대차 임원에게 들은 얘기
하나 할까요. 왜 노사협상이 결렬되고 파업에 들어가기 전에 기
싸움 할 때, 준법투쟁이라고 하잖아요. 출퇴근 시간부터 여러 작
업 규칙들 다 지키는 것. 차를 살 때 가능하면 준법투쟁 시기에
만들어진 차를 사라는 겁니다. 얼핏 생각해보면 노사가 싸울 때
만든 차는 좀 불량할 것 같잖아요. 그런데 아니라는 거예요. 준법
투쟁할 때는 잔업을 안 하니까 피곤하지 않고 서두르지 않으니까
꼼꼼하게 일해서 차가 잘나온다는 거예요. 반면에 파업 끝나고
노사가 의기투합해서 잘해보자면서 열심히 일할 때 만든 차는 피
하라고 하더라구요. 파업기간에 밀린 일 따라잡는다고 너무 과로
하기 때문에 제대로 신경을 못 쓴다는 거죠.

권 우리가 보통 생각하는 것과는 정반대네요.

유 그러게요. 이 얘기에서 정말 중요한 게 노동자의 과로 문제입니
다. 장시간 노동이 왜 문제냐고 할 때, 노동시간을 줄이면 일자리
의 수를 늘릴 수 있다는 측면을 주로 얘기했습니다만, 그에 못지

않게 중요한 것이 바로 이거에요. 노동자의 과로는 제품의 질과 생산성에 직결됩니다. 당연히 건강에 악영향을 주고, 또 자녀와의 대화 등 가족과 함께하는 시간이 적어지고, 삶의 질을 떨어뜨리지요.

장시간 노동은 민주주의의 적이기도 합니다. 시간이 있어야 이웃과 교류하고 공동체에 참여하면서 아래로부터 민주주의를 키워나갈 수 있잖아요. 요즘 아파트 동 대표 뽑는데 입후보자가 아무도 없어서 곤란한 경우도 많은 것 같던데요. 각자 살기도 바쁘다는 거죠.

이번에 국회에서 주 52시간 노동이 법제화된 것은 정말 다행이고 무척 의미가 큰 변화입니다. 업계에서 부담이 된다고 아우성을 치지만, 이제는 좀 바뀌어야 합니다. 더 효율적으로 일하고, 삶의 질을 높이는 방향으로 나가야 합니다. 필요한 만큼 사람 더 뽑고요.

일자리 질이 청년실업 문제의 핵심이다

권 일자리의 분배가 중요하다시면서 노동시간 분배라는 측면에서 말씀해주셨는데, 다른 어떤 측면이 또 있을까요?

유 일자리의 분배를 말할 때 또 한 측면은 일자리의 질 문제입니다. 이른바 좋은 일자리와 그렇지 못한 일자리 사이에 격차가 너무 크다는 문제 말입니다. 누구는 너무 많이 받고, 누구는 너무 조금 받고.

'일자리 문제 심각하다'고 하면, 중소기업 하는 분들은 '정부 관리들이나 대학교수들은 현실을 모른다. 지금 우리 공장 와봐라, 일손이 부족하다'고 이구동성으로 얘기합니다. 그러면 저는 이렇게 얘기합니다. "사장님, 자제분에게 사장님 회사 취직하라고 권유하겠습니까? 내 자식에게 시키고 싶지 않은 일을 왜 남의 자식에게 시키려 하십니까? 젊은이들이 안 온다고 젊은이들을 탓할 게 아니라, 젊은이들이 오고 싶은 회사를 만들어야지요." 청년들에게 '눈높이를 낮춰야 한다'고 얘기하는 사람들에게도 저는 똑같은 말을 해주고 싶어요. 격차가 너무 크니까 낮추기가 어려운 겁니다. 여기서 일자리 문제는 곧 일자리의 격차 문제라는 걸 알 수 있죠.

실제로 우리나라의 실업률은 상당히 낮은 편입니다. 실업자 보호가 약해서 실업자로 버티기가 너무 힘드니까 어떻게든 허접한 일자리라도 찾아나서게 되는 측면이 있고, 또 실업 통계를 낼 때 일주일에 단 1시간만 일해도 취업자로 분류되니까 불완전 취업자가 빠지고, 구직활동을 적극적으로 하지 않는 구직단념자도 빠지게 됩니다. 그러니 체감실업률보다 낮게 나오게 되죠.

하지만 이게 실업 통계의 국제적 기준이고, 이 기준에 따른 국제비교에서 우리나라 실업률은 낮은 편이라는 거죠. 그러나 청년실업률은 심각합니다. 특히 니트족[13]이라고, 특별히 하는 일이 없이 어영부영하는 사람들이 많아요. 조사원에게는 창피하니까 '취업준비' 중이라고 답하는데, 실제론 밤새 PC방에서 게임을 하기도 하고. 니트족이 아니더라도 일부러 대학졸업을 늦추는 경우도 많죠. 알바, 어학연수, 군대 등. 노동시장에 나가기가 두려운 겁니다.

이것도 어디서 오느냐, 격차에서 오는 거예요. '내가 1군 직장을 못 잡으면, 2등 시민이 된다'는 생각이 있으니까, 아무리 전망이 밝지 않더라도 '1군 직장'을 쉽게 포기를 못하는 겁니다. 그래서 니트족이 불어나고, 캥거루족[14]이 나타나게 됩니다. 이는 1군과 2군의 격차가 너무 크기 때문입니다. 확률이 낮은 로또를 사는 건 당첨금액이 크기 때문입니다. 확률이 낮은데, 상금도 낮다면 누가 사겠습니까. 괜찮은 지방 중소기업에 취직하는 것보다 수도권 대기업에 취직하는 게 확률은 낮아도 보상의 차이가 워낙 크기 때문에 이런 일이 생기는 거예요. 일자리의 격차를 줄이지 않으면 청년실업 문제는 안 풀립니다.

중장년이 되면 가족 부양 등 급박한 사정 때문에 '울며 겨자 먹기'로 나쁜 일자리라도 취직을 할 수밖에 없지만, 미래가 창창한 청년들 입장에서는 어떻게든 버티며 괜찮은 일자리를 계속 알아보는 게 합리적인 선택이거든요.

과거에 정부에서 청년실업 대책이라고 내놓는 걸 보면, 일자리 격차라는 본질적인 문제는 그대로 둔 채 청년인턴이니 해외 취업이니 등의 임시방편, 지엽말단 대책에 머물렀죠. 그러니까 효과가 없었고 청년실업 문제가 갈수록 악화되었던 거구요. 청년창업 지원도 함부로 할 일이 아니라는 점은 이미 얘기했고요. 아무리 어려워도 과도한 일자리 격차를 해소하려는 정공법을 택해야 합니다.

권 중소기업은 많이 주고 싶어도 줄 형편이 안 되는 것 아닌가요?

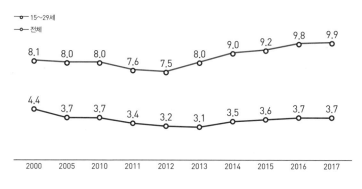

우리나라 실업률과 청년 실업률

2017년 우리나라 전체 실업률은 3.7%로 양호한 편이나, 청년층 실업률은 9.9%로 2000년 현재 기준으로 측정을 시작한 이후 가장 높았다. 특히 체감실업률을 나타내는 '고용보조지표3'은 청년층이 22.7%로 전년보다 0.7% 포인트 올라간 것으로 나타났다.

- ○ 15~29세
- ● 전체

	2000	2005	2010	2011	2012	2013	2014	2015	2016	2017
15~29세	8.1	8.0	8.0	7.6	7.5	8.0	9.0	9.2	9.8	9.9
전체	4.4	3.7	3.7	3.4	3.2	3.1	3.5	3.6	3.7	3.7

자료 / (단위 : %, 전년 대비)

유　물론 많은 경우 그럴 겁니다. 대기업과 중소기업, 제조업과 서비스업의 극심한 임금격차는 우리나라 경제구조의 심각한 문제입니다. 다른 나라에도 얼마간의 격차는 존재하지만, 우리나라의 격차는 너무나 큽니다.

　　항상 그랬던 건 아닙니다. 대기업과 중소기업 사이의 생산성 및 임금격차가 크게 벌어지기 시작한 건 1987년 민주화 이후예요. 당시 '3저호황'이 시작되면서 노동시장이 포화상태가 되었는데, 민주화로 노동조합이 활성화되고 강력해지잖아요. 그 결과 지급능력이 풍부한 수출대기업들의 임금이 급상승해요. 종업

원 300인 이상의 대기업과 300인 미만의 중소기업 간 임금격차를 보면 1980년대에 줄곧 110% 내외였거든요, 큰 차이가 없었어요. 그런데 1988년에 120%로 뛰고, 1999년에는 130%, 2003년에는 140%까지 커지는 거예요. 그 후로도 계속 커져서 최근에는 150%를 넘었어요.

수출 제조업 분야의 대기업 임금이 오르면서 정말 안 좋은 현상이 나타났어요. 더 이상 풍부한 저임금 노동에 기대어 경쟁력을 확보할 수 없다고 판단한 대기업들이 고용회피전략을 택합니다. 아웃소싱(outsourcing)을 확대하고, 해외투자에 나서고. 그래서 제조업, 대기업의 좋은 일자리가 줄어들기 시작했죠. 경제는 성장하는데, 좋은 일자리는 줄어든 겁니다. 그러니까 나쁜 일자리라도 찾는 사람이 많아지고, 이들의 협상력은 더 떨어지잖아요.

이렇게 해서 고용사정이 갈수록 나빠진 거죠. 이른바 성장에 따른 '낙수효과'라는 게 이렇게 해서 거의 사라져버립니다. 물론 IMF위기 이후 구조조정 과정에서 좋은 일자리가 축소된 부분도 있지만, 그런 경향은 이미 90년대 초부터 뚜렷이 드러났습니다.

권 대기업과 중소기업의 임금격차라는 게 해결이 가능하기는 한 걸까요?

유 쉽지 않은 문제입니다만, 어렵다고 피해가서는 안 됩니다. 양 방향에서 노력을 해야 하는데요, 하나는 중소기업의 지불능력을 높이는 것이고, 다른 하나는 중소기업에게 임금을 올리도록 압력을 가하는 것입니다.

먼저 지불능력 제고를 위해서는 대기업과의 거래에서 정당한 가격을 받을 수 있도록 해줘야 하고요, 더 중요한 것은 생산성을 높이는 겁니다. 중소기업 지원을 자금지원 위주에서 생산성 향상을 위한 현장 중심 지원으로 바꿔야 하고요, 연구개발 관련 지원도 눈먼 돈 뿌리는 게 아닌 실질적인 기술개발로 이어지도록 개혁해야 돼요.

시장의 힘이든 노동조합의 힘이든 임금인상 압력을 가하는 것도 또한 필요합니다. 이 압력이 기술개발과 생산성 향상을 촉진할 것이고요, 임금부담을 정 감당하지 못하는 기업은 문을 닫아야 합니다. 그리고 그 기업이 사용하던 자원을 생산성이 더 높은 기업으로 재배치해야죠.

이게 바로 시장원리에 따른 구조조정입니다. 임금인상 압력은 구조조정을 촉진하고, 그렇게 해서 산업 전체의 생산성을 올리는 거죠. 사실 이게 스웨덴에서 노동조합이 추진한 '연대임금'의 논리였어요. 임금격차를 줄이는 것은 노동자의 대단결을 위한 것이기도 했지만, 생산성 낮은 기업이 저임금에 의존해서 생존하는 것을 방지하고 효율적인 구조조정이 신속하게 이루어지도록 해서 경제성장을 촉진하겠다는 생각이 있었던 겁니다.

우리나라에서도 기업별 노조를 산별 노조로 개편하고 산별교섭을 확대하면서 기업간 임금격차를 줄여나가는 노력을 노조가 적극적으로 해주면 좋겠습니다. 그리고 앞서도 얘기했습니다만, 중소기업에 임금인상 압력을 가하기 위해서는 외국인노동자 정책을 개혁해야 합니다. 지금처럼 저임금노동자 활용수단으로 삼아선 안 되고, 산업연수생 제도의 취지에 맞게 개도국 인력 개발 우리나라 일자리의 무게중심은 1990년대 이후 정규직 위주의 제조업에서 비정규직 위주의 서비스업으로 점점 옮아갔고, 특히 1998년 외환위기 이후 급격하게 이동했다. 우리나라의 제조업 취업자 비중은 1989년 27.8%로 정점을 찍은 뒤, 2001년 19.8%, 2016년 17.1%로 매년 하락세다.

제조업 일자리 감소는 2017년에 더욱 심해졌다. 통계청에 따르면, 2017년 제조업 평균 가동률은 71.9%로 외환위기 직후인 1998년(67.6%) 이후 가장 낮은 수치를 기록했다. 자동차, 조선산업의 부진에 따른 것이다.

에 초점을 두어야 합니다.

고용불안은 혁신의 적

권 일자리 격차를 임금뿐만 아니라 고용안정이라는 면에서도 봐야 할 것 같은데요. 요즘 젊은이들이 '최대한 안정적인 곳에 들어가야 되겠다'는 생각으로 진로를 결정하지 않습니까? 좋은 대학 나와서 9급 공무원 시험 보고. 1~2년 전인가요, 제주에서 외국어고등학교 전교 2등 하는 여학생이 대학 진학을 포기하고 9급 공무원 시험에 합격해 공무원직에 들어선 일도 있잖아요.

지금 대학 입시에서 전국의 의대를 줄을 세운 뒤, 그다음에 서울대의 의대가 아닌 다른 학과가 위치한다고 합니다. 의사가 어쨌든 대기업보다 더 안정적이니까, 최대한 안정적인 일자리를 찾으려다 보니 이런 현상이 생기는 것 같아요.

유 과도하게 안정에 집착하는 것은 앞서 얘기한 사회안전망의 부실도 문제지만 고용불안이 더 큰 문제인 것 같아요. IMF 이후에 노동시장 유연화 바람이 불면서 고용안정성이 대폭 떨어졌잖아요. 우리가 삶을 지탱하는 게 일차적으로 고용이고 이차적으로 복지인데, 이게 안정을 보장해주지 못하니 젊은이들이 안정적인 직장을 탐하는 건 너무 당연한 결과입니다.

일전에 연세대 경영학과를 나온 똑똑한 젊은이와 오랜만에 통화를 했는데, 그 사이에 결혼하고 애 낳았다며, 작년에 9급 공무원 시험 합격해서 이제 출근 시작한다고 하더라구요. 말로는 '축하한다'고 했는데, 속으론 '이게 무슨 일이지' 하며 안타까워했습니다.

권 우리 사회에서 한번 삐끗하면 안 되니까요. 그러니 이런 분위기에서 혁신성장 하라고 할 수 있겠습니까?

유 그러게 말입니다. 고용불안은 혁신의 강력한 적입니다. 직업 선택 단계에서 공무원 등 안정적인 일자리를 찾게 되는 것도 문제고, 또 기업에 취업한 이후에도 고용불안은 혁신을 방해합니다.

고용이 불안정해서 단기실적 여부에 따라 해고될 수도 있다고 칩시다. 박근혜 정부가 추진했던 '저성과자 퇴출제도' 같은 거 말이죠. 그럼 성과를 올리기 위해서 혁신을 할까요? 그럴 가능성은 희박합니다. 오히려 실패 가능성이 높은 혁신적인 방법을 시도하기보다는 안정적으로 작은 성과라도 낼 수 있는 기존 방법을 채택할 가능성이 크죠. 혁신이란 애초에 성공 여부가 불확실하잖아요. 모험이잖아요. 고용안정이 어느 정도 보장되지 않으면 감히 시도하기 어렵죠.

어쨌든 일자리 문제는 분배의 관점에서 봐야 해법에 제대로 접근할 수 있습니다. 노동시간, 임금, 고용안정, 이런 모든 면에서 격차를 줄여야 해요. 물론 좋은 일자리를 추가적으로 만들어내는 것은 이 과정에서 큰 도움이 될 것입니다. 하지만 핵심은 격차의 축소지요. 이건 또 혁신성장을 위해서도 반드시 필요한 거예요. 지치고 압박받는 노동자는 고급 노동자, 창의적인 노동자가 될 수 없습니다.

지금 서열화 교육과 노동시장의 격차 시스템이 맞물려 있거든요. 이게 불평등을 조장할 뿐더러 혁신성장을 방해하는 겁니다. 사실 다들 하기 싫어하는 힘든 일, 위험한 일일수록 돈을 더 받아야 돼요, 경제학적으로 보면. 그런데 실제로는 힘들고 위험한 일하는 사람들일수록 대우도 형편없고, 고용안정성도 낮고, 이런 식으로 돼 있잖아요. 대기업, 원청 기업은 그런 일 안 하고, 중소기업, 하청 기업에게 맡기니까요.

권 수요 공급이 그렇게 안 되잖아요.

유 수요 공급에 의해서 그렇게 되는 것이 정상이죠. 어렵고 위험한 일은 하겠다는 사람이 별로 없으니 돈을 많이 주고서라도 찾아야 하고, 쉬운 일은 하겠다는 사람이 많으니 돈을 적게 줘도 되는 것이고. 이게 정상적인 노동시장인데, 우리는 거꾸로 돼 있어요. 왜냐하면, 기댈 데가 없는 인구가 노동시장에 너무 많은 거예요. 학벌, 스펙, 경력을 갖추었거나, 집에 가진 게 있거나, 사회보장 시스템이 받쳐주거나, 어느 것 하나 기댈 데가 없는 사람들이.

그러다 보니 없는 사람들일수록 공급과잉 때문에 더 싼값에, 더 힘든 일을 해야 되는 상황인거죠. 이 문제를 더 심화시키는 게 외국인노동자 문제입니다. 사실 그나마 시장의 힘에 의해 발생하는 임금상승 압력을 외국인노동자를 활용해 억제하고 있는 것이거든요. 이것은 바람직하지 않은 정책입니다.

교육과 노동시장의 연결에 관해서, 조금 다른 얘기인데, 심각한 문제가 또 하나 있습니다. 흔히 '학교에서 배운 지식의 현장 활용도가 미흡하다'고 하잖아요. 그런데 학교 교육이 공장에서, 회사에서 바로 써먹을 수 있는 걸 배우라고 있는 게 아니에요. 그건 취업 학원에서 배우든지, 회사 들어가서 직무교육 받으면 되는 거고. OJT(On The Job Training)가 괜히 있는 게 아니잖아요.

중요한 건 업무의 맥락에 대한 전반적인 이해를 바탕으로 예기치 않은 일이 생길 때 잘 대처하고, 능동적이고 혁신적 사고를 할 수 있는, 그런 사람을 학교에서 길러내는 겁니다. 그런데 계속 정답 찾기 교육만 하니, 현장적응력, 문제해결능력, 혁신능력이 매우 부족합니다. 기업들이 고민해야 할 건 이거예요. 자기들이 곧바로 써먹을 기술을 학교에서 가르쳐달라는 건 근시안적인 욕심일 뿐이죠.

아무튼 우리 교육이 현장에서 경쟁력을 발휘하는 밑거름이 되지 못하는 건 큰 문제입니다. 한편에서는 좋은 일자리가 없다고 하면서도, 막상 여러 첨단 기술 분야에서는 인재가 없어서 뭘 못한다고 하는 게 현실입니다. 현장과 교육의 거리가 멀다는 게 정답 찾기 교육의 문제에서 비롯되는 것도 있지만, 누가 왜 대학을 가느냐 하는 문제와 깊이 연관되어 있습니다. 우리는 20대 초반 대학진학률이 매우 높아요. 그러나 30~40대 대학진학률은 형편 없이 낮아요. 유럽은 반대예요. 그런데 우리보다 생산성이 높고, 혁신을 더 많이 하잖아요.

30~40대에 대학 많이 간다는 게 무엇을 의미하느냐? 현장에 서 경험을 쌓다가, '이 분야를 좀 더 깊이 공부해야겠다'는 생각 이 들어서 대학에 가는 거예요. 그러니까 왜 공부하는지, 뭘 공부 해야 하는지도 알고. 지식을 받아들이는 데에도 훨씬 성숙돼 있 고, 무엇보다 현장과 연결해서 이해하고 생각할 줄 알고. 현장 경 쟁력과 직결된 교육이 저절로 되죠.

그러나 우린 스펙 쌓기 위해 대학 가는 거잖아요. 역량을 키우 는 건 부차적이고. 다들 고교 졸업한 직후에 대학 가려 하고, 그러 다 보니 현장에서 경쟁력 발휘할 수 있는 역량을 키우는 것과는 관계성이 희박한 교육이 이뤄지고 있습니다.

권 대학을 못 가면 좋은 직장을 못 가니까요.

유 고졸취업자에 대한 학력 차별은 없어져야 합니다. 업무 능력과 회사에 대한 기여에 따라 대우해줘야지 학력이 왜 기준이 됩니 까? 제가 예전에 학교 행정 맡았을 때 보니까 전산실 직원 중에 가장 유능한 직원이 월급을 가장 적게 받고 있더라고요. 왜 그러 냐고 물어보니 대학을 못 나왔다는 겁니다. 그래서 직급이 다르 다고. 제가 당장 고치라고 했는데, 지금은 어떤지 모르겠어요.

고졸 차별 때문에 대학 갈 필요가 없는 청년들도 다 대학 가려

하고, 비싼 등록금 내느라 학자금 대출받아서 빚을 안고 사회생활 시작하고. 대학에서 배우는 게 이후에 큰 도움이 되지도 않고. 이게 뭡니까? 제가 진영논리, '내가 하면 로맨스고, 남이 하면 불륜이다', 이런 걸 싫어하기 때문에 이명박이나 박근혜를 그렇게 비판하면서도 이들이 괜찮은 정책을 펼칠 때는 서슴없이 칭찬했습니다. 그중에 하나가 이명박 정부에서 은행과 공기업의 고졸자 채용을 추진한 것이었습니다. 이게 더 확산되어야 한다고 봅니다.

그리고 또 대학 입시에 직장경험 가산점을 주는 제도를 도입하면 좋을 거라는 생각을 전부터 했습니다. 고용주의 구체적인 추천사를 받고, 이를 기초로 면접을 보고. 현장 경험을 쌓고, 나중에 대학을 가면, 훨씬 더 좋은 대학을 갈 수 있는 입시제도가 되는 거죠.

실제로 사회경험을 하면 역량이 커져요. 학교만 다닌 학생들에게 '너는 어떻게 생각해?'라고 물어보면, '제 생각이랄 게 딱히 없어요' 이러거든요. 그런데 사회생활을 하면 자기 생각이 생기거든. 여러 경험을 쌓고, 임기응변도 하고, 고민도 하면서 자기 생각이 생겨요. 이해력과 사고력이 커진 상태에서 공부하면 결과도 훨씬 좋을 거예요.

기본소득은 4차 산업혁명 시대의 대안이 될 수 있을까

권 4차 산업혁명이 진전되고, 인간 노동력의 비중이 줄어들면, 대학 진학 시기 등을 포함해 여러 가지 변화가 생기지 않을까요?

유 4차 산업혁명이 요즘 엄청난 화제가 되어 있죠. 경제학적으로 정립된 개념은 아닙니다만. 세상이 빠르게 변하고 있는 건 사실입니다. 비근한 예로, 스마트폰 없이 사는 걸 상상이나 할 수 있겠어요? 그런데 이게 세상에 처음 나온 게 언제죠? 우리나라에서 스마트폰이 본격적으로 사용되기 시작한 게 2009년이에요. 불과 10년도 안 된 겁니다. 앞으로 인공지능이다, 자율주행이다, 많은 변화가 빠르게 전개될 거라고 봅니다.

하지만 4차 산업혁명으로 인공지능과 로봇들이 사람의 일을 대신하면서 엄청난 일자리 위기가 생길 것이다, 이렇게 말하는 분들이 많은데, 저는 이런 걱정은 너무 하지 않아도 된다고 봅니다.

경제학을 공부하지 않은 일반 사람들이 그런 걱정을 하는 건 충분히 이해가 갑니다. 없어질 직업들이 눈에 보이니까요. 드론이 배달하면 택배기사는 어떻게 하고, 자율주행하면 운전기사들은 어떻게 합니까? 지금도 지하철 9호선 같은 경우는 기관사가 없이 달리잖아요. 인공지능이 발달하면서 은행원, 법률가, 회계사, 의사까지도 대체할 거라는 얘기가 나오니 걱정이 안 될 수 없겠죠. 하지만 사라지는 일자리만을 생각하면 안 됩니다. 우리가 지금은 모르는 새로운 일자리가 생깁니다.

이건 많은 역사적 사례를 통해서도 알 수 있어요. 19세기 초에 영국에서 러다이트 운동이 있었잖아요. 기계가 일자리를 없앤다고, 기계파괴운동을 한 거예요. 하지만 일자리가 다 없어졌습니까? 60년대에는 미국에서 공장자동화로 논란이 많았어요. 자동화로 인한 대량 실업에 대한 우려가 컸습니다. 존슨 대통령이 위원회 만들어 대응책 세우고 난리 났어요. 지나가고 나니 별 거 아니었죠. 1950년대에 우리나라에서 농업에 종사하는 사람이 얼마나 됐을까요?

권 50% 넘지 않았을까요?

유 70% 넘었습니다. 지금은 어떨까요?

권 대략 5%?

유 2016년 현재 4.9%입니다. 국내총생산에서 농림어업이 차지하는
비중도 36.2%(1960년)에서 1.99%(2016년)로 줄어들었죠. 그러면
우리 일자리가 50년대에 비해 줄었습니까? 그 많던 농사 일자리
가 거의 다 없어졌는데? 다른 분야로 대체됐죠. 산업화 과정에서
제조업 일자리가 많이 늘어났고, 나중에는 서비스업 일자리가 늘
어났죠.
　　AI로 일자리가 없어지기도 하겠지만, 마찬가지로 미래에 다른
일자리가 만들어집니다. 여기에 한 가지 비대칭이 있어요. 사라질
일자리는 기존에 존재하는 거니까 우리가 익숙하게 알고 있는 거
예요.
　　하지만 대신 생길 일자리는 지금은 알 수가 없어요. 그러니 불
안할 수밖에 없죠. 하지만 뭔가 생길 겁니다. 로봇이 해주진 않는,
사람의 감성과 터치가 꼭 필요한 무엇이 있을 거예요. 누군가 새
로운 일거리를 만들어내게 돼 있고, 그것에 대한 수요가 생기게
돼 있어요. 로봇을 만들고, 통제하는 일과 관련된 직업들이 생겨
날 테고요. 그리고 적어도 당분간 고급 지식노동은 대체될 수 없

을 겁니다.

거시적으로는 4차 산업혁명에 따른 일자리 파괴를 걱정할 필요가 없습니다. 하지만 두 가지 중요한 문제가 있습니다. 첫째는, 급격한 변화가 생길 때, 즉 특정 직군의 사람들이 우수수 일자리를 잃게 될 때, 전환비용의 문제가 있습니다. 이 사람들이 새로운 일자리로 쉽게 재배치될 수 있을지, 얼마나 빨리 그게 가능할지, 전환 도중에는 어떻게 먹고살지, 이런 부분입니다. 충실한 사회안전망과 재교육 시스템 등으로 대응해야 할 겁니다.

둘째는, 소득분배의 문제가 발생합니다. AI와 로봇이 인간 노동을 대체한다는 건 그만큼 노동생산성과 소득이 올라간다는 뜻이거든요. 그런데 그 높아진 소득이 어떻게 분배될 것인지, 이게 정말 문제인 거죠. 이론적으로 보면 자본이 노동을 쉽게 대체할 수 있게 되면, 이걸 어려운 말로 대체탄력성이 커진다고 하죠, 전체 소득에서 자본의 몫이 커지고 노동의 몫이 작아지거든요. 이미 이런 현상이 발생하고 있습니다만, 이게 앞으로 더 심화되는 것이 아니냐 하는 우려가 존재하는 건 사실입니다.

권 4차 산업혁명 시기에는 기본소득이 필수적인 정책이 되어야 하는 건가요?

유 방금 얘기한 것처럼 보다 충실한 복지 시스템이 필요하다는 것은 분명합니다. 급격한 변화에 따른 충격을 흡수할 완충장치가 필요하니까요. '4차 산업혁명으로 일자리가 없어지니까 이에 대비해서 기본소득을 도입해야 한다'는 주장, 다음의 이재웅 씨가 그랬나요? 그런 주장에는 동의하기 어렵고요. 기존의 일자리가 없어지는 만큼 새로운 일자리가 생길 테니까.

기본소득은 상당히 논란이 많은 정책입니다. 얼핏 듣기에 누구나 먹고살 소득은 무조건 보장된다는 게 유토피아처럼 들리기도 하지만 그렇게 간단하지가 않아요. 장점도 분명히 있지만, 단점도 있어요. 진보적 입장에서는 기본소득을 효과적인 재분배정책으로 바라봅니다. 4차 산업혁명과 기본소득을 연결해서 보는 것도 그런 시각이죠.

그런데 기본소득이 과연 가장 좋은 재분배정책인지는 의문입니다. 생활이 될 만큼 충분히 주려면 재원이 엄청나게 필요할 테고, 경제적 유인 문제, 놀고먹자는 사람이 늘어나는 문제가 심각해질 가능성이 많습니다. 재원이 충분하지 않다면, 모든 사람에게 똑같이 주기보다는 실업자나 저소득층에게 집중하는 게 효과적이겠죠. 보수적 입장에서 보는 기본소득은 정부가 복지에 관여하지 말고 돈만 주고 시장에 다 맡긴다는 것인데, 그건 위험하다고 봅니다. 보육, 교육, 의료, 주거 등 기본적인 서비스는 공공의 역할이 매우 중요합니다.

시장에만 맡기면, 아무리 모든 사람들이 구매력이 있다고 해도, 여러 문제가 나타날 거예요. 이미 우리나라에서는 공공서비스를 민간에 너무 의존해서 서비스 품질이나 편차나 여러 문제가 많잖아요. 그리고 아무리 돈을 줘도 또 사회가 방치할 수 없는 어려움에 빠져드는 사람들이 생기게 마련입니다. 기본소득 줬으니 이제는 죽든 말든 상관 안 한다고 할 겁니까?

제가 기본소득에 무조건 반대하는 건 아닙니다. 제한적으로 실인공지능의 아버지이자 1978년 노벨경제학상 수상자인 허버트 사이먼이 4차 산업혁명의 해법으로 기본소득을 제시했다. 사이먼은 "(4차 산업혁명 시대에) 소득의 90%는 다른 사람의 지식(빅데이터)을 활용한 것이다. 따라서 90%의 소득세율이 적절하다. 그러나 기업가에게 약간의 인센티브를 주기 위해 70% 세율로 일률적으로 과세하고 그 수입을 기본소득으로 나누자"고 제안한 바 있다

포털사이트 다음 창업자인 이재웅씨는 2016년 1월 자동화에 따른 일자리 감소에 대응하기 위한 유일한 대안이 기본소득이라는 입장을 밝혔다. 그는 자신의 트위터에 "줄어드는 일자리와 소득격차 등 미래 경제체제에 대비하기 위한 유일한 대안이 기본소득이라고 생각한다"며 "단기적으로 가능한 정책은 아니지만, 자본주의 붕괴를 막기 위해서라도 도입해야 할 정책"이라고 말했다.

시할 수 있다고 봐요. 요즘 우리나라 정치권에서 기본소득이라고 말하는 건 사실 엄밀한 의미의 기본소득, 전 국민에게 똑같은 돈을 조건 없이 주는 제도와는 좀 거리가 있고, 사실 보편적인 수당 제도 같은 걸 의미하잖아요. 아동수당, 청년수당, 노인수당, 이런 거. 이건 저도 적극 지지합니다. 그리고 제가 우리나라 복지제도가 너무 비효율적으로 이것저것 뒤죽박죽 생기는 것에 대해서 우려하고 있는데요, 제한적인 기본소득제도를 활용해서 보다 효율적인 복지를 할 수 있지 않을까 생각합니다.

기본소득이든 뭐든 4차 산업혁명에 대비하여 복지제도를 갖추기 위한 재원으로 로봇세를 도입하자는 주장도 있는데요. 로봇을 소유한 사람이나 기업으로부터 걷는 세금을 말하는 건데, 재원마련뿐만 아니라 로봇 도입으로 인한 실직 속도를 늦추는 효과도

있다는 거죠. 빌 게이츠가 이 주장에 동조해서 많이 알려졌죠. 저는 이것도 좀 아닌 것 같습니다. 기술혁신을 저해하는 세금이니까요. 조세의 일반적인 원칙을 따르는 게 좋고요, 특히 자본이 노동을 대체하면서 자본의 몫이 커지는 것에 대응하려면 자본과세를 강화하는 것이 정도입니다.

4차 산업혁명에 대비하는 데는 역시 교육이 중요합니다. 4차 산업혁명 시대에도 자기 역량을 발휘할 수 있도록 도와주는 교육이 되어야 합니다. 개성, 창조성, 예술성, 사회성 등 로봇이 쉽게 따라할 수 없는 것들, 인간성을 구현하는 교육을 해야겠죠. 4차 산업혁명이 점점 우리 문턱에 와 있는데, 아니 벌써 우리 생활에 깊숙이 들어오기 시작했는데, 여전히 따라잡기 성장 시대의 정답 찾기 교육을 하고 있다가는 점점 뒤처질 수밖에 없습니다.

문재인 정부에 바란다 – 올바른 방향 설정, 그러나 조급함을 경계하라

권 마지막으로, 문재인 정부의 경제정책 방향이 크게 혁신성장과 소득주도 성장을 두 축으로 하고 있습니다. 아직 일 년도 채 안 됐으니 성과를 말하기는 이르고, 전망은 어떻게 보십니까?

유 방향 설정은 잘했다고 봅니다. 아직 시간도 얼마 안 지났고, 특히 적폐청산 작업과 북핵위기 관리라는 압도적으로 우선적인 과제가 부각되다 보니 경제 분야에서 가시적 성과를 내기는 어려웠던 것 같습니다.

그러나 먹고사는 문제에 지친 국민들이 너무 많습니다. 아직은 문재인 정부에 대한 지지율이 높지만, 이게 한없이 가는 게 아닙니다. 한편으로 촛불정부라는 초심을 잃지 않아야 하고, 다른 한편으로 경제적 성과를 내놓아야 합니다. 이건 앞서 강조했던 것처럼 기본을 바로하고 경제 패러다임의 전환을 실질적으로 이루어내는 걸 말하는 것이지 무슨 성장률을 갑자기 확 끌어올리라는 게 아닙니다.

재벌개혁, 혁신체제의 개혁, 분배 개선과 재분배 확대, 이런 데서 가시적인 성과가 나오도록 일관되게 노력해야 할 것입니다. 상법 개정이나 부동산 보유세 인상 같은 건 기득권자들의 반발에 너무 신경 쓰지 말고 조속히 입법을 해내야 합니다.

하지만 너무 조급할 필요는 없습니다. 오히려 조급함을 피해야 한다고 말하고 싶어요. 소득주도 성장이란 건 다양한 경제주체들이 소통하고 타협해서 갈등을 조정하고 합심하는 과정을 필요로 합니다. 이건 우리가 안 가본 길이거든요. 60년대 이래 옛날부터 '선성장 후분배'라는 노래를 불러왔는데, 소득주도 성장은 이를 거꾸로 뒤집는 것이거든요.

안 가본 길을 가는 것이기 때문에 결코 쉬울 수 없고, 시행착오가 불가피할 겁니다. 그러나 '이것이 옳은 길'이라는 확신을 갖고, 시행착오에서 배운다는 자세로, 큰 길을 뚜벅뚜벅 가야 됩니다. 그렇지 않고 조급하게 성과를 내려고 마음먹으면 여론에 밀리게 됩니다. 이것은 거대한 전환의 길이고, 그래서 이를 쾌도난마식으로 해결할 수는 없는 것임을 강조하고 싶습니다.

특히, 혁신성장은 더더욱 조급해서는 안 됩니다. 조급해지면 정부가 앞서나가고 결국 '눈먼 돈' 뿌리게 됩니다. 겉보기로 성과를 내고 속빈 강정이 되죠. 교육과 연구개발 시스템 개혁, 벤처생태계 활성화 등 근본적인 제도적 환경을 만들어주면서 민간의 혁신 역량이 축적되고 혁신선도자들이 커 나오는 걸 기다릴 필요가 있습니다.

마지막으로, 사실 제가 걱정하고 있는 부분이 있습니다. 경제정책의 핵심이 기획, 재정, 금융인데, 다 정통관료들에게 맡겨놓았잖아요. 관료들이 물론 유능합니다. 하지만 거대한 전환을 하겠다고 하면, '영혼이 없는' 관료에게 맡기는 것은 위험합니다. 정권의 요구와 입맛에 맞추어 정책의 제목은 잘 바꿀 겁니다.

하지만 세부적인 정책으로 들어가면 거의 바뀌는 게 없습니다. 경제 관료들을 지배해온 사고방식과 사회관계망, 이해관계와 업무관행, 상명하복의 조직문화까지 바뀐 게 거의 없는데, 얼마나 새로운 정책을 고안해내고 새로운 실험을 모색하겠습니까? 자세한 내용을 들여다보면 예전 정책과 별로 다른 것이 없는데 큰 제목만 바꾸는 일이 생기는 거죠. 그리고 관료들은 조급한 경향이 있어요. 위에 잘 보여야 하니까, 겉보기 성과를 중시합니다. 유능한 관료들을 잘 활용해야 하지만, 이들에게 큰 책임을 맡기고 대전환을 이루겠다고 하면 연목구어가 될 가능성이 많습니다.

권 이제 마쳐야 할 시간입니다. 그 전에 마지막으로 한 가지만 더 묻고 싶습니다. 문재인 정부, 아니 대한민국에 북핵위기라는 먹구름이 잔뜩 끼었다가 이제야 간신히 한 줄기 햇살이 비쳐드는 형국입니다. 작년 하반기에는 곧 전쟁이라도 일어날 것 같은 분위기였는데요, 다행히 평창올림픽을 계기로 극적인 변화가 시작되었죠. 앞으로 남북관계의 전망을 어떻게 보시는지요?

유 제가 국제정치나 외교에 관해 전문적인 식견은 없지만 국민의 한
사람으로 몇 가지 얘기는 할 수 있을 것 같습니다.

우선 북미 간에 전쟁 위험이 고조되던 상황에서 대화국면으로
기류를 바꾸어 놓은 문제인 정부의 외교적 성과를 크게 칭찬하고
싶습니다. 사실 대통령이 너무 이 문제에 집중하면서 경제는 좀
뒷전에 밀린 게 아니냐, 경제문제에 관해서는 관료들에게 너무
맡겨버린 게 아니냐, 이런 점에서 좀 실망스럽기도 합니다.

하지만 생각해보면 전쟁 막는 일보다 중요한 게 뭐가 있겠습니
까. 저는 이것 하나만으로도 현 정부의 공이 크다고 보고 웬만한
잘못은 용서하고 싶어요.

그런데 한반도에서 전쟁의 위험을 해소하고 평화를 정착시키
는 건 사실 경제를 위해서도 엄청나게 중요한 일입니다. 당장 우
리나라의 국가신인도가 상승하게 되어 외국에서 돈 빌릴 때 이
자율이 내려갈 것이고, 투자처로서 매력이 상승하게 되어 주가가
오르고 외국인직접투자가 증가할 겁니다. 남북경협이 본격화되
면 이런 것과는 차원이 다른 경제적 이득이 생깁니다.

중국의 개혁·개방 이후 중국경제가 급속하게 발전하는 과정에
서 우리가 얼마나 큰 이득을 보았는지 생각해보세요. 과거 농경
사회에서는 한정된 땅이 부의 원천이니까 '사촌이 땅을 사면, 배
가 아프다'는 말이 통했지만, 무한정 자본을 축적하고 기술을 개
발하여 부를 늘리는 시대에는 '이웃이 부자가 될수록 내가 돈 벌
기회가 많아지니, 아프던 배도 낫는다'고 말하는 게 더 적절할 거
예요. 지금 우리나라 수출의 4분의 1을 중국에 할 정도로 중국시
장이 중요한 역할을 하고 있잖아요.

단지 수출시장이 된 것만이 아니라, 사실 더 중요한 건 우리나라의 무역구조를 선진화하는 데 중국이 결정적인 역할을 했어요. 중간재와 자본재를 수입하고, 최종재와 소비재를 수출하던 구조였는데, 중국의 산업 발전 수요에 따라 중간재와 자본재 수출의 비중이 높아지게 되었습니다. 수출의 부가가치가 그만큼 높아지게 된 거죠.

중국이 그런 역할을 했는데, 만약 북미관계가 풀리고 평화가 정착되어서 북한이 본격적으로 개혁·개방을 하고 경제개발을 하게 되면 우리에게 얼마나 좋은 기회가 생기겠습니까. 북한은 개혁·개방만 하면 고도성장을 할 수 있는 여건이 충분히 갖춰져 있거든요. 우리가 북한을 도와줘야 할 부분도 있겠지만, 득볼 일이 훨씬 많을 겁니다.

물론 북핵문제를 아직 낙관할 수는 없습니다. 북한과 미국 사이에 불신이 너무나 크고, 또 평화를 원하는 사람들만큼이나 은밀하게 긴장과 갈등을 원하는 사람들도 존재합니다. 북미정상회담이 잘못되어서 오히려 전쟁위험이 더 고조될 수도 있을 겁니다. 하지만 어떠한 경우에도 한반도에 전쟁이 나도록 해서는 안 됩니다. 그건 상상도 할 수 없는 재앙이 될 것이고, 어떤 명분으로도 정당화될 수 없는 일입니다.

전쟁 위험이 정말 코앞에 닥친다면 우리 국민 모두는 그냥 전쟁반대를 외치고 드러누워야 합니다. 남북 간 대화를 미심쩍어하고 북미 간의 해빙 무드를 불편하게 여기면서 호전적인 언사를 입에 담는 사람들이 일부 있는데, 이런 사람들은 아마 대부분 전쟁 나면 제일 먼저 도망갈 사람들일 겁니다. 제 자식 군대도 어떻게든 안 보내려는 사람들일 겁니다. 애국애족의 마음은 전혀 없이 제 이익과 안위만 생각하는 부류입니다.

개인적으로 그런 옹졸한 생각을 하는 거야 말릴 수 없지만, 그런 생각을 하는 사람들이 국사를 논하게 놓아둘 수는 없습니다. 국민이 나서서 정치권에서 퇴출시켜야 합니다.

권 오랜 시간 인터뷰 하시느라 수고 많으셨습니다. 감사합니다.

유 네, 감사합니다.

주

1 국제통화기금(IMF)은 2018년 2월 13일 배포한 보고서에서 "한국은 포괄적인 성장을 뒷
받침하고 과도한 대외 불균형을 줄이기 위해 상당히 더 확장적인 재정정책이 필요하
다"고 밝혔다. IMF는 인구 요인과 생산성 증가세 둔화 등으로 소득 불균형이 악화하고
있다며, 한국 정부가 취약계층 및 보육 등 사회보장 프로그램에 더 많이 재정을 지출해
야 한다고 권고했다.

2 **인구 대비 공무원 수** : 우리나라의 인구 대비 공무원 수는 OECD 국가 중 최하위권에 속
한다. 인사혁신처 2017 인사통계연보에 따르면, 우리나라 공무원은 65만 149명(정무직
117, 일반직 16만 159, 특정직 48만 9,594, 별정직 279명)이다. 인구 대비 공무원 비율은 1.9%
로 OECD 평균 6.98%보다 5%포인트 이상 낮았다. 공무원 일인당 인구는 52.2명으로
OECD 평균 16.12명보다 36명 이상 많았다. 또 2013년 OECD 33개국 중 우리나라의
전체 고용 중 공공부문 고용비율은 7.6%로 OECD 평균인 21.3%보다 크게 낮았다.

3 **이마트 노동시간 단축** : 신세계그룹은 2018년부터 이마트, 신세계백화점 등 계열사 노동
시간을 주 35시간 체제로 전환했다. 임금 삭감 없는 노동시간 단축이다. 그러나 사무직
이 아니라 점포에서 계산·진열 등을 담당하는 '전문직'(2만 명)은 시간당 임금을 받기
때문에 이마트 노조는 '최저임금 인상 효과를 피하려는 것'이라며 반발하기도 했다. 또
인력충원 없는 노동시간 단축으로 노동강도가 세진 것에 대한 불만도 나왔다. 그러나
이마트 사쪽은 "근로시간은 줄이면서도 임금은 10% 상승해 동종업계 최고 수준"이라
고 맞섰다.

4 **미국 최저임금 인상과 고용효과** : 앨런 크루거(Alan Krueger) 프린스턴대 교수와 데이비드
카드(David Card) 캘리포니아대(버클리) 교수는 1994년 공동연구를 통해 최저임금 인상
으로 저소득층의 소득이 늘면서 경제활동이 전반적으로 활발해지고 일자리가 늘어났다
고 밝혔다. 당시 뉴저지 주 정부가 1992년 최저임금을 4.25달러에서 5.05달러로 인상했
는데, 최저임금이 4.25달러인 인근 펜실베이니아 주와 뉴저지 주 모두 최저임금 일자리
인 패스트푸드점의 일자리 증가세가 똑같이 강력했다는 것이다. 특히 뉴저지 주는 임금

수준이 더 높은 레스토랑의 일자리 증가세도 강력했다고 지적했다.

버락 오바마 행정부에서 백악관 경제자문위원회(CEA) 위원장을 지낸 크루거 교수는 2015년 10월에도《뉴욕타임스》에 기고문을 보내, 자신도 처음 최저임금 연구를 시작할 때는 다른 경제학자들처럼 '최저임금 인상이 일부 근로자들의 일자리를 줄일 수 있다'고 생각했지만 여러 연구를 통해 적당한 수준의 최저임금 인상은 일자리를 줄이지 않는 다는 사실을 확신하게 됐다고 말했다.

5   통합재정수지와 관리재정수지 : 통합재정수지는 정부 일반회계와 특별회계 및 공공기금까지 재정의 범위에 포함시켜 이들을 통틀어 정부 예산 수지를 따져 보는 것을 말한다. 통합재정에서는 재정의 건전성 판단이 가능하다. 관리재정수지는 통합재정수지에서 국민연금 등 사회보장성 기금을 제외해 정부의 실질적인 재정상태를 보여준다.

우리나라는 1979년부터 통합재정수지를 산출하고 있으며, 2003년 12월부터는 관리재정수지를 공표하고 있다. 2018년 2월 13일 기획재정부 자료를 보면, 2017년 1~11월 통합재정수지는 29조 2,000억 원 흑자인 반면, 관리재정수지는 8조 8,000억 원 적자를 기록했다. 관리재정수지는 지난 2008년 이후 만성적 적자를 기록하고 있다. 우리나라의 2016년 기준 국내총생산(GDP) 대비 관리재정수지는 1.4% 적자이지만, 통합재정수지 기준으로는 16조 9,000억 원(GDP 대비 1%) 흑자다.

이는 대부분 통합재정수지를 기준으로 삼는, OECD 평균(2016년)인 -3.1% 적자와 비교하면 대조적이다. 나라별로는 미국이 -5.0%, 일본 -5.2%, 프랑스 -3.3% 등이다. 독일이 0.5% 흑자를 기록하는 등 OECD국가 중 북유럽 일부 국가를 제외하고는 대부분 적자재정을 운영 중인 것을 감안하면, 우리나라의 재정관리는 세계 추세와는 맞지 않는 편이다. 재정지출 면에서도 대다수 유럽 국가들이 GDP 대비 45~50% 이상의 재정지출을 보이는 반면, 우리나라는 2016년 32%로 매우 낮은 수준이다.

6   프랑스 대학 입시(바칼로레아) : 1808년 나폴레옹 시대부터 시작된 대입자격시험. 이 시험에 합격하면 전문지식을 가르치는 특수대학인 그랑제콜을 제외하고는 별도 선발시험 없이 어느 지역, 어느 대학에나 지원할 수 있다. 20점 만점에 10점을 넘어야 합격인데, 합격률은 50% 정도다. 수학·물리, 화학·생물학, 경제학·사회과학, 프랑스어·철학·역사, 지리·외국어 등 8개 분야로 치러진다. 문제형태는 대부분 논술형이고, 외국어시험은 실생활 구사력을 평가하기 위해 구두시험으로 치러진다. 필수과목인 철학 시험은 4시간 동안 3개 주제 중 1개를 선택해 논문 형태로 작성해야 한다.

7   우리나라의 경우, 공공임대의 절반 가량이 서울에 집중돼 있어 지방에서는 공공임대 비중이 더욱 낮다. 문재인 대통령은 임기 5년간 공적 임대주택 85만 가구를 공급해 공공

임대주택 공급 재고율을 임기 말까지 9%에 이르도록 하겠다는 공약을 내세웠다.

유럽의 경우, 정부 외에 주거 관련 협동조합, 사회적 기업, 비영리단체 등이 싼값에 공급하는 임대주택인 '사회주택'도 보편화돼 있다. 2015년 기준으로, 네덜란드는 전체 주택의 34.1%, 오스트리아는 26.2%, 덴마크는 22.2%가 사회주택에 해당된다. 우리나라의 사회주택은 지난 2017년 서울에서 566호가 공급됐을 뿐이다.

8 **퍼블릭 하우징(public housing)** : 지역 공공주택 당국에 의해 관리, 운영되는 저소득층, 장애자, 노인들을 위한 아파트와 주택의 주거비를 제공하는 프로그램. 임대료가 일반 아파트보다 매우 저렴하지만, 공공이 운영하므로 시설도 그렇게 낙후돼 있지는 않다. 미전역에서 약 120만 가정이 이 프로그램을 이용하고 있다.

9 **직장인 월급** : 2016년 우리나라 임금 근로자의 월평균 소득은 281만 원이고, 중위소득(임금 근로자를 순서대로 세웠을 때, 한가운데 위치한 값)은 209만 원이다. 전체 임금 근로자 중 월임금 중위값의 3분의 2 미만을 받는 임금 근로자를 '저임금 노동자'로 분류한다. 우리나라는 저임금 노동자 비율이 23.5%로, OECD국가 가운데 미국(24.91%)에 이어 두 번째로 저임금 근로자가 많은 나라다.

10 **스튜어드십 코드(stewardship code)** : 연기금과 자산운용사 등 주요 기관투자가가 기업 의사결정에 적극 참여하도록 유도하는 기관투자가들의 의결권 행사지침. 주인의 재산을 관리하는 집사(steward)처럼 고객 돈을 제대로 운용하도록 한다는 뜻에서 스튜어드십 코드라고 불린다. 2010년 영국이 처음 도입했고, 네덜란드, 캐나다, 스위스, 이탈리아, 일본, 홍콩, 대만 등 10여 개 국가가 운용하고 있다. 영국은 2008년 글로벌 금융위기가 주주, 특히 기관투자가의 무관심에서 비롯됐다는 판단에 따라 이 제도를 처음 도입했다. 우리나라는 2016년 12월 한국판 스튜어드십 코드인 '기관투자자의 수탁자 책임에 관한 원칙'을 공표했다. 전국경제인연합회 등은 그동안 "실효성이 불분명하다"는 등의 이유를 들어 이 제도의 도입을 반대해 왔다.

11 **주주 자본주의(shareholder's capitalism)** 는 기업이 주주의 이익을 창출하는 도구라는 관점에서 주주 이익극대화를 추구하는 것을 말한다. 배당이나 주가를 높이려 애쓰는 경향이 강해진다. 이해관계자 자본주의(stakeholder's capitalism)는 기업과 이해관계를 갖는 주체가 주주뿐 아니라, 노동자, 소비자, 납품업자, 채권자인 은행, 세금을 받는 정부 등 다양하며, 이들 전체의 이익을 두루 중시해야 한다는 시각을 말한다. 사회책임경영 개념과도 맥이 닿는다.

12 **상속세 포괄주의** : 법률에 해당 유형을 일일이 열거하지 않더라도, 상속이나 증여로 볼 수 있는 모든 거래에 세금을 부과하는 제도. 이 제도를 도입하면 변칙 증여나 상속을 막

을 수 있다. 노무현 대통령의 경제 공약 중 하나였고, 이후 상속세 및 증여세법 개정안이 2003년 12월 시행되면서 법적 근거가 마련됐다. 그러나 시행에 있어서는 아직도 철저한 과세가 이뤄지진 않고 있다. 미국이나 독일도 완전 포괄주의를 적용하고 있다.

13 **니트족 :** Not in Education, Employment or Training의 준말. 일할 의지도, 배울 의지도 없는 무기력한 청년 무직자를 뜻하는 신조어다. 취업에 대한 의욕이 전혀 없다는 점에서 일할 의지는 있지만 일자리를 구하지 못하는 실업자나, 자유롭게 아르바이트로 생활하는 프리터족(free arbeiter)보다 좀 더 심각한 상태를 말한다. 1990년대 경제상황이 나빴던 영국 등 유럽에서 처음 나타났고, 일본으로 확산됐다.

14 **캥거루족 :** 학교를 졸업한 뒤에도 경제적 자립을 못해 부모에게 의지해 사는 젊은이들을 일컫는다. 위험이 닥치면 부모라는 방어막 속으로 숨어버린다는 뜻으로 '자라족'이라고도 한다.

'이명박'의 추억

[편집국에서] 박근혜는 이명박에게 감사해야 한다/《한겨레신문》 2015.2.2.

그해(2007년) 늦여름, 경선을 며칠 앞두고 박근혜 후보가 기자실을 찾는다. 언론사 부스 하나하나 빠짐없이 돌며 가볍게 악수하고, 아는 기자에게 "아유, 꽤 되셨는데 늘 막내 같아요"라는 덕담(?)을 건네기도 한다. 기자실을 나갈 때까지의 동선이 애초 프로그래밍된 것과 한 치의 오차 없이 물 흐르듯 진행된다. 그즈음, 이명박 후보도 기자실을 찾는다. 부스를 돌다 아는 기자를 보고선 "아직도 여기 있어?"라며 한참 얘기를 나누다 부스를 채 돌지 못한 채 대충 지나친다. 기자들이 쫓아가며 정치 현안 등을 물어보자, "아, 덥다"며 양복저고리를 벗더니 부스 칸막이에 팔을 기대고 한껏 여유를 부린다.

당시 두 사람을 각각 인터뷰할 기회가 있었다. 두 사람 모두 약속시간에 조금 늦었다. 박근혜는 "좀 늦었죠? 죄송합니다. 점심식사는 하셨어요? 의자가 불편하진 않으요?"라고 말했다. 늦게 온 이명박은 바깥에서 참모와 꽤 오래 회의에 가까운 대화를 나눈 뒤 들어섰다. "어, 왔어?" 당시 그는 자신을 찾아온 기자에게 직접 커피믹스를 타서 건네기도 했다. '부자 되세요'라는 광고카피가 최고의 인사말이었던 그 시절, 유권자들은 이명박을 향해 '욕망' 투표를 했다. '좋든 싫든' 이명박이 뭔가 해줄 것이라는 기대를 억지로라도 했다. 이명박 후보가 비비케이(BBK)를 비롯한 온갖 도덕성 의혹에 시달려도 치명타가 되지 않던 이유다.

정치부장이던 2015년, 그때로부터 8년 전을 회상하며 쓴 칼럼 중 일

부이다. 2006~07년 정치부에서 한나라당 현장반장으로 있으면서, 후배들과 함께 이명박-박근혜 경선과 대선을 취재했다. 《한겨레신문》은 당시 별도의 BBK 검증팀을 만들어 이명박 후보 취재에 힘을 쏟았고, 대선 국면에서 이 후보 쪽으로부터 고소를 당하기도 했다. 하지만 '부자 되세요' 열풍 속에서 어떤 검증도 큰 힘을 발휘하지 못했다. 좀 더 결정적인 부분을 폭로하지 못한 탓도 있었을 것이다.

대선 뒤, 대통령직 인수위원회, 청와대로 출입처는 이명박을 따라 계속 옮아갔다. 그가 대통령이 되기 전, 한 가닥 희망 섞인 기대가 있었다면, '그래도 자폐적인 박근혜보단 낫겠지', '이명박은 이데올로기보다 돈밖에 모르니, 혹 탈이념적인 정책을 펴진 않을까' 하는 것이었다. 지금 생각하니, 그는 정말 '돈' 밖에 몰랐던 건 아닌지.

2009년 워싱턴 특파원 발령을 받고 청와대를 떠날 때는 마치 '쇼생크 탈출' 느낌마저 들기도 했다. 한편으론 나 대신 청와대를 떠맡아 몸 고생 마음고생 하게 될 후배에게 많이 미안했다. 그리고 워싱턴 출발을 준비하던 그해 봄, 노무현 전 대통령이 돌아가셨다.

2018년 3월14일 검찰 포토라인 앞에 선 그는, 많이 늙었다. 어쨌든 젊은 날, 그와 한때를 가까이 보냈다. 수많은 기자간담회를 가졌고, 대통령 순방으로 미국, 일본, 중국, 러시아 등에 동행했다. 그를 비판하는 기사를 수도 없이 썼다.

그러나 검찰 수사과정에서 하나씩 드러나는 비리들을 보니, 그때 나는 '눈뜬장님'이었다. 그래서인지 그의 비리와 관련된 기사를 볼 때마다, '언제 그런 일이 있었는지', 몇 년 몇 월부터 먼저 보는 버릇이 생겼다. 다행히(?) 내가 그를 떠난 이후에 일어난 일이면 그나마 안심(?)이 됐고, 내가 한나라당, 인수위, 청와대 출입기자로 있던 시절에 일어난 일이면 스멀거리는 죄의식이 가슴을 채운다.

지난해 연말, 출판사로부터 '이명박 구속은 적폐청산의 끝이 아니다'는 가제로 유종일 교수를 인터뷰해 책을 내는 기획에 함께 해달라는 요청을 받았다. '이명박 청와대를 출입한 내가 마치 아무 상관 없는 사람처럼 그런 식의 인터뷰를 진행해도 되는가'라는 자책과 '이명박 청와대를 출입할 때, 기자로서 다하지 못한 것을 이렇게라도 갚아야 하는 건가'라는 두 마음이 다퉜다. 그래서 이 책 행간에는 지금 알고 있는 것을 그때는 알지 못했던, 10년 전 기자로서의 책무를 다하지 못한 반성과 참회도 서려있다.

유 교수님과 1월 초중순 3일 동안 인터뷰를 진행했다. 녹음 시간은 총 15시간이다. 인터뷰 준비는 성에 차지 않았으나, 정치·경제·사회를 아우르는 유 교수님의 해박한 학문적 지식과 경륜, 뚜렷한 주관에 의지해 대화를 이어나갈 수 있었다. 돌아보면, 인터뷰이(유종일 교수)에 걸맞게 인터뷰어(본인)가 좀더 탄탄한 바탕을 갖췄더라면 하는 아쉬움이 많다.

인터뷰 뒤, 녹음 전문을 옮겨 적고, 기사 데스킹 보듯 문장을 다듬고, 그다음 관련 자료나 그래픽을 찾아 본문에 삽입하는 등의 작업에 1~2월의 주말과 설 연휴를 바쳤다. 이후에도 교수님과 끊임없이 이메일을 주고받으며, 인터뷰 이후에 일어난 사안들도 적절히 추가했다. 매 순간마다 교수님께 배우는 대학생으로 다시 돌아간 듯 신선했다. 모든 과정이 즐거웠다. 가독성을 감안해 애초 넣었던 보충설명들 상당수를 덜어낼 수밖에 없었던 점은 다소 아쉽다.

(P.S.)

2007년 8월 경선에서 이명박 후보가 승리한 뒤, 대선이 본격화되기 직전인 그해 9월 여의도 한나라당 당사 2층 기자실 창가 부스에 앉았다. 『신화는 없다』를 비롯한 이명박 후보의 온갖 자서전들과 그 무렵 쏟아지던 이명박 관련 책 등 9권을 하나씩 하나씩 읽어 내려갔다.

자화자찬이 대부분이었지만, 가장 황당했던 부분은 '일로 간염을 이겨냈다'는 부분이다. 1977년 현대건설 재직 시절, 자신이 B형 간염을 앓았는데, 의사는 입원해서 쉬라고 했지만, "할 일이 많다"며, 매일 아침 6시에 출근해 밤 12시에 퇴근하는 생활을 계속했다는 것이다. 의사는 "죽을 수도 있다"고 경고했지만, 이명박은 "쉬다가 죽을 바에는 일하다가 죽겠다"면서 계속 일했더니, 나중에 간염이 저절로 나았다는 이야기다. 그러면서 '일에 몰두했기 때문에 나는 살았다'고 적었다.

거짓말이거나, 본인이 오인했거나, 둘 중 하나라 생각했지만, 자서전에도 적어놓았을 정도면, 얼마나 많은 사람들에게 저 이야기를 했을 것인가. 그때와 지금의 노동관이 다르지만, '이런 사람은 대통령은 고사하고, 리더가 되어서도 안 되겠다'는 생각을 하곤 했다.

그런데, 아직도 우리 사회는 혹 '일로 간염을 이겨내라'고 요구하진 않는지. 이 책에는 그에 대한 질문과 답이 일부 들어있다고 본다.

2018년 3월

권태호